程千帆全集

⑩

程千帆 / 著

闲堂日记（上）

凤凰出版社

闲堂日记（上）

程丽则
许　勇
整理

目　　次

整理说明

一、本日记据南京大学图书馆藏《程千帆日记》12册(1979年3月15日至1999年12月31日)、程丽则藏《程千帆陶芸日记》1册(2000年1月1日至2000年5月16日)整理。

二、程先生日记主要由程先生书写,亦有陶芸先生代笔,本日记整理时非必要不区分两者字迹。

三、凡为明显误字,一律径改。偶有因涂抹或字迹不清,导致无法识读之字,用■标识。

四、凡同一日记录重复之处,选取文繁者整理。

五、所记人名,往往有同音替代者,非误字部分,整理本一律遵从底本。如徐有富,偶有作“徐有福”,为误字,则径改。又如郝延霖、唐翼明,有多处作“郝延林”“郝延龄”、“唐异明”,则遵从底本。人名不详者,原留空格待补或作△、×,整理本则作□或△、×,不作补充。

六、所记书名,往往有用简称或相近称法,凡确定指具体某书者,整理本一律加上书名号。如《沈祖棻诗词集》,多称“笺本”,则整理本作《笺本》。

七、日记中所贴剪报,整理本一律不录原文,仅用【　】形式标注剪报出处、日期及作者、标题。日记中偶有所夹纸页,其文字于日记正文有补充者,整理本酌情录入至相应日期下。

1979 年

3 月

3 月 15 日(4)晴

上午郭维森、陈白尘来。十一时许,单送上车。下午 5 时 12 分正点到,黄苏来迎,饭于其家。十时许睡。

3 月 16 日(5)阴

上午偕黄苏访绍虞先生。同至政协午饭。旋赴诚意里。访蛰存及小湝均不晤。返师院,蒋哲伦来谈。师院约下星期三作报告。

3 月 17 日(6)阴,晴

上午与黄苏赴出版社,交稿,晤陈落等多人。旋至清真馆午餐。又赴古籍书店,购书六元。访蛰存。又至江苏路交修表等。夜中玉来,九时去。

3 月 18 日(日)阴

与黄苏访富寿荪不遇。至诚意里盘桓尽日,夜宿漕河泾。

3 月 19 日(1)阴

赴师大,饭于中玉家,许杰、黄苏共。下午作报告约二时许。五时返,访曹融南及李清悚。

3 月 20 日(2)阴

与蒉荪赴复旦，晤东润、之珍、运熙，饭于之珍家。三时返，清悚、柳泉来。夜沈明来。

3 月 21 日(3)阴

上午富寿荪来。下午做报告。沈燕、章子仲来。曹融南等来。

3 月 22 日(4)晴

上午出发，蒉荪、融南、明芳、文兰送。8 时起飞，12 时到。晤新旧雨多人。住温泉宾馆。

3 月 23 日(5)晴

上午会议正式开始。先照相。高(省委常委、革委会副主任)、刘(云大校长、第一书记)讲话，放郭老会议开幕词录音、张文勋报告筹备经过及进行计划。王文生主持会场。

会议目的：1. 对此学科进行深入研究。2. 讨论教本篇目。3. 今后这门课占什么地位，如何将这门课教好。4. 师资缺乏，如何培养，已委托武大办 30 人的进修班。

要解放思想，打破禁区，肃清流毒。要研究、提出新问题，并设法解决，或初步交换意见。

总结、探索、突破、前进。(八字)

安排：除参观 3 天，工作 8—9 天。以四天讨论共同性大家关心的问题，然后大会发言一天半。第二阶段，专题论文报告。论文篇目一天。教学师培一天。

说明：1. 代表产生，不采取以高校派代表产生。以邀请及各校派代表相结合。照顾地区。以致许多学校不能参加。或专业人太集中某地，也不能多请。本省来参加较多。2. 住处，因同时会多，故改郊外。

下午小组讨论。

3 月 24 日(6)晴

晨成七绝四首。

昆明杂诗

菉葹盈室海成田，妖乱何堪十一年。欲起河东续天对，石林依旧矗南天。

圆通山上海棠娇，重读花潮旧梦遥。始信昆明好天气，英魂毅魄已难招。(广田《花潮》一文极赞昆明海棠之盛，有尝语余云昆明天气好。)

香融粉艳溢东风，昔哭今歌少长同。此日勤渠追马队，他年踽踌住牛棚。

赋陆评钟聚一堂，新知旧学共论量。鲰生亦有挥鞭意，未觉萧萧白发长。

上午大会发言，余及松林、敏泽。下午振甫、仲联。晚大百科会。樊康同志主持。《云南日报》记者来，索诗去。明照托抄南图《文心》板本(民国以前，黄叔琳本以外)。为茂元、舒芜、松林写卷子。

3 月 25 日(日)晴

上午吴文治发言。提议组织学会，推绍老为会长。想编文学批评史、文学批评史参考资料，又论文集。余及松林、敏泽、达津、文生。仲联惠诗集。定购木耳、茶叶。下午继续发言，奠中、文勋。

文勋问题：1. 这个学科的重要性，如何估计。胡乔木：① 对文学不能局限于对前人之研究，即研究之研究，这不是根本的，是支节的。② 研究古代文论，可以理解古代文学。不能同意胡的意见。因为：① 可以帮助建立民族化的文艺理论。② 可以将具有独创性理论作今天创作的借鉴，古为今用。③ 帮助古代文学。

2. 正名。三部分：史、理论、批评。理论和批评要分开。如《文赋》是理论，诗话是批评。《诗品》则既有理论，又有批评，可以写文学理论史。

3. 文学理论的民族特点。马列主义文艺理论的民族化问题。理论的对象范畴自有其民族特点。如理论存在经子中，与西欧不同。汉语言也带来艺术上的特色，如四声、音乐美、格律、音调，提供了特定的民族特色。再如风格、流派。如《文心》体性，司空《诗品》及派、体等。再如对理论的表述形式，如风骨、神韵等，是自己总结的术语，应保留，而加以科学的解释。

4. 道与文的关系，一直统治几千年。原道、征圣、宗经均出自荀，由《文心》而韩愈。形成道统与文统的合一，统治了几千年，如何评价，要一分为二。其中有部分强调文学与现实的关系，同时认为艺术有自己的特点，如兴观群怨、事父事君、诗教，今天可以抽象继承。道统、文统中有现实主义传统，但其中也是束缚思想的逆流。特别强调道一方面。毁灭文艺，对现实有借鉴作用。

5. 对所谓唯美主义的艺术理论要有足够的重视与评价。如对陆机《文赋》的评价，《文镜秘府论》等。

厦门大学蔡厚示、上海师院张海珊发言。

敏泽：局限性方面谈得少、偏，如评屠隆之说，过分。诗必宽与文不同。前人仅见其消极面，今理当一分为二。以文为诗的积极面。历代论其不好者多。如严羽等说，均应两点论。

1. 文责自负，反党必究。

2. 文责自负，毒草必锄。

3. 文责自负，批评自由。

要吃粮，找紫阳。要吃米，找万里。要思想解放，找耀邦。

3 月 26 日(1)晴

上午小组会。下午游西山龙门、太华寺、华亭寺。得 n① 书，夜复之。作三诗。

---

① n 及后文 N、Nancy、南锡、南，皆指陶芸。Nancy 为陶芸在金陵大学读书时的英文名。

西山呈达津、厚示

西山何岧峣，松竹静娟娟。滇池来袖底，龙门矗其颠。老衲示深慈，凿此一线穿。非余德敢登，聊逐健者便。余年诚可羡，即事已忘年。

太华与华亭，窈窕两朱阁。士女熙攘间，繁香自开落。谈谐方冶融，语论挟棱角。凌夷二十载，稍复得此乐。春云有卷舒，吾意不可夺。

蔡生多慷慨，王老温且文。归来贾余勇，纵谈至夜分。颇续儒林传，亦诵蟹行文。心危世教衰，感激前未闻。余悖与余毒，于我如浮云。（厚示论诗，因诵马雅可夫斯基之作。）

文生发言，对双百方针又加 6 条原则、厚古薄今、文艺为政治服务三方面均有所驳诘。

3 月 27 日(2)晴

游大观楼、金殿、黑龙潭，参观云南师院。下午始归，甚疲。夜讨论成立学会。

3 月 28 日(3)晴

上午赴云大讲。电白尘。下午听蒋孔阳传达。夜开学会筹备会。

3 月 29 日(4)晴

上午移家至前楼。听组缃及明照报告。下午解放军作反击战报告。

3 月 30 日(5)阴

上午达津、学颉。下午奠中、舒芜、于乃义（云南图书馆）。夜开理事会。致文翰、葛杰信。

选举结果：

名誉会长：周扬。会长：郭绍虞。

理事：△郭绍虞、△程千帆、钱仲联、蔡厚示、牟世金、徐中玉、马茂元、

△杨明照、△张文勋、杨公骥、康倪、傅庚生、霍松林、王起、黄海章、△王文生、△吴组缃、△吴文治、舒芜、△敏泽、周振甫、姚奠中、王达津。①

周咏先在云南省图书馆。

舒芜：

1. 将前代认为不是诗歌的领域加以占领。

A. 直接将散文剪裁入诗。欧：“耳目所及尚如此，万里安能制夷狄。”如《战争与和平》的最后一句，读者不认为这种议论不必要。

B. 从具体形象中抽出哲理概念。苏《题西林壁》，前形象后抽象。

C. 将眼前之物（形象）与过去、将来之抽象结合。苏：“三过门间老病死。”

D. 将形象分解重新组合（通过抽象）。如“大瓢贮月归春瓮”一联，虚实大小重新组合。

将逻辑思维引进形象，开拓了诗的领域。乔木：单讲行逻思维是否能构成文学？

2. 神韵，含蓄不尽，固然重要。但痛快、沉着、说尽，也是一种境界。苏：“余生欲老”（含蓄）。柳：“海上尖峰”（惊心动魄）。此外，亦有质朴（《行行重行行》），既不含蓄亦不痛快。宋陈简斋：“稳送祝融归……一凉恩到骨。”黄：“马龁枯萁喧午枕，梦成风雨浪翻江。”四人都作满，本无内容，而将话说尽，故不能引起共鸣。

3. 明人说书，张翼德大喝一声，艺人表演时不出声，使听者自会意。古诗写美人，只写环境，如太白“美人如花隔云端”，杜“春风吹鬓影”，梅村“寻到白堤无所见，月明残雪映梅花”，秦观“东风里，朱门映柳”——宋诗引进逻辑思想，扩大诗歌领域。

3 月 31 日(6)晴

上午小组会。下午大会，宣布成立学会，通过人选及章程。孔阳、夏写时作报告。

---

① 姓名前有“△”符号者为常务理事。

中西文艺理论比较：

1. 中，科学性、逻辑性不强，随感式的，灵感的，来源于封建社会悠闲生活。西方体系严密。每一小东西服从于全体体系。建立今天文艺理论，不能随感式，要向西方学习。

2. 中，孔、孟、老、周精神，对立统一。侯《思想通史》认为老庄非异端。孔孟：达则兼济天下。老庄：穷则独善其身。文人不得意时多，故老庄为盛。老庄一面反抗，一面顺应、逃避。古代文艺理论因此亦无反抗文艺理论。各流派之间的斗争亦不存在。而西方则始终存在着两种精神，希伯来精神和希腊精神，即崇拜精神与崇拜肉体，彼此不相容。希腊精神为异端。

3. 文艺的本质，文艺是什么？中：诗言志。西：文艺是模仿（文艺是镜子）。中：美即善。西：美即真。中：神思、意境、主观。西：观照（有更多的灵活性）。

谁言造化属天公，今日天公似我穷。雷雨风云都卖却，更无一物有晴空。——曾缄诗

《香炉峰》，《江西师院学报》78 年 4 月，一般认为是北香炉，其实是南香炉。在鄱阳湖口可见。在庐山南的秀峰寺右后方。

《安徽师大学报》78 年 2 期《王安石诗飞来山在绍兴证》，俞炎。

4 月

4 月 1 日(日)晴

上午小组会，谈文论选篇目。下午同。晚上诸中年教师约谈。

4 月 2 日(1)晴

晨离温泉入城，行李置春城旅社。即驱车赴路南石林，一时许到。午饭后游大石林，照相多幅。下午五时返。

4 月 3 日(2)晴

上午游小、大石林，成诗一首。午饭后返昆明，宿春城饭店。夜文翰来。

题石林

不负当年缱绻心，苔衣犹染泪痕深。钟情万古阿诗玛，永葆青春住石林。

4月4日(3)晴

在春城饭店休息。文翰约夜饭，同席者文生、敏泽。食白族乳扇，甚奇而美。

4月5日(4)晴，至沪阴

九时去机场，十二时半起飞，四时十分到沪。葛杰同志来迎，宿申江饭店八楼822号。

4月6日(5)阴雨

晨改《七绝》序毕，又改《以文为诗说》，均竣事。九时葛杰来，即交与，约明日去作报告。下午与黄苏通电话，约其明日下午来。召照照来晚饭，并同去诚意里。八时半归，得马家楠条，茂元约明日晚餐。

4月7日(6)雨

上午葛杰来接至出版社作报告。中午至黄苏家午饭。晚饭于茂元家，同席黄苏、舒芜、学颉夫妇。九时归。寅宪来访不晤。

初台夏夜即事(散原佚诗)

火云烧梦昼炎炎，干死流萤隔燕帘。为问临流待双桨，何如挥汗写华严。吟堂醉瞰山生眼，潮郭飞凉雨照髯。最喜初台能佚我，夜渔波底网新蟾。(茂元诵)

弢庵赠散原

平生相许后凋松，投老匡山第几峰。见早至今思曲突，梦醒特地省闻钟。真源忠孝吾犹敬，余事诗文世所宗。五十年来彭蠡月，可能重照两龙钟。(舒芜诵)

4 月 8 日(日)晴

上午寅宪夫妇来访。午饭后葛杰驱车送至北站。一时四十六分开，七时到。单从南大以车来接。Nancy 在室中候，九时半去。

4 月 9 日(1)晴

上午江苏人民出版社张惠荣、孙猛两编辑来。夔宁来。芸早即来，为洗衣。出饭于四川酒家，复同返。张天望汇还 30 元。师院送讲费 8 元。收信多封。夜浴。以《王书集圣教序》贻芸。

4 月 10 日(2)晴

发出下列各信：1. 复北京语言学院(附小传二份小样)；2. 寄囡夫妇，迁移事；3. 寄武汉九三，转关系；4. 寄夕佳，告收到山楂糕；5. 致江苏省政协，改正词误字；6. 复张道葵(武大学生，宜昌师专)；7. 复向志学(沈阳和平大街五段 13—2)；8. 复周本淳(钞诗四首，清江市南京师院淮阴分院)；9. 复莫绍裘(高邮县运输公司)；10. 复林路(湖北艺术学院)；11. 复刘涤源；12. 复张天望(湖南零陵第一中学)；13. 复纪国盛(问王、苏诗句)；14. 复吴志达；15. 复吴代芳(郴州师专)；16. 复郝延霖(新疆大学)。写上列 16 信。夜两学生来谈甚久。又备课。

4 月 11 日(3)晴

上午上课，始讲诗。下课后赴财务科报账。下午填研究生课表。旋赴自强家饭，饭后与原平兄弟及小高同返宿舍拓印。

4 月 12 日(4)晴热，傍晚风雨

上午校稿。王气中先生来。芸来，出饭于后湖清真馆，赏牡丹。旋返秣陵路，浴。又赴中医院视月超病。夜饭后归。得作协寄文件，周勃信。函梅镇，复周勃。以芸抄宫词寄舒芜。

4 月 13 日(5)晴

上午芸来，做饭。下午开会(升等事)。吴新雷来。得绍裘信。芸做晚饭后去。校稿。

4月14日(6)阴

上午运动会,停课。得囡信,附照片。又易云秋信。中午赴永芬饭,又以照片寄永芬。下午武大65年毕业二生来。1. 许祖良(高云岭,出版社《江苏画刊》,Tel33368,家住后宰门西村40号后楼316室);2. 樊培绪(镇江第二中学)。许赠《文艺报》四本、《文学评论丛刊》一本。复莫绍裘、易云秋。夜郑州大学教师尚达翔来坐。季复昆代购《古汉语》送来。七来。

4月15日(日)晴

中午赴七家饭,二时返。

4月16日(1)晴

芸来,夜去。下午教务处召开研究生招生会。月超来示梅镇、涤源、崇淮书。得周本淳、卞孝萱、夕佳、丽则及刘峻(严霜)信。刘地址:广州东山新河浦四横路33号东山区缝纫机配件一厂。

4月17日(2)晴

上午出题。写请调囡信,又复囡。下午访白尘。夜单来谈印书事。

4月18日(3)晴

上午以试题交咏祁,约星期四下午传达昆明会。下午开会讨论升等。晤仲荦,与行素共谈于绕溪家。

4月19日(4)阴

上午函北桦,寄去题签。赴芸家,午饭后归。二时去系传达云南会议情况。李家政携林路函来谈。至自强家晚饭,以叶橹事托自强。夜学生来约下星期二作报告。

4月20日(5)晴

上午无锡轻工业学院工艺美术系刘观庆、陆家桂(女)两先生来。与芸出饭于四川饭店,游灵谷,晚饭于其家而回。

4月21日(6)晴

校上卷初稿迄。下午与月超出浴。下午《南京报》记者来。杨四保来。取回裱画5幅,48元。夜写下列信:丘良任、万放(莫事)、绍裘、刘峻、徐懋庸治丧委员会。

4月22日(日)晴

上午写下列信:孟伦、季思、徐菊如(师大学生)。访国璋、拱贵、白桦(不遇)。下午为周勃写词卷,即寄出。又写周信。夜古籍一编汪贤度、竺少华来。庞晓阳、庞小宁姐弟来。

4月23日(1)晴

上午芸来,收衣箱,晚去。送校样。谢伯阳来。得校办沈道初信,告九三关系转好。得湖北宜城县璞河公社石孙大队二队石天宝信,附诗甚劣。又得天津市和平区新建村六建楼307号蒋汉起,附词一首,尚可。为钟陵、美林、国武各写字一张。

4月24日(2)晴

得淡芳、瑞云信。下午为本系学生作报告。旋赴孙家,晚饭后同赴南师访孝萱。夜新雷来,与谈宋元文学史事。

4月25日(3)晴

上午上课。函富寿荪买书,《南京文艺》更正词错字,蛰存(装订《词稿》)。得松林函,即复。又振甫函,询元史事。下午开陈恭禄先生追悼会,以振甫问题交韩儒林先生。永芬、自强来略坐。夜孝萱来,以四石请刻。为舒芜书一卷子,寄出。

4月26日(4)晴

午宴孝萱于四川饭店，同坐者止畺、北桦、国璋、郁贤皓、李灵年。下午赴芸家，五时返。写周勃信毕。

4月27日(5)晴

谢伯阳、丁灏来。校考题。得江苏出版社征诗信，即抄十余首付之。又得绍裘信。作书与杨明照。又作书介吴翠芬与明照。收《云南日报》稿费五元。

4月28日(6)晴

上午上课。得云大讲费8元，又照片。下午赴芸家，夜归。

4月29日(日)晴

与丁灏访吴先生，午饭后归。

4月30日(1)雨

上午芸来，下午五时去。遇吴于廛，与夜饭于小店，月超父子同坐。

5月

5月1日(2)晴

芸来。晚饭后至其家小坐，夜七时许返。

5月2日(3)晴

上午凌萍萍携女来，馈笋一瓶。朱一桂及张某来。得下列信：1. 易云秋；2. 余行达；3. 施蛰存；4. 文学理论会员入会单；5. 武大开弘老追悼会通知；6. 翊强。即复翊强，函志达请代送花圈。赴七家。

5月3日(4)阴

N家竟日。

5 月 4 日(5)阴

得宋谋玚、石天宝、郝延霖信，又威克寄户口。校题。蒋荫楠来。复宋，又函威。

5 月 5 日(6)晴

上午上课。下午听报告。会后，与月超视气中疾。旋赴自强家，夜归。得富寿荪寄书及诗、信，又《百科知识》。季复昆送《李白集》《楚辞新编》，未遇。

5 月 6 日(日)雨

复富寿荪信，寄还书款 4 元 8 角。夜晚王家。

5 月 7 日(1)晴

收马騄程信，又考生魏崇聚、龚启夏诗文，三中老师马瑄诗。

5 月 8 日(2)晴

吴锦来告南师上课事，不遇。夜裴显生来，谈论写作。季复昆来，以《李白集》款付之。又刘汝醴代办《美术》二册。得介眉信。

5 月 9 日(3)晴

上午上课。得考生山西大学李安纲信，又诗一。赴芸家。得梅镇信。取相片并寄威克等。

5 月 10 日(4)晴

得丽则信，王文生寄要审文二篇，杨明照信。下午赴南师讲课，旋至芸家，晚饭后同访其姊。丁灏来，以诗见示，又示林散之弟子单人耘诗。

5 月 11 日(5)阴

以《引言》寄寇立光。寄稿与文生并复。夜与月超赴新街口吃水饺。

5月12日(6)风雨甚大

上午上课。写给囡信。又复山西长治四中师范班李固阳信，谈刊诗事。下午开会。贾平年为购《李白集》。

【剪报：《人民日报》1979年5月11日第4版《中国古代文学理论学会成立》。】

5月13日(日)阴，微雨

下午赴七家，取得上海修表、打火机、鞋垫等物。又与汝安夫妇看香港片《巴士奇遇结良缘》。

5月14日(1)阴

上午芸来，看花北湖。寄湝侄信问暗盒未到事。又将《行卷》稿寄还古籍出版社。

5月15日(2)晴

取回上卷校稿。谢伯阳来。得董每戡、周勃、孟伦、淡芳、孝萱信。下午赴南师参加座谈。访汉生。至自强家晚饭。以烟十托国璋转致。夜写周勃(并诗集)、北桦(图章)、孟伦及中华书局信。

5月16日(3)晴

函孝萱、淡芳、定生。得韩德培、欧阳均(武大学生，市二中)信。复韩、姚、刘信。复欧阳均信。吴白翁来。

5月17日(4)晴

芸家浴。

5月18日(5)晴

得翊强、君惠、谋场三信，《南京文艺》稿费五元。下午赴南师讲课。旋至孙家小坐而返。芸来为具晚饭，夜八时半去。得济宁师专古典组来信，约往讲学。

5 月 19 日(6)晴

上午上课。得柳定生复信，又《思想战线》一册及编辑信(殷光熹)。

5 月 20 日(日)晴

上午芸送衣来。下午开校庆 77 周年及十届科学讨论会开幕式。与芸返，饭于其家，食扁食。

5 月 21 日(1)晴

收廖序东论《离骚》文，黄纪华信，舒芜信，夔宪信，湖南师院高扬索会章信，浙江丽水王翼奇寄诗(考研究生)，莫绍裘信(转孙望)。下午科学讨论会作报告。

5 月 22 日(2)晴

得中华书局复信，吴志达函，《长江文艺》。芸来，下午五时去。宴殷焕先于老广东，同坐者汉生、启华、拱贵、止疆、超伯。夜季复昆来，代买书二册。

5 月 23 日(3)晴

上午复中华书局信。夜致舒芜信。授课时失手表，幸复得之。上午授课。下午参加科学讨论会，陈行素“诗品”，包忠文“文艺偏至论”。

5 月 24 日(4)晴

下午参加科学会(马莹伯“形象论”)。得孙昌前信。

5 月 25 日(5)晴

下午晤加拿大教授叶嘉莹。得柳北野信。

5月26日(6)晴

上午上课,又听叶嘉莹讲诗。下午去芸家,夜偕归。国璋来,金托看《诗经》译序,赵托看郭沫若资料。得吴代芳信。

5月27日(日)晴

上午访叶嘉莹于胜利饭店,吟诗。晚国璋子来取郭资料去。

5月28日(1)晴

上午与叶嘉莹座谈。下午n来,夜七时许去。收王达津《南开学报》,舒芜寄绀弩诗集,晴佳信索百元,吴白匋、周振甫信,又徐师汇40元。

5月29日(2)晴

汇泉百与晴佳,又函王达津寄以《锦瑟》。徐铭延夏夫人夜过访,现在南通医学院教务处工作。

5月30日(3)晴

是日端午节,芸家竟日。夜周本淳来。

5月31日(4)晴

得囡信,又二孩相片,即复之。又得淡芳信。

6月

6月1日(5)晴

《南京报》记者来。同事许君来。下午《群众论丛》徐慧征等四人来。得王利器信。芸来共饭。小海生日送以袜。

6月2日(6)晴

上午上课。下午听章德报告。得《南京文艺》稿费五元。上海百科全书出版社姚芳藻来二次，均未见。

6 月 3 日(日)晴

中午去七家。晚写信。

6 月 4 日(1)晴

忍泪看天斜日在，伤心告祭暮云寒。——汪辟疆先生句

发出下列各信：1. 历史系陈得芝；2. 南京市二中欧阳均；3. 乌鲁木齐新大郝延霖；4. 长春保温材料厂黄纪华；5. 广州中山大学董每戡；6. 北京周振甫；7. 北京宋谋玚；8. 武昌孙昌前；9. 武昌吴志达；10. 黄陂程晴佳；11. 长沙高扬；12. 成都王淡芳；13. 成都刘君惠；14. 成都杨明照；15. 上海王文生；16. 上海施蛰存；17. 高邮莫绍裘；18. 兰州马录程；19. 哈尔滨游介眉；20. 昆明殷光熹；21. 徐州廖序东；22. 山东济宁师专中文科古典组；23. 王永芬《古代作品选》一册。芸来竟日，出购裤料，又携来一澡盆，夜雨去。四川社会科学院李有明(蒙文通之婿)来访，又携四川人民出版社张纪生函。二人均金大学生，已不复记忆。嘱寄《涉江集》，恐未能也。晓雪寄诗集《采花节》来。夜大雨。

6 月 5 日(2)阴，小雨

蒋荫南来。以《诗经》稿寄还启华。陈行素来。得陈得芝复信，即加函转振甫。

6 月 6 日(3)阴

上午上课。得淡芳信，又政协约开会信。下午去芸家。

6 月 7 日(4)阴

以稿寄《群众》。上午听南京说书。下午听於梨华谈台湾文学情况。四时后访赵、徐，均不晤，饭于自强家。得王达津寄《南开学报》。

6月8日(5)阴，夜雨

早《南京报》记者来。上午伯阳来。芸来。夜月超来坐。为原平题三画。

6月9日(6)阴

上午上课。下午教研组会。得吴代芳信及文，李家欣信，周振甫信。

6月10日(日)阴

欧阳均上午来。复吴代芳信。致葛杰要稿纸。与月超共饭于马祥兴，又访白尘。夜草致湖北统战部信，又致涤源信。

6月11日(1)阴

芸来，晚饭后去。夜自强原平父子、启华、汉生、行素来。得白匋女信，考生李安纲信。

6月12日(2)晴

得晴佳信，款收到。又得绀弩信。杨谈文学研究室事。以文交《学报》。

6月13日(3)晴

得小佳、孟伦、谋玚及考生栗云岫诗(附诗极劣)。函敏泽托购书。又函衡如先生、小佳。遇徐慧征，欲与《学报》易文，听之。夜芸来共饭，观《舞台生涯》。

6月14日(4)晴

上午去芸家。下午系开会四定。夜观相声。

演员哈哈大笑，观众莫名其妙。演员哭得伤心，观众无动于衷。——《大众电影》论某些演技

6 月 15 日(5)晴

得山东大学寄来文论资料，又刘君惠、周采泉、葛杰及研究考生陈树春信。

6 月 16 日(6)晴

上课。改考卷。复吴泽晶信。与常国武信。

6 月 17 日(日)晴

阅卷。得蛰存、罗中立、中华书局及研究生刘家林、龚启夏信。

6 月 18 日(1)晴，夜雨

芸来。柳北野来，赠笔墨，却之。

6 月 19 日(2)微雨

得罗中立稿，寇立光寄《徐师学报》，云大寄吴林伯等文章三篇，振甫寄《诗词例话》又《汉英大辞典》，中华寄回《史通》。以书价寄还振甫。得騄程、涤源信。小强来告德济到。国璋来，送词样。

6 月 20 日(3)晴转雨

上午上课。旋开会决定研究生人选。下午听解放思想报告。旋至七家晚饭，夜雨，七时半始返。得上海寄稿纸五百张。

6 月 21 日(4)阴

上午去芸家。下午南师授课。夜万放来。得敏泽信。

6 月 22 日(5)晴

王藏用早来（及[redacted]姓助手），与早点于永和园，午饭于四川饭店。下午同访白尘、南扬。交李东川诗题文与之。芸来，陪王午饭，夜七时半去。得囡信，又相片。得南师稿费、讲课费 48 元。

6 月 23 日(6)雨

发囡信。收霍松林信。上课。下午学习。办手续。

6 月 24 日(日)阴转晴

上午与芸看《阿诗玛》。午饭后至七家。夜 9 时返。

6 月 25 日(1)大雨竟日

芸来。得朱彤信索考题,即复。

6 月 26 日(2)晴

下午开会讨论咏祁美学。

6 月 27 日(3)阴

得董每戡信。致葛杰信。寄《学报》与达津、淡芳、志达、每戡。

6 月 28 日(4)晴

在芸家校稿。

6 月 29 日(5)晴

腹泻。得志达、显生、申甫函。

6 月 30 日(6)晴

上午上课。后与吴翠芬谈室事。下午听章德报告。

7 月

7 月 1 日(日)晴

上午王永芬来,与同与王伯武家,遇章诚忘。下午伯阳来,月超来。夜朱一桂来,借去印油一瓶。

7月2日(1)晴,暴雨

芸来。得孟伦、利器信。

7月3日(2)雨

芸来。沈[redacted]来要印刷费。

7月4日(3)雨

上课。得敏泽寄《文学评论丛刊》,即复。又函文生。下午白匋来,借去《文学评论》增刊二册。

7月5日(4)阴

芸来。午饭于菜根香。以校稿交印刷厂。得戴自中、富寿荪信。

7月6日(5)阴

得郝延林《新大学报》,葛杰、钟兴正信。即复。

7月7日(6)晴

上午上课(毕)。下午开会文学研究室。得舒芜信。

【剪报:《光明日报》1979年4月29日秦牧《古讽刺诗今读》。】

7月8日(日)雨

申甫等自长沙来,在马祥兴便饭(何申甫、周秉钧、宋祚胤、周寅宾)。寄囡包裹。

7月9日(1)阴

与芸登记。下午出购一桌。夜申甫来坐。孟伦来,十二时始去。

7月10日(2)晴

上午单兆欣来，告印书事。下午谢伯阳、尹志腾来。晚饭自明[①]宴孟伦，芸及余陪。夜与殷、徐谈，又与何等谈。

7月11日(3)晴

上午与殷至书店，旋饭于四川饭店，同席者徐、孙、金。下午开工会。晚北桦及夏君来。何等三人及殷来。

7月12日(4)晴

取研究生三名：莫砺锋、张三夕、徐有富。函复富寿荪、葛杰。夜送孟伦返济。

7月13日(5)晴

上午万放来，携女菡。得淡芳、代芳信。

7月14日(6)晴

上午市文联开会。下午得振甫信。

7月15日(日)晴

上午自明夫妇来。夜观京剧。函振甫。

7月16日(1)晴

小病，腹泻。芸来侍。

7月18日(3)阴

与芸观《简·爱》。季复昆来。夜校《学报》稿。《诗选》上卷最后校讫，送厂。

---

① 自明指孙望(原名自强)、霍焕明夫妇。

7 月 19 日(4)晴

上午党委统战部开座谈会。得刘涤源、杨翊强信。夜观《红娘》。十一时归。

7 月 20 日(5)晴

得罗中立信,即复。

7 月 21 日(6)阴

上午裴显生来。下午安徽劳大学生朱文根、曾业松来。朱家维来。夜月超来。得孟伦及会暾信。

7 月 22 日(日)雨

致大璞为孟伦索书,函汉生为孟伦索稿,又复孟伦。小宁来。得夕佳信。函囡及夕佳。

7 月 23 日(1)晴

白皓来,杨四保来。得《长江文艺》,江苏出版社信。

7 月 24 日(2)晴

得印翁信,余行达二文。

7 月 25 日(3)晴

上午、下午均开会。中午赴芸家取票。得陈淑珍信。

7 月 26 日(4)晴

复陈淑珍信。自强夫妇来。《涉江词》印成。

7 月 27 日(5)晴

得罗中立信。

7月28日(6)晴

下午李赞钧来，约饭。夜与月超访朱家维。看房子。

7月29日(日)晴

7月30日(1)晴

屈兴国来。樊凡来约饭。吴枝培、谢伯阳来。宣书记、蔡主任来谈迁居事。得《思想战线》五册，李安纲信。夜观《大风歌》。芸始来宿。

7月31日(2)晴

与芸看《尼罗河上的惨案》。清物。

8月

8月1日(3)晴

到新居扫房子。

8月2日(4)晴

迁居，吴新雷、吴枝培、屈兴国及黄朱青等五位同学相助。

8月3日(5)晴

朱祖延来。

8月4日(6)晴

月超来夜饭。小海姊妹来。

8月5日(日)晴

运大橱。

8 月 6 日(1)晴

得中华、古籍、曾家琇、杨四保信,《学术月刊》。

8 月 9 日(4)晴

装煤气灶。得周秉钧信。

8 月 11 日(6)晴,暴雨

得丽则、小宁及毛谷风信。为杨四保及小鲲等作字。吴罡来谈。

8 月 12 日(日)晴

夜七姑娘来,送电视机票。谢翎装插头。杨四保取字去。

8 月 13 日(1)晴

得月超、朱彤、九三信,吴志达文。去买梨,访朱家维,交月超信。小皓买电视未得。

8 月 14 日(2)晴

上午永芬来。中午去天眉家午饭,旋观墨西哥片。八时归。

8 月 15 日(3)晴

写丽则、月超、曾加琇、朱彤信。收《长江文艺》《学术月刊》稿费 21 元。以《诗选》稿交咏祁(并卡片样式)。

78 年 9 月 18 日开始增补《古诗今选》,79 年 8 月 15 日完成。计费时十一个月。

市一中语文教授王志卿(武大 62 年毕业)来访,其弟王志华在省新华书店,Tel33234,云可代买书。

8 月 16 日(4)阴,微雨

芸出办户口,寄小宁款。写振甫(还书款一元)、葛杰、庞硕、郝延霖、吴志达、吴代芳、冯中一(山东师院)、徐朔方、王淡芳、余行达、萧印唐、刘君惠、施蛰存。

8月17日(5)阴

访白桦、国璋、自强(以扇交画)。以稿退罗中立。《诗选》油印校迄。单来谈印《诗选》事(早上)。

8月18日(6)晴

九九从济南到上海,住了20天,返济过宁,与七姑娘及诸子均来,宴于同庆楼。又将电视机送来。将油印教材交出版科。武大李君来访。

8月19日(日)晴

上午访瑞蕻。下午维森来。夜与芸饭于七家,赠七、九笋干各一器。

8月20日(1)阴

得樊凡信。

8月21日(2)阴

天眉母子来,永芬来,共午饭。吴罡来谈。夜饭于天眉家。读卞著《刘禹锡》迄,写意见八页。

8月22日(3)晴

得囡及人民文学出版社信。寄出丁灏及卞孝萱稿子。

8月23日(4)晴

上午曾卓来,留午饭。下午吴林伯来。得周振甫、曾加琇信。

8月24日(5)晴

永芬、新雷来。

8 月 25 日(6)阴

白匋、国璋来，国璋送来印书账单。下午去医院视子强病。

8 月 26 日(日)晴

复元史研究生吴罡信。昨得蛰存信。

8 月 27 日(1)阴

发敏泽信。得卞孝萱信。

8 月 28 日(2)晴

函志达，审李贺诗文。访万放。北桦子送书来，未遇。

8 月 29 日(3)晴

函学颉、樊凡。得印唐信，李安纲、余行达信及稿。以余行达文三篇寄中玉。

8 月 30 日(4)晴

访肖友。

8 月 31 日(5)阴

上午开系会。收黄荪、张超美、杨明照信。

9 月

9 月 1 日(6)阴雨

上午上课。下午开会。后与勋初访枝培。

9 月 2 日(日)晴

上午送《词》45 册与焕明。访子铭。复超美、明照、振甫信。致囡信。

下午访自明、维森、绕溪、月超、永璋。

9月3日(1)晴

下午开干部会议。收学颉、志达信。永芬来。

9月4日(2)晴

上午在政协开九三会。下午取款、寄书。新华书店魏鸿宾、谢叔良二同志送书来。郁贤皓、常国武、陈行素来,皆未遇。校李颀诗稿。吴新雷告借书事。

9月5日(3)雨

上课。发蒉荪信。下午与月超访圭璋。

9月6日(4)阴

寄发大批邮件。包忠文来,谈写少年读物事。收中玉、淡芳、范老信。下午程一中来谈。

9月7日(5)晴

上午开批评史小会。下午至校,得朱文根信,夏瞿老寄书,又振甫寄书(均《论词绝句》)。下午子铭、咏祁来谈研究生事。

9月8日(6)晴

上午上课。下午学习。谢伯阳来,未遇。

9月9日(日)晴

草校雠学提纲。季复昆来。韩亦琦来。下午访朱一桂不遇。

9月10日(1)晴

上午还月超《两汉书》。得蛰存、敏泽、邓珞华、蒋礼鸿、施蛰存信。辛宪及炎宪夜来坐。

9月11日(2)晴

得蛰存、朔方、圣陶、芳洲信,皆收到《词》。发小婉信。

9月12日(3)晴

上课。发作协、山西图信。

9月13日(4)晴

收朱光潜、钱锺书、闻在宥、周退密、卞孝萱、周振甫、周勃、张超美、小佳、人民文学出版社、沈玉成、朱彤信。复退密、周勃。

9月14日(5)晴

上午文学批评史开会,子铭参加。张三夕来。郭维森来借去《宋人轶事汇编》四册。收到李修睦、杨翊强、颜雄(附寄《文论要诠》)、詹伯慧(附寄祝南二文)、周采泉(附寄一文)、蛰存寄丁宁词、《南师学报》、许杰、孟伦、周伟民、马騄程(附汪先生诗)、王文生(附校稿)信,又九三开会通知。寄文生校稿,复伯慧、翊强。

9月15日(6)阴

上午上课。得耀先信。下午扫除,未去。复蛰存信,又颜雄、夏瞿禅、朱孟实、周伟民、周采泉(附稿)、王文生、敏泽、王运熙信。

9月16日(日)晴

上午与七及炎宪等去永和园吃点心,将尼龙伞遗失。下午《文艺报》闻山来。钰哲夫妇来。

9月17日(1)晴

上午看病。下午武大罗邦柱、华师黄建中(住13舍409及408,训诂班）来，带来大璞、治中信。收维崧、孟伦、张国光、王达津、高文信。又收内蒙古师院温广义寄所著《唐宋词常用语释例》并索书，吴志达信及胡师文稿，蕉苏寄《诗学通论》，仲年寄还《微波词》，上海古籍葛杰寄书二种，周伟民寄《华师学报》。

《南大学报》主编　杜闻贞

蒋荫楠、蒋广学（16 舍 2 楼一号）

徐有富　13 舍 221

张三夕　234

莫砺锋　234

9 月 18 日（2）晴

上午研究生来。朱家维来告 20 接待外宾。收何翔如、朱寄尧信。复张国光、徐仲年信。

9 月 19 日（3）晴

上午与研究生开会。得山西省图、庐山图、陈迩冬、舒芜、唐圭璋、魏炯若、王运熙、莫愁公园八信。

9 月 20 日（4）晴

收林庚、章子仲、姚梅镇、杨翊强、何正思（汉口宝丰路凌云中学）、章蕉苏六信。得九三送戏票。月超、永芬来晚饭。启华、美林、钟陵来夜谈。

9 月 21 日（5）上午阴，下午中雨

上午至工人医院看病。收李运辉、广西师院中文系、曹融南、江苏作协、周本淳信，山西图资料三种，林庚《北大学报》文，张文勋《思想战线》文，吴文治寄人大《文学论集》。复翊强、梅镇、蕉苏信。

9 月 22 日（6）晴

上午授课。下午学习。得蛰存、芝湘、赵景深、安徽师专考研究生、河北大学中文系信。夜看昆曲。

9月23日(日)

写信给匡亚明,抗议噪音。复蛰存信,转去圭璋信。郗政民、罗邦柱、赵仕伟、凌萍萍、吴白匋来。

读史使人明智,读诗使人灵秀。——F. 培根

博喻:"取以为喻,不一而足。"——陈骙《文则》

情节是"人们之间的联系、矛盾、同情、厌恶以及一般的相互关系,也就是某一性格、某一典型的成长的历史"。——M. Gorky

9月24日(1)雨

收到:1.《文艺研究》79年1、2两期;2.《现代文学作品选》三册;3. 李清悚信、画;4. 郫县梁文骏信;5. 太原胡蘋秋;6. 郴州师专吴代芳;7. 成都王淡芳;8. 南师吴调公;9.《社会科学战线》;10. 新疆雷茂奎;11. 河北大学资料室;12. 李姓研究生;13. 山西宋谋玚;14. 常任侠。下午开系会,讨论本季工作计划。

9月25日(2)阴

复清悚、代芳、淡芳、谋玚、调公。刘隽甫携仲联介函来。下午陶强、高治国(民间文学神话)来。

1. 南大考古组许莘农
2. 中华门张家衙14号许隽甫
3. 南京工学院建筑系黄竹坪

9月26日(3)阴

上午上课。下午陪芸看病。蒋哲伦、唐文英来。夜研究生来。得宛书城、王文生、胡蘋秋、姚奠中、樊凡、游寿信,又任木生告小佳病信。复游信。夜永芬携戚某同访月超。

9月27日(4)晴

新雷晨与唐文英、蒋哲伦晤于余家。得温广义、施蛰存、北图、张文勋、袁行霈、何光年信。致明照信。寄徐中舒文。收陶道恕信。晚请钰哲、天梅、兰友等。邓大嫂女婿来探视。复袁行霈。

9月28日(5)晴

早邓婿来辞行。晚尹志腾夫人来检查心脏病。蒋哲伦。下午开诗歌朗诵会。得福建图书馆、李进信，周勃寄《报告文学选》。

9月29日(6)晴

上午上课。收刘君惠、傅璇琮、陈邦炎、高兰夫人刘景秀、王文才、欧阳均信。下午在家作字。写信给囡，晨发出。

9月30日(日)晴

上午万放来。复傅璇琮。

10月

10月1日(1)晴

上午孙祖荫来。中午赴钰哲家午饭。下午辛宪夫妇及小峰来，馈蟹四。得夕佳、小婉、姚雪垠、夏瞿禅、刘隽甫、刘子健、胡山源、唐圭璋、周本淳、钟树梁、施蛰存、上海图信。复刘隽甫信。

10月2日(2)晴

得安大阚毓田索书函，即复。发回囡信。下午研究生来谈。贾平年来。夜黄朱青来。

10月3日(3)晴

得河北图书馆赠书七册，蔡厚示寄文，王文生寄书，周本淳寄耘耘，

《百科知识》寄计划，刘子健寄三元买书。改蔡文，转寄文生。

10 月 4 日(4)晴

复上海大百科、周本淳。下午上课。得胡念贻、武大学生黄静怡(华师黄石分院)信。

10 月 5 日(5)晴

上午去自强、白桦家。取回波多赠《王氏宫词注》。下午完成改卷工作，即送系。得周煦良、郝延林信。何芳洲携女惜三来。月超来夜饭。

10 月 6 日(6)晴

上午出雨花台，购石 12 枚。下午学习。得吴于廑、殷孟伦信。

10 月 7 日(日)晴

上午芳洲来，与同至七处午饭。吴白匋、单人耘来，未晤。下午萧兵、单人耘来。得克木、孟伦、奔星信。卞孝萱送来四石章。

10 月 8 日(1)晴

得投考研究生李朝君信，又孟伦信。下午上课，作总结。复谢卞孝萱，复孟伦。得傅璇琮信。

10 月 9 日(2)晴

收工资及补发 1200.4 元。得小囡、杨明照、李一氓信。汇款 50 元与夕佳，百元与小囡。与芸晚餐于胜利饭店。

10 月 10 日(3)晴

写信与匡亚明。收康伣信。下午开学术委员会。晚万放夫妇来，季复昆来。

10月11日(4)晴

上午赴鼓楼医院作心电图。下午授课。得周笃文、欧阳均信。收《诗选》70本。

10月12日(5)晴

写波多、周策纵、叶嘉莹、傅璇琮、姚雪垠、吴志达、程一中、敏泽等信。寄出《诗选》。收志达、杨文翰、陆维钊信，施寄发票。给志达、小囡、欧阳均信。

10月13日(6)晴

下午学习。上午安师大祖保泉来访，携来章子仲、张涤华信。又得牟世金、吴静安信。得夕佳夫妇信，即复。夜赴江苏酒家宴。主人如下：1. 孙望、2. 焕明、3. 诚忘、4. 徐复、5. 国璋、6. 北桦、7. 润生、8. 贤皓、9. 拱贵、10. 小云、11. 启华、12. 国武。

10月14日(日)晴

上午看白尘(不遇)。访永芬。匡校长丁莹如夫妇来，不遇。下午孙望、小妹来。月超来饭。复吴静安，函笃冲。

10月15日(1)晴

得萁荪、木生、杨廷福、辰宪、王治平、梅镇、詹伯慧信。即复萁荪信。

10月16日(2)晴

发孟伦、王治平、辰宪信，皆附文稿或词集。得徐中舒寄文，黄稚荃信。下午吴白匋作报告。

10月17日(3)晴

上午赴鼓楼医院看病。下午文学研究室开会(讨论提升)。得廖辅叔、蒋兆鹄信。复蒋信。

10 月 18 日(4)晴

得匡亚明、赵熙文、唐荣昆、葛杰信。复唐荣昆、葛杰信。发给莫绍裘挂号信(南师工作事)。

10 月 19 日(5)晴

得杭生、芳洲信,中山大学图谢信。卢鸿基、夏晨中、姚北桦来,不遇。夜屈兴国及尹夫妇来。

10 月 20 日(6)晴

收唐文英《唐宋词一百首》及信(又嘱转新雷信)、皮公亮、孟伦、黄君坦、阚毓田、《长江丛刊》、杭生、宋谋玚。下午学习。

10 月 21 日(日)晴

下午授课。发寄夕佳信,蒋哲伦信。收胡笃冲、吴代芳、王淡芳、王利器信。孙望、吴奔星来,与同至北京东路 4 号夏晨中家访卢鸿基。

竹汀《潜研堂文集·与袁简斋书》,论唐宋官制守、判、试、知、检校诸称,所当参核。

10 月 22 日(1)晴

下午研究生来。赴自强家晚饭。卢为画像,夜归。得彦邦、冠英、张珍怀信。

10 月 24 日(3)晴

上午赴自强家,由卢鸿基将像画完,携归。得欧阳均、王文生、李国瑜、王文才信,方之讣文。夜访匡。归作挽方之联语。

10 月 25 日(4)晴

下午上课。上午以校雠讲义交叶子铭。得奂午、定生、茅于美、袁行霈、林立、吴志达信。复茅于美并寄书。又以定生函转孟伦。夜北桦、晨中、鸿基及《人民日报》一女记者来，夜十一时始去。

10月26日(5)晴

上午不适，力疾草就讽刺文学报告。得李国瑜、张实、程一中、孙祖荫信。

10月27日(6)晴

不适，上午会由枝培开。写张实、囡、夕信，又作诗三首寄卢鸿基，又写赵熙文、王文生、李国瑜信。收徐鸿、唐荣昆、杨冠珊、董每戡信。夜卢鸿基、杨成寅(卢弟子)来。张月超来。倪(图书馆)来约为书目文献出版社作编审。

10月28日(日)晴

下午单人耘来。夜季复昆来。

10月29日(1)晴

下午上课。得王治平、卢鸿基、金克木、《社会科学战线》校稿及杭生、彦邦信。

10月30日(2)晴

上午朱家维来。晚辛宪及小峰来。小皓托买日语唱本。刘诗秀来约作报告。发致囡信。

10月31日(3)晴

下午为学生讲讽刺艺术。收莫绍裘、饶小平信。

11月

11月1日(4)晴

下午上课。得茅于美、宋谋玚信。修订《史通》毕。晚观《沉默的人》。

11月2日(5)晴

以《校雠学》交印刷所。以《史通》寄中华。莫绍裘来。鼓楼医院看病。得季镇淮、陈贻焮、葛杰信。又寄书,许永璋诗,毛治中信。钟陵来。

11月3日(6)晴

上午卢鸿基来,留午饭,又照相多帧。下午开学习会。晚木生姐自西安兴平来,留晚饭。胡三姐来谈写小翁碑文之事。得蒋兆鹄、陈北海、易云秋之信。陆耀东来。

11月4日(日)晴

上午与任大姐游玄武湖,饭于胜利饭店。下午程一中来,带来李清照资料五册。

11月5日(1)晴

复吴调公、吴代芳、茅于美、陈贻焮、刘彦邦、杨冠珊、何芳洲。得杨敏如、曹逸峰信。上课。

11月6日(2)晴

芸生。观画展,午饭于江苏饭店。下午在鼓楼医院看病。陆汝常来。

11月7日(3)晴

上午在家开文评史会。夜请杨明照,王立兴夫妇作陪。

11月8日(4)晴

下午上课。得周策纵寄书。

11月9日(5)晴

收自强、杭生及九三信。复杭生、自强信。

11月10日(6)阴,晚小雨、风

上午听黄裳谈巴金回忆录。下午政治学习。得廖立信。写闻山、敏泽信,又周幼琴美国信。

11月11日(日)阴,风

为包忠文文提意见。中午宴杨明照、黄裳、陆耀东于江苏酒家。夜访黄裳于杨苡家。

11月12日(1)晴

得波多、傅璇琮、杨翊强、莫绍裘、小婉、小佳、夕佳信。下午上课。复詹伯慧信。

11月13日(2)晴

上午鼓楼医院看病。得罗玉君、敏泽信。即复敏信。

11月14日(3)晴

改吴文,送还。杨明照报告,未去。夜黄裳来辞行。

11月15日(4)晴

孟伦来,午饭后去上海。下午上课。得王淡芳、罗元■信。下午永芬来。

11月16日(5)晴

下午看刘海粟画展。上午杨明照来辞行。晚饭于胜利。得薛青萍信索词。

11月17日(6)阴雨

上午新疆训诂班二人来。下午在文协作报告。致葛杰、霍松林信托买书。寄薛青萍、黄微书。

11月18日(日)晴

伯阳夫妇来午餐。下午耿全福、刘作霖来治山石。夜钱林森来。

11月19日(1)晴

下午上课。得淡芳、胡蘋秋、胡杭生、余行达信。

11月20日(2)晴

写韩德培、杨翊强、王淡芳、威克信。得吴代芳、黄裳信,九三开会通知。赴永和园午饭。

11月21日(3)晴

上午访止强。得徐仲年、张实信。对校雠讲义。

11月22日(4)阴

下午上课。得丁浩夫、李清悚信。夜孟伦来。

11月23日(5)阴

下午王气中谈古典研究现代化。后访孟伦,又同来坐。得丁浩夫信。

11月24日(6)晴

下午听反特权报告。中午与孟伦在胜利西餐。写李清悚、葛杰、周振甫信。莫绍裘来,未遇。

11月25日(日)晴

上午莫绍裘来。与月超访宛书城。与月超、孟伦午饭。饭后访范老。

11月26日(1)晴

得圭璋信,囡信,陈邦彦寄书,周振甫寄书,王运熙寄文及信,聂绀弩诗,姚雪垠寄书。

11 月 27 日(2)晴

得傅璇琮、蒋兆鹄及盐城小学教师王君信。

11 月 28 日(3)晴

听传达报告，邓大姐及关于苏联。徐中玉、吴奔星来，不晤。寄傅璇琮 20 元买书。

11 月 29 日(4)晴

上课。何芳洲夫妇来。周勋初来。得杨翊强、薛青萍信。

11 月 30 日(5)晴

上午听刘宾雁报告。得圭璋信。夜访中玉、奔星。

12 月

12 月 1 日(6)晴

得葛杰寄稿纸千张，王淡芳寄《涉江词稿》，郝延林寄《学报》，王达津信，葛杰信。原平、原安来，邱质朴来，杨苡、孙望夫妇来，万放来。

12 月 2 日(日)晴

学生来。伯阳、瑞蕻来。下午去辛宪家，晤芳洲夫妇。笃冲来，谈颇久。

12 月 3 日(1)阴

上午裴显生、屈兴国来。下午上课。宴中玉、奔星、孟伦、瑞蕻夫妇、北桦、焕明。夜返家，饮咖啡。得璇琮寄《三国志》《魏书》。函葛杰、夕佳、达津。得介眉信，鸿基信。

12 月 4 日(2)阴

下午学生来。晚仲干通、罗邦柱、周一展来。得安治、克木、淡芳信，舒芜信。

12 月 5 日(3)晴

下午开会讨论升等。得冠英寄《诗经选》,杨廷福寄文并信。萧兵来,未晤。夜卢鸿基研究生二人来,未见。

12 月 6 日(4)阴

寄璇琮 20 元买书。又发各信:施蛰存、周振甫、傅璇琮、张安治、朱孟实、王淡芳、舒芜、夕佳。

12 月 7 日(5)阴

以航挂信寄叶嘉莹。整理勘误表。夜邢亚辉来。得《云南日报》信。

12 月 8 日(6)阴

上午与芸出去买呢大衣一件,86.47 元。领工资。打烤火煤气押金 50 元。下午开会谈升等事。抽得 520 元电视机一个。收萧印唐、刘诗白、任莉莉信,敏泽文。寄词与诗白。寄文与敏泽。函翊强。

歌德认为:批评家要弄清:1. 作者说些什么(生活、题材);2. 怎样说的(美学、技巧);3. 值不值得说(思想、道德情操)。

诗,要经过特殊组织的意象,使有限的经验世界提升为无限的精神世界,从而使之具有一种永恒的因素。

12 月 9 日(日)阴

上午去买电视机,未得。下午宋家淇、王永芬来。与三生去孙家。小峰送鱼来,报以人参两支。函松林询购杜诗事。罗邦柱、周勋初夜来。

12 月 10 日(1)阴,晨雾

下午上课。浙江美术学院卢鸿基研究生潘耀昌、范景中二人来,孟伦留晚饭。写信给吴志达、葛杰。

12 月 11 日(2)阴

下午开升等会。看洪老。收小囡、何光年信。夜自强父女来。

12 月 12 日(3)晴

上午出购电扇不得,下午芸得之。浴。得舒芜、顾诗灵、詹伯慧信。夜新华社人来问东林事。

12 月 13 日(4)晴

收蒋兆鹄、莫绍裘信。下午上课。

12 月 14 日(5)晴

上午视尹志腾疾。下午开学术委员会。得叶嘉莹信件(12 月 4 日发,14 日到,才十天)。夜观京戏《探母》。

12 月 15 日(6)晴

寄书三册、文二篇与叶嘉莹。下午与超伯、石臞访定生。

12 月 16 日(日)晴

石臞来作字并饭。写伯慧、公亮夫妇、兆鹄信,蛰存信又汪旭翁稿,又振甫信。新疆铁路师范学院教师王德文赠其太夫人郑珩瑑书一幅。

12 月 17 日(1)晴

得松林、淡芳、绍裘信。下午上课。上午抄寄叶嘉莹 14 诗。

12 月 18 日(2)晴

上午绍裘来,与同访自强。收朱海观信。写何芳洲(请校《词》)、周勃(要词稿)、黄裳(请介绍《词》)及海观信。下午研究生来。

12 月 19 日(3)晴

上午去运煤气。下午寄书与海观及荻帆。又写海观、黄裳、翊强(要

《武大学报》)、嘉莹信。

12月20日(4)阴,小雨

得卞孝萱信(买诗集事),敏泽定《动态》收条,葛杰信又书二册。写丽则信,敏泽信,王达津(要《小说月报》)、卞孝萱、扬州古籍书店信。叶嘉莹信今天发。下午上课。汇款至扬州古旧书店(13元)。

12月21日(5)阴,小雨

汇葛杰15元(16日汇10元),又函葛杰、朱海观(寄《词稿》)。收《诗刊》电,吴志达、周伟民寄文,又周振甫信,即复。石臞来作字,午饭,今夜返济。谢伯阳来,送吊兰一盆。夜郑红(三十三中教师,58北大毕业)由吴新雷介绍来谈。

12月22日(6)阴雨

下午听公安问题报告。得湖北文联来信要写字。

恩格斯关于现实主义那段名言:

旧译:“除了细节的真实之外,还要正确地表现出典型环境中的典型性格。”

新译:“除细节的真实外,还要真实地再现典型环境中的典型人物。”

12月23日(日)阴

上午吴玉兰来。莫绍裘来,借去材料。下午去孙家谈书目范围及分工。夜辛宪夫妇来,告肖友之丧。

12月24日(1)阴

得詹伯慧、周勃、蛰存、《诗刊》杨金亭信,又敏泽信。一时去清凉山开追悼会。下午上课。吴翠芬发津贴11元。

饶宗颐字固庵,号选堂,有《选堂乐府》,在香港九龙中文大学中文系。

12月25日(2)晴冷

下午研究生来。校叶嘉莹文稿。得黄裳、小囡信。写寅宪、小囡信，要照片。

12月26日(3)晴

郭维森来，送与《中国史稿》一册。写郭绍虞、周勃、詹伯慧、周本淳、敏泽信。下午师生联欢会。夜影帆携子庞小宁来。

12月27日(4)晴

下午上课。收《战线》稿费，扬州退款，海观信。

12月28日(5)晴

得《长江》稿费，杨翊强、邹获帆信。发海观、黄裳、王文生信，又恽宗瀛、闻山信(索还《文艺论丛》，要《文艺研究》)。

12月29日(6)晴

下午系茶会。得晴佳信。

12月30日(日)晴

下午校茶会。得叶嘉莹寄《说诗》。上午去永和园买点心。拍沈尹老照片。

12月31日(1)阴雨

下午上课。得萧兵信。

1980年

1月

1月1日(2)阴雨

上午访钰哲、永芬。午饭于胜利。下午月超来晚饭。

1月2日(3)阴雨

高国藩、王立兴夫妇来。开始校稿。

1月3日(4)阴雨

下午上课(结束)。得葛杰寄书及信,沈寅宪信,王达津信,闻山信,吕永寄文。叶嘉莹印刷被退回,写挂号信到海关询问。又得武大进修生赵某问研究生事。夜观昆剧《关汉卿》。

1月4日(5)阴冷

得蒋兆鹄信。北大郭锡良来,始知为武大54年毕业生,与祝敏彻同班。发海关信。

1月5日(6)晴

得翊强电(买《宋诗抄》事),囡信。即复杨信,汇翊强60元。

1月6日(日)晴

访吴枝培,谈大纲事。自强夫妇来还底片。写信给顾诗灵。校稿毕,交单兆欣。

1月7日(1)晴

收小佳寄信及日历,曾卓信附唐异明信及文章,王运熙信及文章(《郑大学报》),张白山约为《文学遗产》写稿信,刘隽甫约赴江南诗社会信,杨翊强信。

1月8日(2)晴

以年历送七。得文生信,寄会刊。下午去访郭锡良不晤。至吴翠芬处,赠以会刊一册。上午作字,以字二幅寄湖北美协。刘舒来,谢伯阳来未晤。函张白山,寄文章样品。得张安治信。夜观《墙头马上》。

1月9日(3)晴

上午章德约谈房子、调小囡等事。召开文评史小组会。以《以文为诗》寄下列各人:1. 王淡芳、2. 徐朔方、3. 王季思、4. 周大璞、5. 吴志达、6. 陈贻焮、7. 吴调公、8. 金启华、9. 孙望。夜古籍陈邦炎来访,交《宋词赏析》稿子。

1月10日(4)阴

得周伟民信及《华师学报》。下午去看病。

1月11日(5)阴,小雪

得芳洲信,附校记。下午开文研室及古典室联席会,讨论三年计划。夜,文研所《文学遗产》编辑部高光起、卢兴基来,以周勋初《陆机〈文赋〉年代考》及莫砺锋译文付之。

1月12日(6)阴雨

整日在家校稿。得涤华文;又湖南宜章县第二中学王邦建信,想考研究生。季复昆夜来。

1月13日(日)晴

《诗选》稿校毕,单兆欣来取去。与芸访陈瀛夫妇。《遗产》人来取去英文学报。

1月14日(1)晴

莫砺锋送车票,以词校稿交与转陈邦炎。得辞书出版社,李玉汝(退休老人,提《诗选》意见),傅璇琮寄《心解》并告《史通》发稿。又胡杭生信,仍要去南农。发王文生、傅璇琮、何芳洲、孙原平、小囡信。

1月15日(2)晴

得杨翊强寄来《宋诗抄》,即复之。中午莫生送上车。下午五时许抵徐州,寓市委第三招待所。

1月16日(3)晴

小样齐。上午序东、奔星来访。夜市文化局长、文联主席佟苏丹,文联副主席王寄舟及计委主任隋君来访。

1月17日(4)晴

晚,单君请客,有隋夫妇,电业局肖君夫妇,印刷厂余书记、周厂长、蔡主任等人。晚,教育局张朝骏等四人来访,约下周一对中学语文教师作报告。吴奔星夫妇及一青年教师、一研究生来访,约下周二到徐师作报告。

1月18日(5)晴

上午校完小样、二样,120页左右。上街购得芦笋与豆腐棍。下午准备作报告材料。下午南大毕业生陈雨时来访。夜赴徐师访廖、王、吴三老。

1月19日(6)晴

上午校清样,p315—346。下午校二样八张。去淮海路购烧鸡一只。晚赴徐师吴、廖筵。

1月20日(日)晴

上午准备讲稿。下午徐师吴、廖约往游淮海纪念馆和云龙山。晚廖夫妇来访。

1月21日(1)晴

上下午共校"勘误表"小样一张、二样十六张(p467—528)、清样九张(p347—382)。

1月22日(2)晴

二样529—576(十二张),清样383—402(五张)。下午到徐师讲学。晚赴徐师宴。文化局二局长来访(辛原、佟苏丹)。

1月23日(3)晴

目录小样三大张,二样六张577—600,清样四张403—418。下午到文化局开座谈会,约到100人。

1月24日(4)晴

上午校完清样p419—442,二样p601—668。下午校完二样669—700,又清样443—466。夜校完目录。

郑云波(徐师古典教研室主任),吴汝煜(副)。

1月25日(5)晴

下午佟苏丹陪看汉画。晚看话剧《报春花》。上午芸去印刷厂编写目录页码。发洪喧电。

1 月 26 日(6)晴

上午校目录讫,付印。又校 467—490 页,付印。下午 491—508(中有宋诗插页)。

1 月 27 日(日)

上午 509—528、529—560。下午 561—600。

孙毓修,字星如,见《新文学史料》5,p274 左。

1 月 28 日(1)阴,小雨雪

上午 601—632。去隋和印刷厂。下午在教育局作报告。夜访吴、廖。

1 月 29 日(2)晴

上午校 633—680,下午全部完。《北方文学》79/10,满锐的四首诗,好。吴、廖、吴汝煜来。王寄舟、王坤等来。

1 月 30 日(3)晴

上午八时赴车站,吴、廖、汝煜、寄舟、朝骏送行。徐站车头碰撞,迟到 11:40 改 119 次(本 125 次),下午四时半到。南大车返,又出事故。乘三轮返已七时。刘蔚云、莫砺锋来。到中玉、白山、唐异明、何芳洲及九三信。

1 月 31 日(4)晴

下午朱家维来,告得奖、小囡及升等诸事。单告单价 1.25 元。函奔星,又函中玉并寄稿。

莫砺锋——李端;徐有富——司空曙;张三夕——韩翃。

2月

2月1日(5)晴

上午写王、吴著作鉴定。得叶嘉莹、周勃、孙祖荫信。发吴奔星、徐中玉信。寄晴佳20,小佳10。下午写复孙祖荫信。收到下列信件:1. 朱祖延寄所著《古汉语修辞例话》;2. 孟伦寄《李清照集》;3.《社会科学战线》抽印本;4. 王淡芳(《诗选》意见);5. 刘彦邦(《诗选》意见);6. 马茂元(马铃娜文《刘辰翁生平考》);7. 刘茂舒(《诵帚词筏》);8. 柳北野;9. 傅璇琮;10. 周退密;11. 孟伦;12. 戴自中;13. 向志学;14. 顾诗灵;15. 武大唐宋文学三研究生;16. 杨翊强。

2月2日(6)晴

得振甫寄《管锥编》3—4,北京语言学院《文学家辞典》第二册。下午开会领奖。

2月3日(日)晴

上午观影《水晶鞋与玫瑰花》。下午去七家。夜屈兴国来谈,并送《文论要诠》影印本、杜松柏书。发小佳、小婉二信。

2月4日(1)阴

上午取奖金50。又寄香肠与夕佳。收君惠、绍裘、蒉荪、序东信。写语言学院信,又重写二人小传寄去。下午开汇报工作会。收傅璇琮寄《杜诗详注》及信,又夕佳信。夜写信与翊强及序东,并各寄《训诂学》一册。

2月5日(2)晴

上午谢伯阳来。开外事会议。得振甫寄萧涤非杜诗四册、陶集一册。发下列信:1. 黄养辉、2. 李玉汝、3. 周退密、4. 刘茂舒、5. 刘彦邦、6. 詹伯慧、7. 卞孝萱、8. 马女文寄施(附吴、杨)。

2 月 6 日(3)阴

早谢伯阳来陪芸去鼓楼医院看病。发下列信:1. 游寿、2. 周勃、3. 周振甫、4. 刘君惠、5. 章荑荪、6. 殷孟伦、7. 萧印唐、8. 傅璇琮。寄 30 元给周振甫买书。寄马女文给施蛰存(挂号)。

2 月 7 日(4)阴

上午刘隽甫来。蒋荫南来交范老审阅稿。王永芬来,送花生米一包,粮票 20 斤给王。寄理论史大纲给下列:1. 吴文治、2. 王运熙、3. 张文勋、4. 牟世金、5. 王文生、6. 敏泽、7. 徐中玉、8. 霍松林、9. 姚奠中。得郝延林、杭生信。又郝寄葡萄干一公斤。

2 月 8 日(5)晴

寄出叶嘉莹书,又复郝延霖信,刘法绥信。得中玉收稿复信。谢伯阳陪拔牙,甚顺遂。点《史通订讹》稿毕,付芸抄之。写刘隽甫诗,涤源、德培信,小囡信,皆附南大校刊。

2 月 9 日(6)晴

得郑秀梓、吴丈蜀信。往资料室借书。吴白翁来。下午访孙望。夜订室规划。

2 月 10 日(日)晴

去枝培处谈计划。复秀梓、丈蜀、绍裘。夜餐于胜利。上午上鼓楼买物。

2 月 11 日(1)晴

得古籍稿费 126 元,王寄舟、胡杭生、翊强、陈贻焮、罗邦柱信,作协通知订《动态》,省委茶话柬。又得振甫、罗中立、湖南宜章二中王邦建信,吴志达寄讲义,小婉电报。王永芬父女来,带来小囡文件、鸡蛋 30 个,即访朱家维交与之。浴。写王寄舟、小囡信。

2月12日(2)晴

上午至夫子庙、杨公井。吴翠芬来未遇。皮公亮托周子兆带回祖棻词稿亦未遇。下午至西康路开会。以迁移证寄还小囡。

2月13日(3)晴

得宋谋玚寄《红》文,卞孝萱、吴代芳信。改诸生作业。尹志腾、裴显生来。万放夫妇来。

2月14日(4)晴

上午为徐州诸人作字。得振甫寄仇注二部,古籍寄《丛刊》三本,《文学遗产》卢兴基寄还英文本《中国文学》,晴佳来信。

2月15日(5)晴,除夕

收伯慧、刘隽甫、夕佳、大连师院薛安勤信。自强来。

2月16日(6)晴,元旦

上午团拜。白汝安夫妇来。中午赴天眉饭。下午王珏母女来。谢伯阳夫妇、姚白桦、赵国璋来。钱(女研究生)来。夜钱林森来,以诗词交其转送法人。得蛰存、志达、会暾、小佳、周策纵信。俞润生寄莫文、稿费廿二。又《芳草》载棻词七首。

2月17日(日)阴

吴枝培来。写葛杰、陈邦炎信,推荐吴志达书。写吴志达、詹伯慧、宋谋玚、施蛰存、会暾、辽宁师院薛安勤信共七封。下午万放夫妇来,钱玮(南扬之子)送波多野信来。

2月18日(1)阴

得朱祖延信。至永和园吃早点。晨南扬翁来。成赠波多野诗。

2 月 19 日(2)阴

与枝培去系找子铭商计划。去万家午餐,并作字。得《芳草》稿费 35 元,朱海观信。永芬来,以张三夕文交其审订。

2 月 20 日(3)阴

致黄裳、李荒芜、朱海观函。王立兴夫妇来。欧阳均来。

2 月 21 日(4)晴

得刘法绥、小囡、吴玉兰函。金启华、陈美林、谢伯阳来。为朱海观写卷子,寄出。

2 月 22 日(5)晴,人日

去谢伯阳家,并参观植物园。得悉董每戡逝世。夜不适。

2 月 23 日(6)阴

打唁电吊唁董老。不适,发热。至鼓楼诊。得松林信。

2 月 24 日(日)阴

发热。小婉夫妇到宁。

2 月 25 日(1)阴,小雨

大不适,38.6℃。宣书记来。下夜去诊。小婉迁五舍。夜印医生来注射。寄出《百科知识》稿件。

2 月 26 日(2)阴,小雨

得黄裳、牟世金、王邦建、志达信,志达寄李健章文。

2 月 27 日(3)晴

收晴佳信,寄烟;吴丈蜀信,寄诗;又九三开会通知。复王邦建信。钱玮来谈招待波多野事。

2月28日(4)晴

得章荑荪、牟世金信。病少好。去系小坐。致振甫信嘱买书,又函九三请假。

2月29日(5)晴

夜与南扬父子赴丁山饭店访波多野太郎,赠以诗幅。

3月

3月1日(6)晴

上午参加以波多野为首的日本大学旅游团座谈。午宴波多,同坐者圭璋、南扬父子、孙望、曹济平、胡忌、翻译徐女子,又日本史学家小岛、语言家早川。得下列信:1. 周勋初交来陈邦炎信;2. 上海辞书社索稿信;3.《文遗》索稿信;4. 王文才信;5. 敏泽信;6. 徐中玉信;7. 刘彦邦信;8. 莫绍裘信(附稿)。

【剪报:《徐州报》1980年1月31日第3版《程千帆教授在徐州》。】

3月2日(日)阴

季复昆、张三夕来。

3月3日(1)阴

备课。得下列信:1. 四川人民张纪生(周稿不成);2. 古籍(吴稿成);3. 王淑耘(约稿);4.《中国社会科学》(约稿);5. 伯慧要书;6. 徐州大庆路47号黄新铭寄诗稿;7. 吴志达寄小说稿;8. 张朝骏书二册、纸一卷;9. 卞孝萱托学生带来苏诗6册。

3月4日(2)阴

致函庞硕托买车。函谢卞孝萱。与吴枝培访杨咏祁。

3 月 5 日(3)阴

浴。得调公信。致吴志达挂号信,转去出版社信。周勋初来谈《文评史》出版事。

3 月 6 日(4)雨

下午开会,讨论研究生出国考试事。上午在永和园请陶小健夫妇。得李荒芜、蕲春文化馆宋光锐、蚌埠跃进路麻纺厂宣教科丁学龙信。

3 月 7 日(5)阴

得中玉信及宋诗小笺稿,又皮公亮信及附件。以宋诗稿寄淑耘,又函孟伦,以书寄志达,复仲干通。

3 月 8 日(6)阴雨

上午上课,尚不累。得中玉信及课表(5.12—6.7)。函敏泽索乔木讲话。汇山西图书馆 4.7 元买版本书。

3 月 9 日(日)阴

上午全家至永和早点,游白鹭洲。下午孙祖荫、王永芬、张三夕、谢伯阳来。出访枝培、勋初、咏祁,谈派人出席重庆文论会事。夜姚白桦来。改张三夕记录稿。

3 月 10 日(1)阴

得王运熙信,陈邦炎寄《行卷》稿。下午屈兴国来,送香港印《杜集丛校》及影印《宋诗注》。黑龙江人民出版社编辑取《文论要诠》稿去。

3 月 11 日(2)阴

上午授课。夜赵国璋来取去 200 元。小燕子来浴。

3 月 12 日(3)阴

蒋荫楠取去稿。得张文勋、吴志达、陈邦炎信。吴新雷来商宋元文学稿事。

3月13日(4)雨

下午开学术委员会。得吴文治、杨翊强信。郭维森来,未遇。

发出《诗选》下册。

3月14日(5)阴转昙

上午去系分卡片。得王冀民、殷孟伦信。

3月15日(6)晴转阴

上课。永芬下午来,约明日晚饭。得孟伦寄还校勘文章。

3月16日(日)晴

早原安来,以南师卡片600张付之。游后湖,晚饭于王家。

3月17日(1)阴

得吴志达、郝延林信。下午小峰与南京中医学院吴肇鸿来,交来一论谚语文嘱阅。四川大学中文系程述章来,谈9月间开东坡讨论会之事。

3月18日(2)阴

上课。得黑龙江雷雯、吴丈蜀信,许永璋先生诗。函吴丈蜀、德培、志达、翊强、伯慧。访子强。

3月19日(3)阴

下午开研究生问题会。

3月20日(4)阴

得克木寄《印度文艺理论选》。又王淡芳、舒芜信。取书60部。小婉夫妇来午饭。

3 月 21 日(5)雨

收周振甫、柳定生、吴志达、李元授(岳阳化工部四化建子弟学校)信，卞孝萱寄文。

3 月 22 日(6)阴

上午上课。下午开会。得《芳草》编辑(汉口友益街 16 号)祁向东信，索稿。寄出赠书。孟伦来。

3 月 23 日(日)阴

上午赴孙家，与囡等均在其家午饭。发周振甫信。看郭维森文。孟伦来。宋家淇来赠书。

3 月 24 日(1)阴

还郭维森文。送管审报告。收古籍寄大样，诗词词典目录。陈美林来致黄进德书并函。夜万放来，示诗。

3 月 25 日(2)阴转晴

上课。得安治画小幅并信，又翊强、瑞云、丈蜀信，富寿荪寄杜诗，《诗刊》稿费 47 元。写翊强、葛杰、张安治信。孟伦、王系来夜饭。伯阳、枝培、黄建新来。郭维森来。

3 月 26 日(3)晴

得敏泽信(附乔木文)，葛杰信(附书目)，又吴代芳信(附写字)。下午看日本电影。得学颉寄《醒世恒言》，唐玲玲寄《学报》并信，奂午、翊强信，廖序东信。

3 月 27 日(4)晴

上午游梅花山。

3月28日(5)阴雨

得周振甫、宋谋玚、廖序东、皮公亮信。复皮信。下午开会讨论工调。得芳洲信，校正下册若干条。

3月29日(6)晴

上午授课。下午开会。得重禹信，古籍寄《刘禹锡》，又《社会科学战线》一册。

3月30日(日)雨

上午开书目会。永芬来留午饭。开研究生课目，拟论文题。写三妹信。

3月31日(1)雨

得廖立信，徐朔方、孝萱寄文。复朔方。

【剪报：《人民日报》1980年3月31日朱威烈《一次博士论文答辩会》。】

4月

4月1日(2)晴

得刘彦邦、吴丈蜀、吕剑、刘涤源信。下午开文研室及古典室小会，讨论课程问题。上午授课。

4月2日(3)晴

得雷雯、古籍信(已交与吴新雷)。下午教务处召开研究生会。

4月3日(4)

上午系中召开研究生会。

4月4日(5)

4月5日(6)阴

上课。

4月6日(日)晴

上午赴七家。黄石师院秦惠民君来,携来黄静怡信(或即黄瑞云)。

4月7日(1)晴

得莫绍裘、中玉信。又振甫寄来《文选》及出书目录。复中玉,致璇琮、振甫,以稿寄梁骏(太原市并州路山西人民出版社)。

4月8日(2)阴

得黑龙江人民出版社王滋源信,魏炯若寄《离骚》新注。复王信。

4月9日(3)晴

得舒芜文,吕剑《诗集》,顾学颉、徐朔方信。

4月10日(4)晴

得丘良任信及文。夏晨中携景振球来。

4月11日(5)晴

得海观信(附克木等信),又文生寄书,夕佳信。

4月12日(6)阴

得武汉卅二中罗函。寄书海观和黑龙江王滋源。上课。下午开文代会。

4月13日(日)雨

上午开文代会。下午在家,芸不适。

4月14日(1)晴

上午开会。得德培汇200元,又葛杰寄书及信,傅璇琮信,吴志达、印唐、荒芜、李申廖丽珠信。

4月15日(2)晴

上午上课。得辽宁师院来信约开会,即函谢之。复葛杰,又寄与5.35元。函作协问文艺情况。以《诗选》寄印唐。以《燕子楼》稿寄《诗词鉴赏词典》。

4月16日(3)晴

上午开会。以校勘稿寄《社会科学战线》(文学317号)文学组。

4月17日(4)晴

上午观《樱》。下午开会选举。得波多野及雷雯信,又雷寄严辰诗集。购书数种。

4月18日(5)晴

上午、下午均开文代会。寄傅璇琮22元余。又发下孝萱、傅信。程一中来。屈兴国来交《白雨斋词话校注》卷一。

4月19日(6)晴

上课。下午作协开会。得唐异明信并寄文。

4月20日(日)晴

游栖霞。

4月21日(1)昙

得姚奠中寄书又信,徐中玉信,又高瞻(南师109信箱)。寄傅璇琮信(嘱不买白集)。

4 月 22 日(2)晴

上课。姜亮夫介绍杭大四人来访。得游介眉、王滋源及辞书出版社信。复王滋源。夜杭大楚辞班五人来：吉林师大中文系丁冰、陕西师大中文系吕培成、青海师范学院中文系栗凰、辽宁大学中文系王延海、兰州大学中文系张崇琛。

4 月 23 日(3)昙

后湖看牡丹。下午《长江文艺》索峰光等二人来访。

4 月 24 日(4)晴

观《蝴蝶梦》。下午开会(工资)。

4 月 25 日(5)晴

得傅璇琮信。校《学报》稿。陈美林、胡忌来。

4 月 26 日(6)阴

停课，开运动会。得南师进修教师秦惠民(黄石师院)信。谢伯阳来午饭，交《清人散曲》序。

4 月 27 日(日)晴

写姚奠中、王季明、敏泽、吕永、舒芜、卞孝萱、唐玲玲、宋谋玚信。

4 月 28 日(1)晴

鼓楼医院看病。得夕佳、孟伦、曹逸峰信。致章德信，波多野信(附《鉴真颂》、相片)。夜小强来。

4 月 29 日(2)阴

上午上课，结束。得孟伦、周伟民信。以英文、国文材料寄夕佳。以《禅学》寄璇琮。下午看安旗。又函孟伦、朔方。

4月30日(3)晴

上午检查身体。下午开房屋分配报告会。得九三开会信。夜屈兴国先生来谈校注事。以稿寄徐中玉。

5月

5月1日(4)晴

上午邓绍基(文研所)来,安旗来,钰哲夫妇来。

5月2日(5)晴

《社会科学战线》毕万忱来,约七月份赴长春座谈。得北桦寄《随想录》4册,张国光驳邓广铭文及信,又翊强、周勃、志达、敏泽、彦邦、樊凡、罗中立信。寄书与樊凡并复信,又函周勃、志达、彦邦。

5月3日(6)晴

得荑荪信,傅璇琮寄书。

5月4日(日)晴

下午访永芬、钰哲。

5月5日(1)晴

为张安治作一横幅,寄出。囡携雏来晚饭。夜伯阳夫妇来。

5月6日(2)晴

得梁骏信告稿收到。

5月7日(3)晴

下午开会通过小结。夜孙望、杨咏祁、曹济平来谈宋文学史事,允任顾问。

5月8日(4)晴

上午开工调会。

5月9日(5)晴

下午开工调会。得吕永信;九三寄高校十条;荒芜寄《山花》二册,载《早早诗》;君惠寄《诗选》。

5月11日(日)阴,小雨

乘207次车来沪。吴枝培、莫砺锋送。四时抵站,中玉来接,并请晚餐。访蛰存。周伟民、罗立乾等来谈。

5月12日(1)阴

访陶雄,午饭于其家,夜又邀饮于老半斋。

5月13日(2)晴

上午授课,说诗。下午与文生访郭老。又赴出版社晤陈邦炎、周宁霞等人。唐文英、蒋哲伦来,转萁荪信,知其病。

5月14日(3)晴

上午陪郭老与诸生见面,照相。访许杰。函囡。河南师大王宗堂、王芸(女)、邹同庆三君持石斋信来访。武大文论研究生程亚林持彭靖(字岩石)信来访。

5月15日(4)阴

血压178—96,不讲。萁荪研究生翁敏华女士来,托购物。下午三时量血压152—92。函石斋并寄旧诗。

5月16日(5)晴

复彭岩石附诗三首。访垠宝、黄裳均不遇。下午得黄裳信。晚西彦约饭。夜寅宪、燕燕来访。

5 月 17 日(6)晴

致黄裳信。上课。古籍编辑邓韶玉同志谈《古诗考索》事。得孟伦信。血压 164—94。访晤黄裳及文生夫妇。夜九时半始归。

5 月 18 日(日)晴

上午访蒉荪、茂元,午饭于蒉荪家。函燕燕。晚饭于郭家,中玉及文生夫妇同座。夜周伟民来送《华师学报》。

5 月 19 日(1)阴,小雨

函周勃、小囡。上课。血压 152—92。收小囡信,附朱海观信。下午古代文学研究室副主任马兴荣来访,谈编词学论文集事。

5 月 20 日(2)阴

赴福州路购书及物。晚中玉约饭,同坐者师大历史系郭君、客座教授美籍华人樊君及其美妇。函小囡。

5 月 21 日(3)晴

上午去西郊动物园。函王运熙,告以不能去复旦。寄书回宁。买车票已得(车票软卧 56.8 元)。师大送七十元,抵去费用,致四十。大百科樊康来访:1. 认条目,2. 荐写稿人。

5 月 22 日(4)晴

晨出访蛰存。芸购物遗失车票,幸补购得,仍系下午六时三十二分乘 132 次行。陈怀良及文生夫妇送行。以致周策纵函交文生发出。

5 月 23 日(5)晴

早 8 时 40 分正点到济南,孟伦来接,饭于其家。下午迁招待所。上午在焕先、仲荦家小坐。

5月24日(6)晴

上午仲荦来访,值出购物未遇。下午孟伦陪游趵突泉及大明湖,辽大师生同。夜张可礼、牟世金二君过访。函小囡。

5月25日(日)阴转雨

游长清县大灵岩寺,同行者南大哲学系四外籍生及一教师,又山大历史系一老师。芸未去,幸不受寒。函枝培。遇金大老同学李家文君,君任教于泰安山东农学院。

5月26日(1)晴

孟伦研究生吴庆峰来陪看病(148—92)。下午与山大文学理论研究室张可礼、周来祥、牟世金、于维璋、凌南申五同志座谈二小时。吕慧鹃来。研究生朱光启送书来。夜山大图书馆王绍曾先生来谈校雠学文选事。

张海鹏跋《东坡志林》云:"《志林》五卷,皆东坡先生记元丰至元符二十余年中身历之事。明汤云孙手录刻未竟而卒,赵清常踵成之。分类编辑,与毛氏所刻及《百川学海》《稗海》诸本稍异。"(此《学津讨原》本也。)

5月27日(2)晴

达微、九九来,约星期日午饭。下午为中文系师生等作报告。访萧涤非。

《学津讨原》本《东坡志林》卷二"桃花悟道"条:"世人有见古德见桃花悟道者,争颂桃花,便将桃花作饭,五十年转没交涉。"

5月28日(3)晴热

上午寄英译文稿与莫砺锋。赴经三纬四路古旧书店购书。函囡询购洗衣机事。曹繁仁副主任陪同邓崇灏副校长及科研处金里来访,少坐。

5月29日(4)晴热

晨看病(痔疾),量血压96—140。得周勃寄《文摘》。中午吴富恒校长设宴招待。同席王力、二殷、峻斋、可礼、吴夫人等。

5月30日(5)晴

得小囡信,附波多野信,即复,并将波信转叶子铭、杨咏祁。

李廌《师友谈记》(不分卷):张文潜曰:先皇尚经术,本欲求圣贤旨趣,而一时师说,竞以新奇相高,妄为臆说,即附意穿凿。如说《诗》曰:"溱与洧,方涣涣兮。士与女,方秉蕑兮。女曰观乎,士曰既且。且往观乎,洧之外,洵吁且乐。惟士与女,伊其相谑(《学津》本误简),赠之以芍药。"以谓淫泆之会。芍药善堕胎行血,故为之赠。然《诗》言士与女相谑,然则士赠女乎,女赠士乎?借谓女赠士,安用堕胎行血也。此殆是以芳香为好之义,何至是陋也?刘贡父尝曰:赠之芍药,士女不分,若夫"视尔如荍,赠我握椒",则女赠士必矣。《本草》云:椒性温,明目,暖水藏,则女无用也。莫不以为笑。呜呼,有是种种陋说而触类长之,此为罣经义之祸,其本亦以此。

何薳《春渚纪闻》卷七"熙陵奖拔郭贽"载宋太宗询贽行卷,知其事宋初犹然也。

又《老学庵笔记》卷五言,糊名自真宗。武亿《授堂文抄》卷二《书老学庵笔记》后则据《东坡集·题伯父谢启后》言,天圣中犹未糊名云。

5月31日(6)晴转阴

无事。

6月

6月1日(日)阴转雨

上午十时赴九九家,下午一时半返。函璇琮。

6 月 2 日(1)晴

孟伦来小坐,九时许去。函樊康、焕明。

6 月 3 日(2)晴

上午开始给研究生上课。收到单兆欣、陈怀良信;徐中玉寄来稿子;天纵寄来茶叶;杨翊强来信索书,即寄去。李晨钟老师来信给芸,即转给潘达微。

6 月 4 日(3)晴

上午上课。复单兆欣信。整理在上海讲稿《读诗举例》。

6 月 5 日(4)晴

得荣昆寄《文摘》,即复。函伯阳。

6 月 6 日(5)阴

上午上课。收到三研究生、小婉和天眉信。看病,血压 160/110,吃降压片。函万放、小婉、强姐、雄哥。

6 月 7 日(6)晴

上午进城游趵突泉,并询药购物。下午至东郊饭店访月超。得月超携来词书三册,璇琮寄《史通》校样及信,小囡信附陈邦炎信。150—100。

6 月 8 日(日)晴

复小囡、傅、陈信,嘱囡将《史通》副本寄北京。晚月超来吃饭。

6 月 9 日(1)阴

上午上课。下午看病取药,140—90。

6 月 10 日(2)晴

《合注》V2《荆州十首》中有单咏鱼及雁各一首。

牟世金、杨慧文(女)、杨燕(女)三位老师来访。

6月11日(3)多云

上午上课。得钱南秀、吴枝培来信。下午何祚榕(社会科学院《中国社会科学》杂志社)来。

6月13日(5)晴

上午上课。得伯阳、永芬、静园信,即复永芬与静园,并写介绍信给顾绶昌先生介绍永芬亲戚梁文琦。改好《读诗举例》。

风格学上复合形容词:相通:文温以丽,意悲而远;相反:(正)雄豪而妙苦而腴,(负)雅而不艳;相承:诗缘情而绮靡。

一人之作,风格多样。(谭莹论苏绝句、张耒等。)

一篇之中,混合各种风格。

【剪报:《人民日报》1980年6月9日陈封雄《对对子》。】

6月14日(6)晴

寄出给中玉信和稿。收到小婉转来下列各信(√已复):√吴丈蜀、刘瑞莲(人大)、√陆家桂、√张瑞洁、詹伯慧、晴佳、√夕佳、唐异明、√毕万忱(吉林《社科战线》)、√倪晓建(武大图书馆系)、林之满(吉林《社科战线》)、杨翊强、吴玉兰、谢文学(河南)。

6月15日(日)晴热,傍晚雨

上午王绍曾先生来。夜黄汉充(云眉师幼子)来。天眉来宿。函蔚云。夜大雨。

6月16日(1)阴

上课。得璇琮寄书,《学报》4,单兆欣、周勃信。头昏,150—100。复周勃、兆欣、璇琮。致文生。以稿还陆家桂。

6 月 17 日(2)阴

孟伦约午饭,饭后访峻斋,托其为词稿题署。以《学报》赠峻斋、焕先、绍曾。以《赏析》赠孟伦、仲荦。

6 月 18 日(3)晴

上午上课。写信给沈燕。下午达微与杨德济来,德济明日回沪,托她买靠椅。

6 月 19 日(4)晴

上午参观博物馆。晚孟伦、焕先、仲荦、维崧、高兰等约吃饭。收到万放信。

6 月 20 日(5)晴

上课,结束校雠学,照相。函耿,告归期。下午王延梯君来。曾繁仁来,带来黄云眉先生著作两本《韩愈柳宗元文学评价》《明史考证》。夜三古典研究生来谈。

6 月 21 日(6)晴

下午游大明湖,购煎饼二。

6 月 22 日(日)晴

上午达微夫妇来,贻高粱饴二盒、鱼皮花生二袋。下午王绍曾来,贻麦乳精一瓶、酥饼一盒。夜石臞来,贻煎饼二盒、果汁二瓶。杭大楚辞班五位老师及曲阜师院三位老师来谈。殷光熹贻茶一饼、白药数瓶。

杭大楚辞进修班:姚益心(女),上海师大;林维纯,暨南大学;赵浩初、殷光熹,云南大学;黎安怀,贵阳师院。

6 月 23 日(1)晴

上午讲治学方法。全部结束。邓校长过访。下午六时许到车站,21

次车准时开。石腥、峻斋、世硕、绍曾、研究生三人(研究生朱广祁、吴庆锋)送别。

6月24日(2)阴转晴

晨四时抵南京,三生来迓。寄下列各件:1. 徐中玉9,附信;2. 孟伦8,附信;3. 廖序东、吴奔星2,附信;4. 黄裳《诗词》2、《赏析》1;5. 傅璇琮、周振甫《赏》2、《文教》2;6. 邓绍基《文教》2;7. 李荒芜、朱孟实2;8. 王文才、刘君惠2;9. 顾学颉1,附信。

6月25日(3)晴

下午赴政协开九三会,写下列信:1. 雪垠、2. 亮夫、3. 杜维沫、4. 顾学颉、5. 舒芜、6. 瞿禅。书全部邮发。收吴志达、樊康、章子仲信。离校期间,续收下列各信:1. 杨翊强、2. 詹伯慧、3. 周伟民、4. 徐中玉、5. 吴丈蜀、6. 傅璇琮、7. 夕佳、8. 小佳、9. 王文生。

6月26日(4)晴(上午雨)

伯阳、志腾等来。夜研究生来。小婉全家来。

6月27日(5)晴(阵雨)

访万放。下午吴翠芬来谈计划。收周勃文及信、相片。小婉夫妇来午饭。白匋先生来谈研究生事。以威大词目及复堂词序函致马兴荣、陈怀良。

6月28日(6)晴

上午看病,后赴研究生计划会。下午开选举系主任讨论会。

6月29日(日)晴

上午携家人早餐于奇芳阁。后赴永芬家。下午作字。

6 月 30 日(1)晴昙

发詹伯慧、叶嘉莹、毕万忱信。收陈迅、唐荣昆、王文生、张少康信。复张少康。

山抹晴云无墨画,竹敲秋雨有声诗。

7 月

7 月 1 日(2)阴

复文生,复陈迅、唐荣昆,并寄与《词》《赏析》各一册。

广西大学中文系主任秦似,南宁师院中文系主任王弋丁,南宁师院中文系书记王祖鉴,南宁师院中文系讲师余瑾(8—227)、陈星鹤。

7 月 2 日(3)阴

收振甫、一中、清水茂、镇江二中教师樊培绪及周本淳信。下午以《赏析》及煎饼致辛宪。又访钰哲夫妇。调公来告渠已于 6 月 7 日得长春会议正式通知。复一中、本淳(寄《词》)。

7 月 3 日(4)阴昙

得瞿禅、陈继明、文献学研究会信,刘衡如师讣。

7 月 4 日(5)阴雨

得万云骏还 3.20,徐中玉寄讲稿。下午写信给陈继明并寄《赏析》《词》各一,又复徐鸿、子仲。收长春电报,施蛰存、张实、中玉、刘健芬、李易信。

7 月 5 日(6)阴

上午办出差事。得山大寄文化史资料,又周勃、石斋、仲干通信。函伯慧,转去凌萍萍寻铃子件又夏老函。得夏老寄《词论集》。伯阳为买得机票。

7月6日(日)晴

囡全家来午饭。函毕万忱、夕佳。

马克思:辩证法不崇拜任何东西。(《马恩选集》2卷218页)

歌德:理论是灰色的,而生活之树常青。(《列宁选集》3卷398页)

列宁:我们决不把马克思理论看作某种一成不变的神圣不可侵犯的东西。(《选集》1卷203页)

7月7日(1)晴

上午赴工人医院体检。收中玉、邢亚辉、王淡芳、曾家琇、沈佩信,又俞平老寄《词选》。五时由航空公司出发,六时起飞,七时十八分到北京。九时起飞,十时到沈阳。买次日票,宿招待所。

7月8日(2)晴

上午在沈阳,晨写万放信(附邢亚辉信)、邢信,又囡信前半。十二时半起飞,一时一刻到。至南湖宾馆,始悉迁地。田敬宝及主编王慎荣来迎,住省委第一招待所(又文学组王林来)。写家信。

7月9日(3)阴,微雨

上午杭生夫妇携小元来,午饭后去其家,晚七时返。晤佟院长。以20元嘱夕寄晴。

7月10日(4)晴

上午预备会。下午出参观伪皇宫及银行地下室。

7月11日(5)晴

上午研究会开幕式。张松如谈筹备经过、日程。毕万忱谈读稿中发现的问题。稿1074份,发表作家作品29篇、文学史2篇、文论4篇、考证10篇,46篇50万。粗暴否定,逐步肃清。问题:

作家作品研究占80%,不太注意与其他如哲学、经济联系,孤立看文学现象。注意横的研究,对文学史问题探讨少,流派、方法、规律、风格、传统极少。

作家作品,又注意思想内容,少涉艺术、规律和流派。为了推动,曾赴陕西组织了一批陕西现代作家谈作品风格、流派的文章。

将古典文学的思想性公式化,或只谈思想不谈艺术。原因:

1. 机械地理解政治标准第一,艺术标准第二。

2. 强调为政治服务,现代写中心,古代论思想,极“左”思潮、“四人帮”影响未肃清。

现象:

1. 适应政治需要,随意拔高或贬低,如据毛对《水浒》的意见,认为孙悟空是叛徒;“羲和敲日玻璃声”是要打倒唐朝皇帝。

2. 八股——生平、背景、思想、艺术。

3. 人民性成为固定不变内涵,同情民生疾苦,如反对腐朽,藐视权贵,等等,模糊了不同时代的面貌。艺术性,则讲赋比兴、想象丰富语言生动等,习惯于就事论事,不大注意从各个角度来总结一般和特殊规律,没有将总结规律当作重点。

杨公骥发言:三十年来古典文学研究和教学中的几个问题。

成绩:

1. 资料整理——校勘——注释、训诂、考证——有专门机构办理。

2. 出版繁荣。

3. 大专院校课程,被加以罪名:厚古薄今。

4. 培养了大量队伍。

5. 学习马列,提高了,能以马列评价作家作品,世界观有了变化(“四人帮”把世界观理解为宗教信仰),有知识形成概念,形成世界观。

一切错误,来自封建主义传统,各种学科中都有,极“左”思潮处于统治地位。

马列主义与中国实践相结合,改变了中国,但另一方面,中国封建传统也改变了马列主义。

古典文学研究中的问题:

文以载道，即表现观念，而非来自生活。江青：文艺即是政治。即将文艺并入神学宗教中，文艺中之概念化，乃文以载道的必然结果。

文以载道必然导致以论代史，不从实证、既定事实出发。“四人帮”则从观念出发，也是实用主义。

利用了下列口号：文学为政治服务。政治的概念并不清楚。马克思从未讲过，经济产生政治，政治产生文学。文学会产生政治后果，但不能说从属于政治。

列宁讲螺钉，是指作家，不是指文学。

文学与政治用服务、从属来说明其关系，不妥。

作家只能通过文学的规律来为政治服务。

古为今用，首先是以今人水平评价古人。为了今人，有功利目的。言必称尧舜，从来如此，很难认为这个口号有什么创造性。问题在如何用，如阶级不同。“四人帮”变为实用主义借口，“古”无独立，如何用如何存在。历史更无客观性，无真实性，不断变形。詹姆士：对生活有用的就是真实的。各取所需，歪曲历史来古为今用，无实事求是之意，最后变为阴谋文学。

全盘继承不可能，批判继承，又易以今天标准批判（或改造）古，仍是以文载道，我们在前代生产的基础进行生产。

继承实践是首先的，不须捧、骂，而要认识，找出规律。

因此必须全面第一手出发，要从各有关历史生活学科出发，全面了解。要从发展中看问题，上下古今，不能断代。要懂外国文学，要比较，要通马列，据以指导，启发方法，看几条语录不行。

学者，应当是思想家，不是贩卖知识的商人。

要注意艺术，首先注意语言，作家用独特语言构成形象。

从作品中认识生活、形象，给人以美感、情操。

反对皇帝个人，不等于反对皇权制度。反对某皇帝往往只是要当皇帝。

经学的桎梏与思想解放：

1. 大统一，上古之时，道德一而风俗同……《红楼》是政治小说，宋江是投降派，不反皇帝。课程教本管得死死的。一言堂，一家独鸣。

2. 尊王攘夷，内其国而外诸夏，内诸夏而外夷狄（妄自尊大）。

3. 尧以是传之舜……

4. 春秋决狱，三百篇当谏书。

5. 疏不破注，注不破经。五圣互证。

6. 王言如丝，其出为纶……句句是真理，一句顶一万句，论诗的信。

7. 非圣无法（相片）。

8. 臣谏当诛兮，天王圣明。

9. 以意逆志。

10. 君子喻于义，小人喻于利。“四人帮”教农民唱样板戏、背语录、算工分。

11. 刑不上大夫，礼不下庶人。内大恶讳，小恶书。为尊者讳，为亲者讳。郭《李白与杜甫》。

12. 万物皆备于我，少合作、集体，从资料到著作（记注与撰述）出一手一足之劳。

下午发言：

1. 程。

2. 张白山：解放后三次批判：《红楼梦》、58 年教育革命、十八九世纪欧洲文学，以群众运动方式代替学术讨论，陈伯达“厚今薄古”的口号大大妨碍了古典的研究、出版等。一家独鸣，导致思想僵化。

3. 徐中玉：许多作品，既非民主性精华又非封建性糟粕，公式套不上，但又起过好作用，是大量存在的。继续解放思想是重要的。

7 月 12 日(6)晴

上午发言：

1. 王季思：在历次运动中，逐步放弃了独立思考，以为个人不可能如中央、如毛主席之高瞻远瞩，形成以马列为信条，以领袖为偶像，而这是不应该放弃的。反映在自己的著作中，就形成形式主义、教条主义，公式化、概念化。——“十年浩劫”中，宁左勿右的思想，使自己有自卑感，不适用现代化。——是否由反极左而变右，如上演或肯定《探母》《恶虎村》《连环套》。——研究范围太窄，追求时髦成风。

2. 吴调公。

3. 郭预衡：从54年评《红》起，学术政治开始混淆，58年拔白旗而转烈（古今用产生片面性），其后步步升级，宁左勿右。关于陶渊明、李清照的评价，显示理论水平比30年代还低。现在的问题是使青年头脑清醒，以免受骗。——流派、文体变化及规律性探讨固然不够，作家作品也不够。——个别的没研究透，就难以进一步研究一斑。只能断代、专体——如班固《苏武李陵传》与司马迁一致，并非正统儒家。如《毛颖传》与《孔戣墓志》联系，可看出韩愈认为人应尽其才，而毛颖以老见疏，可惜，则思想艺术有其一致性。

4. 张松如：思想艺术是二而一的。

5. 张志岳。

6. 黄天骥。

7. 喻朝刚：为政治服务要与尊重历史结合起来，不能因政治需要歪曲历史。

夜观京剧《血溅美人图》演李闯事。

1. 风俗、生活习惯

妾身未分明、胡麻为种、长跪问故夫

2. 制度

东市买……

3. 避讳

寂寞白兽闼

4. 生平

客舍并州、但使龙城

5. 训诂、词汇

莫厌伤多酒入唇、柳讶眉伤浅、曾闪朱旗北斗殷

6. 但更重要的是诗本身，它的艺术表现手法。

7 月 13 日(日)晴

上午座谈。1. 郭石山;2. 傅庆生;3. 徐中玉:许多问题不能用阶级斗争说明;4. 程千帆;5. 章正续。

教师开专门课,各居其长。

教师聘任,定期交换,留助教注意避免近亲婚配。

加强古汉语与外语训练(联系中学)。

专业化,古典、现代、语言、理论。

分析思想性不准不深,艺术性不会,规律性很少,何故?

1. 学习苏联,丢掉传统,片面,不一分为二。

2. 课程改革:

现代文学加入,古代文学合并(文与作品)。

去掉选修(边缘科学、辅助科学、姊妹科学、外文、历史)。

削减作品(作品与文学史合并)。

不读原著,只有条条,许多东西被开除出文学史,文学史规律没有研究与此有关。

可否试改专业,专门化。

3. 制度方法:

课堂解决问题,取消参考书。

简化字、繁体字印讲义。

课堂讨论取消,只阅读文言文,写作文言文,反对只写论文不搞创作,即只抽象思维不搞形象思维。

4. 由搜集材料到整理材料。

5. 中学语文教育的衔接。

6. 继承性和独立性。

7. 文学作品本身始终是研究文学的基本的与第一的材料,作家是次要的、辅助的。

社会发展规律对文学来说,是外部规律,文学本身有其规律,外因要经过内因起作用。

艺术规律?

是证明作品合于已经发现的某种规律?

已发现的规律是否都正确?

还是通过研究作品发现某种规律?

为什么经济高潮一定会出现文化高潮?鲁迅、白居易、日本人。

为什么只有现实、浪漫、自然等主义?

为什么形式主义一定是坏的?只有形式怎么办,一定是错误?汉赋、骈文、四六,有什么权力开除出文学史?

为什么思想性有一个固定的框框?

为什么非要进行阶级分析不行?

为什么没有阶级观点,却有精辟见解?

为什么一定要以形象思维挤掉抽象思维?

为什么有些人的片面论点可以当作规律?

为什么只有那么一个标准,而不能提出新的思想艺术标准?是阶级局限、时代局限,还是异同,异同无价值判断的意思,马克思评希腊人。

总之,为什么不能从实践出发,突破旧规律,发现新规律,也就标新立异。要丰富发展马列主义文艺科学。

7 月 14 日(1)晴

上午小会。

1. 张松如:几天谈了下列问题:A. 30 年的估计。B. 如何理解党对古典文学提出的方针政策,如何批判继承等,如何认识。C. 运用马列研究古典文学的经验教训,如文学发现的动力、人性论、新经学问题。D. 政治运动对古研的影响——冲击或推动。E. 突破现状,发现规律,培养人才,等等,如何贡献现代化,今后怎么办?总的是:解放思想,肃清流毒,发展古研。

2. 程千帆。

函授学院教师赵紫宸(?)。

张如松:历史必须通过今天的折光,才有意义。

7 月 15 日(2)晴

张松如:文学史要探讨、发现文学史的规律,不能将其用作家作品来充塞,才能古为今用。文学史不能变成资料汇编,没有系统。规律无止境,可永远探讨。规律不是假设,是客观存在,只能发现,不能创造。它体现本质或本质与本质之间的关系。探讨文学历史的发展,不能离开外部规律去谈内部规律。外部规律是重要的,但内外很难划分,亦如思想性、艺术性,仅在思绪中存在,事实上不可分。

《社会科学战线》编辑部宋欣、马兰(妻),吉林省社会科学院哲学所张秉楠(夫)。

7 月 16 日(3)阴

徐中玉、张白山发言。重写发言稿。黄纪华来访。

7 月 17 日(4)阴

上午作治学方法报告。作字。下午听纪要,闭会。夜佟院长设宴。

天不变,道亦不变(唯心)——变化发展,无始无终(唯物),决定了对批评的态度。

顶峰论(即集大成),拒绝批评。

风派典型:尔唯风,下民唯草。君子之德风,小人之德草,草上之风必偃。

由此"战战栗栗,汗不敢出",人云亦云。一人出言,众口附和,并为一谈,牢不可破。

道德一而风俗同,师无异旨,学无异术。

7 月 18 日(5)晴

中午乘机至北京。夕佳全家来送。

7 月 19 日(6)阴雨

中午由北京返南京。芸来迓,饭于胜利饭店。下午囡来。

7月20日(日)雨

函陈邦炎、傅璇琮、人文出版社。出观《野生世界》电影，购毛笔3、钢笔1。赵国璋来，借去《红楼梦叙录》、周策纵信。庞小宁来，馈其父母人参二支。

7月21日(1)阴

去医院续查身体。取稿费，存款。得伯慧、荒芜、海观信。作《题祝南遗集》七绝四首。下午玄武湖公园刘如生君来访，Tel32286。

7月22日(2)晴，阴

发伯慧信，寄诗。得萸荪函。下午文联马鸣玉（笔名路桦）送票来。伯阳来，致圭璋赠《全金元词》，并交客运站禹书记介绍信。

7月23日(3)晴

晨10:30，乘东方红15号离开南京前往庐山。

7月24日(4)晴

下午四时抵九江，由港务局客运站书记禹明书同志接。旋即乘车至庐山大厦，由余宝山经理接待。无单房，分居大舱。

7月25日(5)晴

至庐山图书馆晤徐效刚同志，请其设法找房，又函禹书记。游牯岭街。由余宝山介绍庐山广播站招待所汪德森同志。中午迁住广播站招待所。函璇琮、季思（附诗），再函禹书记。

7月26日(6)晴

开始工作，校改目录及前言，增补选目。至图书馆访徐效刚。发信与小囡、天眉。

7 月 27 日(日)晴

下午,马福清图书馆长来访,借与《辞海》二册。为早早买一项链。

7 月 28 日(1)雨

补古诗 19 首。函黑龙江王滋源。

7 月 29 日(2)阴

蔡文姬,100 页。买伞。理发。

7 月 30 日(3)多云

游花径、仙人洞,购杖一(1.70)。改诗至 108 页。

7 月 31 日(4)雨转晴

改诗至 138(陶)。芸函渝。

8 月

8 月 1 日(5)阴

刘舒来交囡送粮、款。下午贺新创、敏泽来(二所 414)。改诗至 147。函囡告收到款,并要其寄校稿。刘舒、索峰光、斯群来,约座谈。刘岱、周勃来。

北京日坛路《文学评论》编辑部陈祖美收。

华师孙子威。

8 月 2 日(6)阴

上午去看刘舒、曾卓。中午在庐山宾馆饭,晤何洛、程代熙、王元化、荒煤、程云、俞林、李蕤、西彦等多人。改诗至 169(鲍照),共 22 页,添一首。下午《长江日报》记者、武大毕业生洪源来谈。

8 月 3 日(日)阴雨

上午赴文联，与青年作家见面，到会有丁玲、白桦、公刘、梁信等人，丁玲讲了话，并照相。改诗至 200 页，添一首。购酒、凤尾鱼各一，香肠九角。归饮酒。闻文艺会代表游山发生车祸，有断足者。今日大雾故也。

8 月 4 日(1)阴

改诗至 231 页张九龄。遇朱祖延。武大图书馆×君来谈。下午听白桦讲话。王文生来，未遇。收到丽则信，附《史通》稿及《文学评论》稿。《诗刊》来函，傅璇琮函。写信给丽则、璇琮、《诗刊》、管雄。市文联同志送来《三国》《红楼梦》《水浒》及《西游记》。

8 月 5 日(2)雨竟日

朱祖延来，示诗十首。改诗至 260 王维。发《文学评论》校样。对房丁明顺(武汉市总工会艺术室)来谈，爱人曾立慧(武汉市硚口区文化馆)，皆以前武汉中南文联老同志。

8 月 6 日(3)阴转晴

下午王文生、徐月娟来访。徐 59 年武大毕业生，与刘汉文(湖北省委文艺处副处长)、缪俊杰同班，现在陕西艺术学院任文学讲师。收到王季思信。改诗到 289 页(李白)。购 port 一瓶。

8 月 7 日(4)晴

游三宝树、黄龙潭、乌龙潭。与芸在乌龙潭合摄一影。在三宝树见到十发公题的“晋僧昙诜手植梭罗宝树”石碑，系乙未七月既望与凌盛熺同游时题。中午在一小食部食面一碗。刘舒来，未遇，留下一份材料，系青年作者所提之问题。夜包忠文及淮南师院□君来。《武大学报》汪洋、《人民日报》文艺部副主任缪俊杰及周勃来，均武大同学。

8 月 8 日(5)晴

写李白《梁甫吟》289—295。

8 月 9 日(6)晴转阴

上午去庐山饭店，遇文生、敏泽。旋与白桦夫妇、公刘父女、荒煤夫妇、江西文联副主席史明等游含鄱口、植物园。饭于饭店。后至西彦夫妇处小坐，艾煊亦在。刘舒来约明日座谈。晚去人民医院探视徐中玉。

庐阜携归一段云，化为藤杖称诗人。明窗正待山排闼，穿屋云来岭又昏。

8 月 10 日(日)晴

上午去牯岭饭店给青年作者讲《关于古典小说的艺术技巧问题》，讲 2.5 小时，深感疲乏。归途购油端子四枚，食三枚。下午卧床休息。收丽则信。发丽则、天眉信。

8 月 11 日(1)阴有小雨

和《星火》《青春》《长江文艺》诸同志作竟日游。晨八时出发，先去东林寺，为晋僧慧远创建。然后去秀峰，原有秀峰寺，即开光寺，已废。秀峰极秀，有青玉峡、漱玉亭等。中午在星子县午餐，饭后冒雨去白鹿洞，石碑很多，整个建筑还在修建中。回家已四时半。中华将《史通笺记》清样寄来，立即进行校对。

策杖登山步步云，绕山云海净无尘。凭高正赏山排闼，穿屋云归岭又昏。

8 月 12 日(2)阴雨竟日

得王滋源信，即复，并寄与《史通》校稿一份。校到 150 页。

庐山广播站招待所邹凤枝、庐山区委秘书王宪章(照相)。

8 月 13 日(3)晴

校完《史通笺记》，芸已校 p100。晚饭后访刘舒。夜周勃来访。

8 月 14 日(4)阴雨间晴

注李白诗两首。芸校至 p158。

8月15日(5)上午小雨,下午转晴

下午去友谊俱乐部。又闻曾卓病,看之。兰州《甘肃日报》文艺部梁胜明、甘肃师大牟豪戎过访。

《长江日报》洪源、武汉市总工会艺术室丁明顺、广西民族学院中文系覃伊平、山西师院中文系伍夫楹。

8月16日(6)竟日雨

刘舒来电话明日下山。下午芸去庐山图书馆还书。

8月17日(日)阴雨

晨,广播站陈、汪二君送我们至汽车站,八时余和三杂志诸公同乘汽车下山,庐山之行遂告结束。十时至九江南湖宾馆休息,并用膳,价廉物美。晚饭后乘车至九江港,七时半开船。书及衣箱一路均蒙诸公提上提下,深感与市文联同行之利。打电报与丽则,嘱威克来接。

8月18日(1)阴雨

船行甚速。□时抵宁港。(舟中与王元化谈百科事。)威克来迎。晚饭于马祥兴。

8月19日(2)上午中雨,下午阴

寄书与俞林、庐山图(诗)、敏泽、樊凡(词)。函陈邦炎。鲁国尧先生来,赠《赏析》一本。

8月20日(3)阴

上午赴鼓楼医院看病。去拜陶强70生日寿,午饭于其家。下午访枝培、兴国,商课及开会等事。

8月21日(4)阴有小雨

上午理疗,至小婉处。发信:沙元伟(本市中学教师,寄诗来)、王文才、马茂元、徐中玉、陶雄(订购《圣经》)、樊培绪(镇江中学教师)、傅剑平(昆明师范学院学生)、王津达、张白山、刘彦邦、萧印唐、章荑荪、殷孟伦、何申甫、陈邦炎、李国瑜、刘茂舒、黄裳。寄书(油印词):王运熙、邓小军、钱世明。寄《史通》稿。上午社会科学院杨柄来。下午谢伯阳来。

8 月 22 日(5)

得顾学颉函。

8 月 23 日(6)

访永芬,视行素疾。季复昆来,致《人民文学》6,《美术》6、7。

8 月 24 日(日)晴热

看电影。新雷来。

8 月 25 日(1)雨

伯阳陪拔牙。得屈义林信,傅璇琮寄《提要辩证》,均即复。

8 月 26 日(2)晴

得丈蜀信,调公信及文,即复。又复李易。

8 月 27 日(3)晴

吴翠芬偕人文编辑林东海同志来访。梁文琦来,以《诗选》二部请分致顾、戴。

8 月 28 日(4)阴

得德培函,张少康文。

8 月 29 日(5)阴雨

得德培汇款 225,杨军信。屈兴国送稿来。以稿寄杜维沫。函德培、杨军、伯慧。

8月30日(6)阴雨

看完研究生卷子。葛杰来访,不晤。

8月31日(日)阴

看枝培文。函葛杰。

9月

9月1日(1)晴

收到《进士行卷》稿费578.20元。得下列信:梁骏、杨天堂(杭大研究生)、陈强(河南化工厂)、省作协开会通知、傅剑平、陈邦炎、《晋阳学刊》编辑部、杨冠珊、王祖鉴(南宁师院总支书记)。上午至医院看病,到图书馆查资料。下午77级学习委员严冰来,住11舍303号。王永芬来,送冯苓植小说二册。函申甫、黄裳。

9月2日(2)晴

上课。函复邦炎。得运熙信。

9月3日(3)晴

收李易、璇琮、俞林、中玉信,又代芳稿二篇。《青春》编辑杨光中(许惟贤同班)送录音带来。

9月4日(4)晴,闷热

观《大篷车》电影。得骆文、杨柄、胡凝珠信。复骆文、小珠(附给十二弟信)。得小佳信,芸复之。下午开研究室主任会议。吴新雷来,代赵还泉二百。

9月5日(5)上午雨,下午阴

舒芫介林希翎来谈,久坐甚妥。

9月6日(6)

下午开会,选人民代表候选人。

9月7日(日)阴

林希翎来,带来作品几份,已转给栾景芳。九中季老师送来《人民文学》两本、《美术》一本。

9月8日(1)多云

上午治病。得吴丈蜀、余瑾、杨天堂、邓小军、霍松林信,《文艺动态》一份。万放来访,未遇,送来彩色笔一包。黄汉充来,赠云眉师遗著二册。谢伯阳侍凌师母来。

9月9日(2)阴

上午上课。下午去无锡。得信:陈增杰、黄裳、夕佳、施蛰存、吴代芳。收到古籍寄书。下午三时抵无锡,裴显生来接,住梁溪饭店。会见江苏作协秘书长杨旭、作协专业作家海啸和马鸣玉。

9月10日(3)晴

上午由无锡市文联张周(《太湖》主编)陪同游览了鼋头渚和蠡园。下午上街购得书几本。晚九三无锡分社主委许彦生、副主委王赓唐来访。许彦生在无锡人大常务会工作,王在词典编纂组工作。

9月11日(4)晴

上午讲古典小说的写作技巧,听讲者约200人,除读书班的作者外,还有教育学院师生及各中学语文教师。下午理发。

9月12日(5)晴

上午讲诗歌。下午返,六时四十分安抵,杨旭送。

9月13日(6)晴

收到叶嘉莹寄来书两本,黑龙江寄回《文论要诠》,信:周仲书(不识,住武昌体育街34号,要平反。信看后即退回)、古籍收到凌先生遗著的回信、周勃、杨天堂、张白山。收十二弟信,詹伯慧信,王治平信。

9月14日(日)

寄出《行卷》,中有马力及雪曼。又寄李易以说唐温如诗文。函王滋源询《文论》整理事。以文学史稿寄周勃。

9月15日(1)

谢严来。寄5元给小珠。

【剪报:《陈毅谈〈红楼梦〉》。】

9月16日(2)阴

上课。收燕燕送月饼。以16元汇还德济。陶强来。

9月17日(3)阴

函南宁师院王祖鉴、杭大杨天堂、佘雪曼、温州词典组陈增杰(提《诗选》意见,谢之)、周勃、黄裳(寄祖棻词及照片)、杨冠珊(寄字)。收李汴妥校《诗选》下信,又徐师学生张宏生信。

9月18日(4)晴

上午赴文联开会。得周本淳信,徐有富稿退回;人文寄来《浮生六记》和《韩愈文选》。收到《全国高等学校社会科学研究机构简介》。寄信黄裳。

9月19日(5)晴

寄书及信与叶嘉莹。得王滋源代黑龙江出版社所写信。收叶嘉莹信及论文一篇。

9月20日(6)晴

赵国璋来,借去叶信。函文生询为《十笺》作引言事。夜观昆剧《西施》,胡忌所送票也。收到曲阜师院杨庆存同志寄来《治学方法》讲稿五份,即复。

9月21日(日)雨

是日余68岁初度,芸治馔,囡夫妇携雏来午饭。下午高国藩携山大董治安来,携来王淡芳抄《涉江词》、峻斋题笺。华师周学根先生来,请为诸研究生讲课。

9月22日(1)阴,小雨

收到信:金克木、杨翊强、黄裳、马兰(《社会科学战线》寄发言样稿)、《南师学报》退吴代芳稿。《江苏戏曲》编辑部汪澄来约稿,未允。复杨(并寄书),又复马兰(寄校样)。

9月23日(2)阴,中秋节

得信:夕佳、卞孝萱、何泽翰。下午去北京东路晚饭。周学根来,未遇。周明来。

9月24日(3)阴

华师历史系进修老师李雪松(女)来,洽为华师研究生讲课事。叶子铭来谈系事。屈兴国来问《白雨斋词话》,又借去赵国璋工具书及注本《随园诗话》。以小说论稿交斯群。

9月25日(4)晴

函蒋峻斋、王绍曾、卞孝萱。下午看电影《凡尔杜先生》。夜研究生来。

9月26日(5)晴

收到下列信：樊凡、陆家桂、张瑞洁、王滋源、杨天堂、胡凝珠、乔忠飞（不识）。函复夕佳、金克木、瑞洁、王滋源。

9月27日(6)晴

9月28日(日)晴

白匋研究生李晓来谈，南园13舍414室。下午去看白尘。借胡士莹《话本概论》及《宋代说书史》与新雷。陶爽来，未晤。芸夜去北东访之。

9月29日(1)晴

爽来。得周勃、王文生、人民文学出版社林东海、上海师院翁敏华信，又林庚、张白山、李易信附稿。夜吴枝培同南开大学王双启来谈。

9月30日(2)

寄书与文生。寄文与李易。函张白山、吴丈蜀。下午开教研组及支部联席会。

10月

10月1日(3)晴

中午赴钰哲夫妇约饭于曲园。下午去小囡家饭。

10月2日(4)晴

得陈贻焮诗，马茂元《楚辞选》。午宴陶氏兄弟于小吃部。中山大学古汉语研究生周锡馥来访。

10月3日(5)阴

芸陪雄游中山陵。囡来午饭。得志达信，《社会科学战线》寄《古典文学论丛》。

10 月 4 日(6)晴

上午与雄姐妹永和园早饭。下午选副主任。得王文才信嘱查杨慎材料。

10 月 5 日(日)阴,小雨

上午访止强。下午得王长艾表妹信,并送水果、麦乳精,妹夫罗中裘,二人皆在广东阳山县北江钢铁厂,不久将调韶关钢铁厂。

10 月 6 日(1)阴,小雨

杨冠珊、朱祖延来信。函复王长艾,并将其函转洪妹。函王淡芳乞贝母。

10 月 7 日(2)晴

上午上课很累,回来即卧床休息,未工作。

10 月 8 日(3)晴

得王文生、王绍曾函。下午请假未参加学习。吴白匋先生来访。

10 月 9 日(4)阴

上午谢伯阳陪往看牙,12 时始归。下午去鼓楼医院看病,心肺正常,明日验肝功能。购北芪精三盒,以补气。得信:章荑荪、杜仲陵、傅璇琮(《学林漫录》)、刘君惠、雷雯。

10 月 10 日(5)雨,阴

上午赴医院抽血。得刘茂舒信。陕西师大中文系张登第先生率研究生三人携霍松林函来谈。以诗寄黄裳托转白桦。发信给王文生、傅璇琮。

10月11日(6)阴

得吴丈蜀、邓小军信(邓,西南师院中文系78级1班)。看病。夜陕西师大张登第先生率研究生杨恩成、康正果、杨军三人来谈。

10月12日(日)晴

上午去玄武湖,在刘长兴吃早点。访万放夫妇。欣秋来谈政策落实事。吴枝培来。许志英来。张三夕来。

10月13日(1)阴

得李易、杜维沫函,赠《韩愈文选》一部。又得金克木函附默存山谷诗补注二纸。写材料寄给骆文,挂号发出。四川师院李维宸先生来,以学生询刘禹锡事之信托其交与卞孝萱。

10月14日(2)晴

上课。得黄裳、金克木信(附钱氏山谷补注)。夜洪妹携小宁来,馈米粉二包、枣泥饼一匣。子铭来谈大文学史事,劝其知儿。宁夏大学黄君馈枸杞,枝培携来。

10月15日(3)晴

函陈邦炎。晚设餐招待洪妹和小宁。钟颖借去《西方文论选》两册。

10月16日(4)阴

晚湘潭师院研究生来座谈。自强夫妇晚间来,约24日晨八时去南师与饶宗颐座谈。钱南秀来索介绍信。

10月17日(5)晴

上午开研究室会。吴翠芬借《拉奥孔》、《中国文学》(英)1979年1期。(还。)张三夕借《东京梦华录》。(还。)得杨翊强、傅璇琮、周振甫信。

10月18日(6)晴

致彭岩石信。收季思寄《曲论》。

10月19日(日)晴

囡等移家。尹志腾来。季复昆来。白桦、国璋来。

10月20日(1)晴

《桃花源》清稿。收到王利器寄《颜氏家训集解》,《文学遗产》二期,毛治中、武大中文系、王淡芳信,又灌南财政局掌锐对《诗选》李白《玉阶怨》意见(可不复),李仲融讣告。下午与吴枝培向系汇报。

10月21日(2)晴

上课。痔便血。得蛰存信,武大寄《唐诗选》。下午开系干部会。

10月22日(3)阴

函蛰存、文才、中玉(购《曲谱》)。得古籍编辑邓韶玉信,又稿千张。夜马雍、舒振邦来。

10月23日(4)阴

伯阳陪治牙。得作协开理论会通知及武汉文论会通知。张三夕借《带经堂诗话》,徐有富借《古典诗歌论丛》。李涵来谈,渠来此开元史学年会也。

10月24日(5)阴,小雨

得中玉信。致毛治中信。

10月25日(6)晴

函周勃。寄词与杜仲陵。函叶嘉莹询寄出论文事。写莫生评语交许。得程一中信,即复,并寄字。又以《桃源》稿寄白山。

10月26日(日)晴

无事。周勋初先生晚上来访。

10月27日(1)晴

得王淡芳信及贝母100克,陶敏(湘潭师专)信,古籍寄回《古诗考索》稿,吴志达寄来武大《唐诗》一本。上午北京图书馆陈翔华先生来访,赠以《涉江词》一本。下午参加校召集《学位条例》座谈会。寄六元给王淡芳。收九三稿费七元。得白山信,邢亚辉寄《启东文艺》。

10月28日(2)晴

上课。得茂舒寄《诵帚词集》。下午与芸游莫愁湖公园。武大50年代毕业生刘富恒、李育安,现在郑州大学马列室及学报组,夜来谈。

10月29日(3)晴

函刘茂舒(写弘老传)、刘岱(要《长江》)、邓韶玉(买书)、平伯、瞿禅(印词集)。收到上海古籍葛杰信和校稿(《唐七绝》)。晚省人大常委郭元群(九三)和十一中侯文传来谈,拟写访问记。

10月30日(4)晴

观《基督山恩仇记》。函葛杰。得文生书。

10月31日(5)晴

复文生。下午九三听报告。

11月

11月1日(6)晴

改伯阳《陈烺考》。配牙。下午学习。无锡轻工学院陆家桂来谈。得洪妹信,可代购一自行车,即复之。

11 月 2 日(日)晴

徐睿本(徐绍周之女)送何申甫藏顾印老书屏四幅。其弟徐芾本,在南京药学院药理室工作,住童家巷 38 号之 16。夜杨德济、沈明、辛宪来。

11 月 3 日(1)晴

得周大璞寄《训诂学》,文生、小珠信。

11 月 4 日(2)晴

上午上课。下午游清凉山。

11 月 5 日(3)晴

早写信给文生。得叶嘉莹寄来书一盒,计:书二本,《中国文学的趋向——从孔子到梁启超》《中国文学流派的研究》;《哈佛亚细亚学报》26 本。下午杨天堂来。晚武大历史系教师卢开方、研究生李文澜(雷雯之弟)来访。

11 月 6 日(4)晴

收到王淡芳和唐圭璋信。复叶嘉莹信。

11 月 7 日(5)晴

得藏用信。为叶嘉莹买《寒柳堂集》《管锥编》。得钟敬文寄《文丛》,平伯寄词,张舜徽函,又卞孝萱寄书。寄 Mair《行卷》。

11 月 8 日(6)晴

下午听中央文件。得卞孝萱《元谱》。

11 月 9 日(日)晴

上午赴永和园,请二嫂、桂哥、七姐夫妇。

11月10日(1)晴

发下孝萱、俞平伯、钟敬文、王淡芳、章荑荪信。又寄杨冠珊及小珠书。取荑荪研究生沈广仁款及《社会科学战线》稿费37元。收张舜徽寄《文献集刊》,毕万忱寄《战线》,又杜仲陵函。函毕万忱、张舜徽,附寄《行卷》。收到古籍寄书:1.《行卷》10,2.60;2.《词典论稿》,0.48;3.《职官表》,4.40。共7.48。木生姊夫从汉口来,携来小佳送点心四匣。访自强,赠以一匣。德济、小桂来,未晤。夜上师赵文兰率荑荪研究生翁敏华等三人来。

11月11日(2)晴

上课。为翁敏华、赵文兰介绍于包忠文。

11月12日(3)阴,风

得彦邦函及所寄药品、食物。又发哈佛迈尔函(航)。下午散步去黄泥岗、民众食堂、鼓楼饭店诸往迹,均不甚可辨。夜小桂来谈。

11月13日(4)晴

不适。万放来,以序林翁画册文嘱点定之。

11月14日(5)晴

得柳北野、小珠、邓韶玉及北京图书馆陈翔华信,又陈寄《文献》三册。

11月15日(6)晴

复陈翔华(并汇还款)、刘彦邦。为万放改稿。下午听报告。得马兰寄《红楼论丛》及信。致刘岱信索稿。周勋初携周来祥来,带回吴志达寄食物及点心。

11月16日(日)晴

访德济、小桂、钰哲。陆家桂来,饷点心二盒。吴思聪来。柳北野来。

11 月 17 日(1)晴

得安徽寿县瓦埠中学陶志固函,索涉江诗词。杭大研究生陈植锷来谈。以寿对交原平裱之。

11 月 18 日(2)晴

上课。转账。

11 月 19 日(3)晴

函王文生。得港大马力信,九三两通知。诊目疾。购鞋及囡生日衣料。饭于四川酒家。

11 月 20 日(4)雨

得古籍寄书。看牙。

11 月 21 日(5)雨

看《金陵春暖》电影。东北师大李金泉先生来访,未晤。下午九三会。得吴丈蜀信。

11 月 22 日(6)晴

下午听徐福基报告。得圭璋转来瞿禅信,郭洽周转来张志岳新著《诗词论析续编》。孙望父女来。芸去强家。

11 月 23 日(日)阴

得沈守谊带来瑞洁信。万放来。

11 月 24 日(1)阴

石斋孙高巍来,借去《斯文》合订本二册。收黑龙江张志岳《诗词论析》,吴丈蜀诗稿,萬荪、毕万忱、王淡芳及苏州地区师范学校唐代文学老师张浩逊信。得周勃寄来文学史稿。

11 月 25 日(2)晴

上午上课。下午访永芬,赠橘。函复周勃。

11 月 26 日(3)阴

收陈贻焮寄《学报》。

11 月 27 日(4)阴雨

得陈邦炎信,即复;又《晋阳学刊》一册。改林画册序。万放来。函蛰存。得王运熙寄书,潘慈光函。

11 月 28 日(5)晴

上午市文联开会。请伯阳抄陈寅恪文及复制潘嘱二剧。得文生函,即复。夜彭靖岩石过谈。

11 月 29 日(6)晴

得一中、翊强信。

11 月 30 日(日)晴

文代会终日。

12 月

12 月 1 日(1)晴

得王淡芳、吴林伯函,又《社会科学战线》寄书二册。上午出席文代,选为文联副主席、文协主席。

12 月 2 日(2)晴转寒

文联开会。周本淳来,未晤。

古籍寄刘丈《文心参考》。

12 月 3 日(3)晴

改郭文。得骆文电告,文已发。波多野寄文。周本淳来。

12 月 4 日(4)晴

得江西师范学院刘世南老师信。复吴林伯、王淡芳(收到贝母)及《新华日报》(寄 1.00)。寄出武师稿。

12 月 5 日(5)晴

得马昌松、刘茂舒信及所寄弘老遗著,赵洛生信及寄文,陈贻焮、作协、九三信。洛阳师范学院中文系研究生(唐宋)梁达胜、张家鹏、朱炯远、孙民及老师徐祖勋来座谈。复刘茂舒、作协。致葛杰。

12 月 6 日(6)晴

上午屈兴国、郭维森、邢亚辉来。郭维森借去《读书偶得》一本。购得《日本的中国学家》一本。

12 月 7 日(日)晴

天渝先来,后美林来。

12 月 8 日(1)晴转阴

二嫂来。分得稿纸。得王利器寄《文心校证》,《社科战线》寄月历。函庞硕、刘世南、陈贻焮。收到陈贻焮寄《唐诗论丛》。

12 月 9 日(2)晴

上课。得胡若定交来章子仲信,又茶叶一盒。77 级女生曹虹以所译傅汉斯《论怀古诗》一文呈正,似可。王永芬来。

12 月 10 日(3)晴

函周勃、傅璇琮。下午九三开会于鼓楼。得马力寄来《抖擞》双月刊一本，扬州师院78级三班学生蒋寅来信和稿，又王文生信。

12月11日(4)晴

燕燕来信，蔑荪逝世。

12月12日(5)晴

电唁章夫人，并寄挽联一付。寄还扬师蒋寅文。

12月13日(6)晴

去省里参加科教会。收到庞硕、陈贻焮信，古籍寄来《山海经校注》及《中华文史论丛》80年4。

12月14日(日)晴

自强来。复陈植锷，寄文与陈贻焮。

12月15日(1)阴

开会。得沈雄、陈植锷、李国瑜信。

12月16日(2)晴

开会。上午《青春》来人，约20日开评选会。姚白桦来。得信：翁敏华、张震泽(沈阳)寄照片。徐有富送来论文稿。发信：沈雄、庞硕。

12月17日(3)晴

开会。得信：陶志固(寿县瓦埠中学)、廖立。胡忌、新雷夜来谈。

12月18日(4)阴

得周勃信，即复。函张震泽并汇3.30元，请代订《索引》。夜陈美林、黄进德来谈。

12 月 19 日(5)晴

下午开会。收到稿费(《青春》)100 元。

12 月 20 日(6)晴

上午《青春》、下午高教开会。得傅璇琮信。

12 月 21 日(日)晴

下午访季廉方。夜北桦、许永璋等来。函仲陵托购《苏轼文集》。

12 月 22 日(1)晴

得石臞信,嘱为正林谋。

12 月 23 日(2)晴

得季廉方信、诗,葛杰信及《唐七绝诗》稿。《社会科学战线》林之满寄《校勘略说》稿。

下午系会:

1. 教学检查——学生学习情绪稳定,开学生座谈会约 20 次,谈了问题:(1) 教而不联系实际。(2) 不了解学习情况,教研组也不够了解教与学的情况。A. 照本宣科。B. 天马行空。C. 若即若离——教学与教材的三种情况。C 为好。课堂讨论与辅导少,组室研究教学少,课外作业少。教学大纲及日历,学生心中无数。

2. 毕业论文、学年论文、课外活动。一年级学习方法,二年级科研小组,三年级学年论文,四年级毕业论文。题目:学生自出,交各室担任,讲师以上指导。

3. 教学大纲、教学日历。本学期各室抓一门,下期课每一任课教师自己搞一个。主任看一看,实行日历,有变化要批准。

4. 业余学校、秘书班、古代语文班。暑后办业余大学中文系本科。

5. 选修课,现 47 门,82 年 82 门。如何保证质量,有特色,配套,扬长补短。开选修课条件:(1) 有一组公开发表的论文(二篇以上)。(2) 有个关于此学科之研究评说及资料。(3) 有一详尽教学提纲。有六个即可开课。时间可以多可以少,每周几小时,每期几周,可自由决定。

6. 校外兼课:(1) 办手续。(2) 系校批准。(3) 钱寄校。

7. 人员的统筹安排。

8. 结束工作:

A. 考试(杜绝作弊,作弊 0 分,不补考),出题从严,不要出复习题。成绩要严,教研组主任批准。全部用考试(不用考查)。

B. 教材建设规划——各教研室课程教材情况,自编、合作编、部定。85 年前准备编的名目。

C. 选课,12 月 31 日公布,1 月 2 日选课。教研室由一人指导说明课程。

D. 进修教师开联欢会(20 人),下星期一下午。

E. 教学质量奖。

F. 青年教师座谈会。

G. 年级总结,一月十二日以前各教研室开会。

资料室,流通,教师 40 本,3 个月;研 30 本。三年以前的书,应该彻底清理。

荣誉考试。

12 月 24 日(3)晴

将稿寄《社会科学战线》。得迈尔、叶嘉莹、钱歌川信。函毕万忱,请其寄《战线》与叶。下午白匋、高巍、李晓来。

12 月 25 日(4)晴

高教局开一天会。刘舒来,未遇。

12 月 26 日(5)晴

得《文学评论》信,即函敏泽。得杨柄信,马力贺年片。

12 月 27 日(6)晴

上午看病。得陈邦炎寄刘先生稿。

12 月 28 日(日)晴

得石斋信。孙望来。

12 月 29 日(1)晴

收到亚洲研究及书目,又廖序东寄作家小传。得陈植锷信。寄二书与周策纵。下午开进修教师座谈会。

12 月 30 日(2)晴

上午上课。下午开会讨论接待周策纵。小鹿叔携其四女来,携来九江九弟信。又得张震泽信,蒋松源信(华师教师)。

12 月 31 日(3)晴

下午党委座谈会。夜宴小鹿叔父女。气管炎发。

1981 年

1 月

1 月 1 日(4)晴

上午以联送钰哲。下午祖荫及季复昆来。

1 月 2 日(5)晴

沈阳张震泽教授寄来《古典文学索引》两套(一购一送)。大百科何国芳来谈。上午到鼓楼医院看病。

1 月 3 日(6)晴

下午系里开结束会。收到陈翔华信及《文献》一本,周勃信及文学史稿,马力信及香港《英美学人论中国古典文学》一本,唐异明信。发信给寇立光,又徐中玉。

1 月 4 日(日)晴

上午芸去取药膏,下午开始服。校武师稿并寄出。下午德济来。上午研究生开会。

1 月 5 日(1)阴,小雪

收到林保华寄来夏志清《小说史》,王长艾信,程一中寄来月历。

1 月 6 日(2)小雪

上课,结束。

1 月 7 日(3)晴

得茂舒、济南博物馆信。谢伯阳来,交来潘慈光印件。下午得《诗刊》杨金亭函,索祖棻诗稿。

1 月 8 日(4)晴

发潘慈光复印材料。

1 月 9 日(5)晴

得姚梅镇及敏泽信,又陈邦炎寄《论词丛稿》(叶嘉莹)。

1 月 10 日(6)晴

下午听报告。收叶嘉莹寄韩愈材料。上午单人耘来。

1 月 11 日(日)晴

今日完成《古诗今选》修订稿,共 864 页,约 60 万字。此书自 1955 年初稿,至今 26 年,始成,亦不知有当否也。得周策纵信。

原田淑人《唐代女子化妆考》(日本《史学杂志》第 9 编)。

1 月 12 日(1)晴

做腊八豆。头昏,170/92,原 138/81。

1 月 13 日(2)晴

校向达手札毕。得印唐信。白匋先生来,借去东坡集三册。李祚焮来,现任职省高教局。

1 月 14 日(3)晴

钞诗与《诗刊》杨金亭,即挂号寄出。又函孟伦、文生、慈光及济南博物馆。

1月15日(4)晴

函清水茂(寄书)、钱歌川、傅璇琮、程巨荪、王文才、高文、何申甫、林保华。得谭学习、徐中玉信。

1月16日(5)晴

发张震泽、蒋松源、唐异明、吴志达、谭学习、萧印唐、陈瑞白、朱海观、刘君惠、张涤华、刘世南、廖立、陈植锷信。

1月17日(6)晴

函马力、石禅、梅镇。得黄汉充、王文生寄书及文稿,即复。

1月18日(7)晴

函傅璇琮(购书)、李国瑜、卞孝萱(谢图章)、詹伯慧、季廉方、叶嘉莹、范存忠(转钱信)。

1月19日(1)阴

函周策纵。得萧印唐、桐城徐国英函,许国璋小诗。

1月20日(2)阴,小雪

下午开系座谈会。得济南博物馆信。函邦炎、人文(买书)。《古诗今选》改订稿全部毕功。

1月21日(3)阴,昨夜小雪

函文生、徐国英(桐城轻工业局,不识)、陶雄。得缪彦威寄《杜牧年谱》,马力信。即复彦威书。

1月22日(4)

得济南博物馆信。

1 月 23 日(5)阴雨

晚至丁山宾馆聚餐,同席有朱启銮、臧云远、金启华、陆地、刘如醴、黄养辉、章诚忘、徐复、孙望等。

1 月 24 日(6)阴,小雪

得陈邦炎、《诗刊》信,傅璇琮信和《南村辍耕录》,牟世金《文学艺术民族特色试探》,杜仲陵苏诗材料一本。即复牟,汇二元还杜,又函毕万忱。上午小组学习。下午系会,工作报告。

1 月 25 日(1)阴,夜雪

小珠来。

1 月 26 日(1)阴

收王滋源、陈瑞白、夕佳、何申甫、云南个旧市委办公室曹云(云大毕业,想考研究生)信。孟伦托山大字典组王君(芸旧人)携来函件、《杜诗引得》、花生米五斤。复王滋源、孟伦。下午五时,市人委朱启銮及市委宣传部长等数人由万放陪同来访。

【剪报:《哪些剥削阶级道德可以批判继承》。】

1 月 27 日(2)阴

下午去永和园。汇款与晴佳、小佳。

1 月 28 日(3)晴

小婉赴沪。得瑞洁信。

1 月 29 日(4)阴

1 月 30 日(5)阴

得杨柄函附丁鲁为赵洛生文提意见,即转赵。

1月31日(6)小雪

致吴丈蜀函。得王文才、詹伯慧、毛治中函，又彭岩石函。

2月

2月1日(日)晴

得杭生、毕万忱、古籍、缪彦威信，杨柄寄文。(80)古作稿字00016号。

2月2日(1)阴

以《行卷》《赏析》寄彦威，又以稿、书寄瑞洁。函毕万忱询寄杂志与叶事。

2月3日(1)晴

婉儿携雏返。得小佳函；又武师寄挂历，以赠超伯；又吴志达函。

2月4日(3)晴

除夕。

2月5日(4)阴，春节

访陶强、白匋、永芬，饭于九中。得翟伯龙、晴佳信。

2月6日(5)晴

得文生信。

2月7日(6)晴

上午永和园请伟华。得雪垠、芸湘寄书，刘茂舒寄材料，《长江丛刊》寄稿费。赵国璋来。

2月8日(日)阴

得钱歌川、施蛰存信,《长江丛刊》2。王气老来。

2月9日(1)晴

下午看望刘舒。接屈义林函及画。启华、士复来。

2月10日(2)晴

访子铭、气中、维森。寄出《十笺》。

2月11日(3)晴

得志达信。寄王元化及翟伯龙信。

2月12日(4)阴

得王滋源信。

2月13日(5)阴,昨夜中雨

得武师寄先唐第三章稿,小珠信,又毕万忱信。

孙月沐(中文系77级)作《〈定情诗〉中的盱字应为旴字考》,旴即旭字,谓日旴(旭)、日中、日夕、日暮乃依一天之顺序,颇可采。

2月14日(6)晴

收到王文生寄来叶嘉莹稿;葛杰寄书来,共16.05元。晚赴陶强宴。

2月15日(日)多云

去百花摄影社拍印照片,共20元。购陶瓷酒壶一、雨花石若干,3.10。中午偕芸共餐于老正兴。

2月16日(1)雨雪,大风,冷

得陈继明信。芸上午去办相片事。

2月17日(2)阴到多云

得吴丈蜀信及《书法美学简论》一册，郝延龄信及书和《学报》各一册，《社会科学战线》寄来《战线》《古典文学论丛》各一册。寄出吴志达关于“大百科”的材料，梁文琦转马力书。

2月18日(3)阴

下午听报告。得陈邦炎信，又王滋源寄还稿件。

2月19日(4)阴，小雨

得谭学习信。得王达津寄文(郑谷)。复谭学习、郝延林。函陈邦炎。

2月20日(5)阴

访汉生，未晤。

2月21日(6)晴

致傅璇琮、梁文琦信。《战线》致泉109。

2月22日(日)阴

2月23日(1)阴

得牟世金、王滋源、王淡芳信，即复王滋源。校武师文学史稿毕，寄出。

2月24日(2)多云

得牟世金信。

2月25日(3)晴，偶有小雪

得波多野太郎寄来书刊四本，徐中玉、傅璇琮、葛杰信。下午开会，要开出研究生论文审查人员名单。

2 月 26 日(4)晴

古籍编辑江建中来。

2 月 27 日(5)晴

得周策纵、高文、张涤华信。王永芬来,取去《别传》,又《赏析》一册。

2 月 28 日(6)晴

以顾随《辛词说》寄蛰存,相片寄雪垠。复毕万忱、徐中玉。得葛杰寄书《别传》2 部,Mair(梅维恒)寄论文,又湖北社会科学院水浒学会顾问聘书。得张瑞洁信。以《柳如是传》寄叶嘉莹。

3 月

3 月 1 日(日)阴雨

得梁文琦、彦威信。寄孟伦信及《詹詹录》。

3 月 2 日(1)阴雨

得文生信。函文生、茂舒、湖北社会科学院。

3 月 3 日(2)阴

得夕佳信,维崧写字一幅(董治安送来)。

3 月 4 日(3)晴

得马力寄来港大和中文大学概论各一册,辽宁大学朱明伦信和《索引》,陈翔华信及《文献》。

3 月 5 日(4)晴

复周策纵信。得唐荣昆等信,施蛰存信,马兰信。

3月6日(5)晴

得杨天堂信,肖定梁信及诗。

3月7日(6)晴

下午文学所开学。上午复杨天堂、陈翔华、蒋维崧、王滋源,又致《新文学史料》。得伯慧信,索《姜词集评》,即函周本淳、萧兵索取。

3月8日(日)晴

广西师院副院长陈伟芳与姚白桦相熟,北桦今日下午来谈及之。上午游梅花山,饭于伯阳家。

3月9日(1)

寄马兰、陈翔华文稿。得唐异明信,云去美矣。又文生短笺,茂舒函,四川苏轼会函。

3月10日(2)多云

得《抖擞》月刊,杨天堂信并即复。

3月11日(3)多云

得澳门谭任杰函,萧兵信、文及詹安泰遗稿,詹伯慧寄来书三本,潘慈光信及《草堂》。发信催稿费。

3月12日(4)

得江西师院刘世南信,唐异明论文。发寄詹伯慧书、文、信,叶嘉莹信,葛杰信。下午开会。

3月13日(5)

夜侯文佳、单兆欣来,早武大研究生李仲华转匪石介绍信来谈,借去《西昆发微》一册。得李国瑜书,请赴成都开杜甫会。

3 月 14 日(6)阴

得一中信。分得毕业论文二篇:袁华《谢翱诗研究》、柏鹏《古典诗词表现方法》。

3 月 15 日(日)晴

上午访孙祖荫。

3 月 16 日(1)晴

下午开文科建设会。收傅寄《史通》样书。夜观《悭吝人》。

3 月 17 日(2)晴

上午观影。函璇琮、庞硕、一中、淡芳、蛰存、文生。南宁师院古典组主任毛水清(南大毕业,与惟贤等同班)及钟颖来访,取去致弋丁信。

3 月 18 日(3)雨

夜胃痛,卧一日,下午微热。得程一中寄包裹,四川杜甫草堂来通知约开会。函杭生、夕佳。

3 月 19 日(4)阴

上午学术委员会,因病请假。以祝南《宋词散论》托伯阳交圭璋。吴调公介绍江苏社会科学院文学所王白坚来访,赠《文博通讯》七册。得王滋源信。

3 月 20 日(5)晴

与伯阳探望季思,晤朔方。得韦弦信(谢《涉江词》);又洁弟信,即复。

3 月 21 日(6)晴

上午开学术会。得彭岩石信。

3月22日(日)晴

上午携孩游玄武湖。下午访气老、管老。

3月23日(1)多云

得刘君惠、周勃、王文生信。滋源来。夜访止强,告取书架。

3月24日(2)阴雨

将材料寄王弋丁,以介绍信交王滋源。发周勃、朱祖延、张瑞洁、刘君惠、殷孟伦、陈邦炎信。借给小强《搜神记》。

3月25日(3)晴

函彭岩石、俞润泉。得雪垠、志达及武师研究生欧阳代发(常德市一中王滋润转)信。

3月26日(4)晴

上午与王滋源及芸游后湖,餐于四川酒家。下午夏晨中及南师中文系关肇昕(金中教过的学生)来。

3月27日(5)阴

得孙祖荫、美国谷虚、湖南谭学习、南充师院刘玉平、杨天堂信,周勃研究生的论文两篇,吴志达论文一篇。裱画店周师傅来商裱册页事,并取去雪垠条幅。寄《文论》到常德,又叶稿到四川。

3月28日(6)阴雨

下午开会。收吴志达、马力、陈绍棠信,寄来中文大学一览又潘石禅的敦煌书。寄人文稿到北京。

3月29日(日)阴雨

孙望、高纪言来谈。下午上秘书班课。复马力,函傅璇琮、郑朝宗、江西师院、陈绍棠、吴志达。秘书班李新翔(工艺雕刻厂)送对子一付。

3 月 30 日(1)阴

得湖南人民出版社、杭生、陈美兰、王筱婧信(王索《词》)。复谷虚,函湖南黄起衰、上海百科、福州王筱婧(《词》一册)。

3 月 31 日(2)阴

得南宁汇旅费 350 元,洁弟信,又杭州历史文献研究会信。上午徐福基来谈文科改进事。

大百科条目:1. 游仙窟(中)、2. 昆仑奴传、3. 无双传、4. 红线传、5. 牛僧孺(中)、6. 刘言史、7. 杨巨源、8. 裴度、9. 李德裕、10. 权德舆、11. 富嘉谟、12. 吴少微、13. 刘蜕、14. 苏颋。

4 月

4 月 1 日(3)阴

下午开工会研究文艺宣传会。

4 月 2 日(4)多云

上午武师研究生欧阳代发及华师荆州函授教师李光前来谈。收周勃、朱祖延信及礼物,由三夕代回。得马兰信,即回。复文献会函,不去。

4 月 3 日(5)阴雨

得施老、张舜徽、李易函,又陈植锷函及文。改好对文科意见纪录。

4 月 4 日(6)阴

山西师院余子谷教授率研究生柴建国、张仁立、苏宝荣、冯俊杰来访。得夕佳、陶道恕信。

4月5日(日)阴

寄出刘先生传。又函夕佳、舜徽、弋丁、陈植锷。

4月6日(1)阴

得吴志达、黄起衰信。

4月7日(2)阴

得唐异明、王淡芳、杜甫草堂信。寄黄起衰稿,黄裳信。

4月8日(3)阴

寄道恕、淡芳、中玉、志达、殷正林信。

4月9日(4)阴

得王元化信。

4月10日(5)晴

得郭老寄《诗话》,又澳门谭任杰、平江湖南教育学院中文系俞润泉信。下午天纵送至新街口航空公司,2:30乘汽车至机场,3:40起飞,飞行极稳,但芸仍呕吐。5:30抵穗。买不到去南宁的飞机票,又无住宿处,甚为狼狈。只得乘taxi到中山大学,求援于王季思教授。未到教授楼中途,车不能行,幸遇一女同志,是学报编辑部陈寿英,帮同提箱子直送到王家。王老夫妇款待甚殷,饷以面各一碗,味甚美。王夫人姜海燕女士送我们到招待所住宿。旅途甚为疲劳,酣睡一夜。

4月11日(6)晴

一大早王老来领我们去吃早餐。然后访商师承祚与戴镏龄先生。12时45分起飞,下午三时到,王弋丁、余瑾来迎。

4月12日(日)阴

入城购裤不得。发丽则、王季思、天眉、强信。得黄裳信。夜观日本电影《野麦岭》，未毕而停电。适雨，冒雨归。

4 月 13 日(1)阴

上午游伊岭岩，陈、黄、韦、何、林、陈同往，摄影二张。岩洞极为深广，钟乳像各种人、兽，堪称奇景。下午休息。下午党委办公室崔韵琛来。晚中文系甘祺庭、余瑾先生来谈，大雨，九时许始去。

注意事项：① 抄药方与王夫人。② 寄刘传与戴、王。③ 赠书与陈寿英及肖德明。④ 陈星鹤要张月超西方文评史讲义，又劝瘦竹试服灵芝片。

杜《将赴成都寄严五首》前四谐，其五拗。

《文心·定势》："刚柔虽殊，必随时而适用。"不说同时。《文心》体性，司空《诗品》标举风格，皆统一而非矛盾之统一。参朱《诗言志辩》"正变"。(嗟余寡兄弟，四海一子由。令严钟鼓三更月，野宿貔貅万灶烟。煌煌帝王都，赫赫走群彦。嗟汝独何为，闭门观物变。喧啾百鸟群，忽见孤凤皇。)

(李白"越王勾践"等，1∶3。"一声如裂帛"，"百鸟群"，"孤凤皇"，杜"凉风起天末"一句属己，七句属李。)

院长袁似瑶，副院长关烈夫、高信，总支书记张扬，副书记蒙怀信，副主任陈光坚、胡仲实，教师余瑾、奉江、李永斌(古汉语)、陈星鹤、甘祺庭、陈列、黄坤、韦其麟(15 栋五楼一号南宁师院)、林焕标(14 栋一楼二号南宁师院)、何文白(15 栋一楼三号南宁师院)，南宁师院办公室崔韵琛(18 栋五楼一号)。

4 月 14 日(2)晴，阴

今天备课。余瑾先生送来电视机。发信给殷孟伦，托其买冯沅君先生论文集。又发信给杨翊强，告以见到韦其麟、何老等人。

4 月 15 日(3)晴

上午首次上课，约二百余人，院长等均来听课，各地来听课者甚多，有来自山西、湖北、湖南、贵州、云南、广东等。下午休息。收到王滋源来信。

4月16日(4)晴

看徐有富论文。头昏。

4月17日(5)晴转阴雨

上午上课。

4月18日(6)阴

整理《唐温如》稿。看完徐有富文,莫文一半。

4月19日(日)晴转雨

得强姐信。上午由王主任、张书记陪同游人民公园。中午在国际旅行社吃饭,有广西名菜穿山甲、水鱼、纸包鸡等。在古旧书店又购得书数本。下午在何文白家晚饭,韦、林等在座。

4月20日(1)阴

上午上课。发强姐和蒋荫楠函。

4月21日(2)阴雨

发给徐有富徐莫二人稿。得强、爽二信。

4月22日(3)阴雨

上午上课。血压94/160,服药。发唐异明信。

4月23日(4)阴

发邦炎、俞润泉、瑞洁、谭任杰信。下午赴博物院参观文物、画展。铜鼓多且奇。囡17日航寄裤,今日收到。又得翊强信,可哀。

4月24日(5)晴

上午开座谈会。

4 月 25 日(6)阴雨

看屈兴国文。晚在韦其麟家饭，何、林在座。

4 月 26 日(日)阴

发屈兴国稿。下午备课。

4 月 27 日(1)多云

得天眉来信。中山大学中文系寄来住宿、车费收据。寄中山大学中文系办公室车费 8.40 元。(5.1 寄出。)上午上课。

4 月 28 日(2)阴

136/88，医嘱改每日服药二次。破杯，照偿之。草对联文。

4 月 29 日(3)阴

讲小说。摄影(集体)。

4 月 30 日(4)阴转晴

上午陆地同志来师院开座谈会，前去参加，会后又和陆谈半小时。武汉大学 56 年四毕业生来访：李超鸿(广西宣传部文艺处副处长)、霍大年(广西电影制片厂)、甘棠惠、李宝靖(二人文联，编《广西文学》)。还有一个 67 年毕业生，也在宣传部。下午何、韦、林、卢斯飞、陈星鹤约游南湖公园，并在鱼餐厅晚餐。收到刘茂舒信、自传稿和词集三册。

5 月

5 月 1 日(5)

发复刘茂舒信。收小囡、黄起衰、瑞洁信。写完对联文。

1. 为国争光。2. 苦练基本功。3. 百花齐放，全国一盘棋。4. 胜后找缺点。5. 坚持传帮带。

5月2日(6)大热,夜大雨

收天渝信。

5月3日(日)阴

上午上课。中午邓生才及甘、李、李、霍在旧人民公园邀午饭。

5月4日(1)阴

上午录音带不清楚,只得又讲一次。下午座谈会。晚院长请客,在座有关许二副院长、汪总务处长、李科长(?)、王弋丁、张书记及陈列。晚上多人来访,甚累。

5月5日(2)晴

血压又升高,150/110。全日休息。

5月6日(3)晴

晨7:36乘火车赴桂林,王弋丁老师同行。张、佘、韦、何、陈等送至车站。车行九小时,四点半左右抵桂林。广西师院中文系主任林焕平、副主任张葆全及李有明、韦向学等老师来接。住文艺接待站,很不便,伙食亦不好。准备住五天,11日去长沙。车上遇见尹羲同志,又同住一招待所。

《西北大学学报》81年2期袁謇正《陈廷焯的“沉郁”词说》。

5月7日(4)晴

下午在广西师院作报告。晚上街游玩,购得一三彩马,2.78元。赵盛德来访。

5月8日(5)晴

上午李有明陪同游芦笛岩、叠彩山、伏波山。下午仍由李有明陪同游桂林公园(普陀山、七星岩)。购得三彩双耳壶一个(1.78),七星岩照片一套(1.00)。

5 月 9 日(6)阴

上午座谈,副主任张葆全、欧阳若修先生陪同。

5 月 10 日(日)阴

全日游阳朔。乘小汽轮去,7:25 开航,1:25 抵阳朔,然后乘汽车回,并游览了大榕树等,5:05 抵桂林。晚林焕平来访。

广西师院中文系主任林焕平,副主任蓝少成(文艺理论)教授、贺祥麟(外国文学)教授、欧阳若修(古典组)副教授、张葆全(古典组)副教授,名誉主任冯振。

可供建议:1. 复旦已把文学史和作品分开,文学史一年半,作品两年。2. 中山大学为老教授家里装电话。3. 余瑾老师对错别字扣分数。4. 广西师院谈改革考试制度。① 开卷闭卷结合,② 题目由教研室过目,以免有的过难有的过易,③ 应结合平时,不要仅凭一纸试卷。5. 不要单考平日讲的,也要考指定看的。6. 方式多样化。

5 月 11 日(1)阴

全日休息。上午赵、韦、李来,韦送来火车票。晚 7 时乘车去火车站,林、韦、李相送,后张亦来火车站。火车误点三小时,即在候车室与张、李、韦闲谈。

5 月 12 日(2)阴

上午八时余抵长沙,瑞洁率超美来接。住湘江宾馆。上午休息。下午去湖南人民出版社,会见黄起衰、陈仿彝二人,洽谈出版词集事。后去访彭岩石先生。晚和瑞洁一家在李合胜饭馆吃牛肉和鸭子。晚岩石先生来访,约明日同照一相。

5 月 13 日(3)雨

上午雨中游岳麓山和橘子洲。瑞洁、超美同行。下午彭岩石先生来访,送周邦式《澶洄集》一册,并同往照相。后冒雨游市,无所得,购腊肉、五味姜各一斤。吃豆皮当晚饭而归。

5月14日(4)小雨转阴

中午在大宫殿小吃，买湘粉二斤、菌油二缶。又与瑞洁全家照一相。

5月15日(5)

乘伊18返宁，囡等接未遇。得朱光潜寄书，谭任杰寄纸，又伯慧、梁文琦、金启华、魏安国(加人)信。

5月16日(6)晴

午与石臞饭于老正兴。下午谢伯阳来。收到：1. 沈雄信附小说；2. 谭仕杰二函，又李鹏翥一函；3. 彭祖年函；4. 徐中玉；5. 陈增杰(对《诗选》提意见)(留)；6. 贾忠鹏(南大76级)；7. 王筱婧(福建师大中文系资料室谢送《词》)；8. Arthur An；9. 周本淳词一首；10. 毕万忱；11. 周策纵；12. 叶嘉莹。

5月17日(日)晴

汇南宁师院90.70元。发信：詹伯慧、程征、贾忠鹏、殷正林、汤高才、周本淳、刘茂舒、《文史哲》编辑部、《北京师院学报》(附邮票0.55元)、周策纵、陈增杰、谭仕杰、林焕平、王弋丁(内发票28纸)、葛杰、朱孟实。晚叶子铭、周祖譔、谢伯阳、凌萍萍、汤擎民来访。

5月18日(1)晴

寄收据与弋丁。洗衣，存款。得广西师院及谭任杰寄书报，得仲荦赠《西昆集》。

5月19日(2)晴

收林焕平、屈义林、梁文琦信。

5 月 20 日(3)晴

收吴志达信。上午晏孝元来访。下午开学术报告会。

5 月 21 日(4)晴

得文生《丛刊》3 及信,《名作欣赏》稿费 20,《求索》20,又王湜华、夕佳、王滋源信。

5 月 22 日(5)晴

发王滋源信。寄王湜华词。

5 月 23 日(6)晴

改百科稿。得小军信,又张荣泉寄行卷材料。

5 月 24 日(日)晴

上午访止畺夫妇,贻以桂元肉。晚石臞研究生冯春田来,以论文《〈文心雕龙〉术语通释》。

5 月 25 日(1)晴

得贾忠鹏(南大学生索稿者)、刘定寰(芦隐丈子)函,《长江丛刊》2 册,周本淳信及诗词。

5 月 26 日(2)晴,夜雨

得彭岩石信及照片。

5 月 27 日(3)晴

上午张实来。下午系会分经费。得瑞洁、吴代芳、中山大学信及印唐诗。

5 月 28 日(4)晴

复代芳。又函陈仿彝、瑞洁(超美带去)。发中山大学中文系信。

5 月 29 日(5)阴

上午送超美到航空公司。得杭生、皮公亮、《长江丛刊》信。购点心送早早等过儿童节。

5 月 30 日(6)晴

得萧兵函及文,又《活页》1—15 合订本,又《文史哲》35 元,《长江》50 元。

5 月 31 日(日)晴

发瞿禅、岩石及《长江》信。午宴诸陶。下午孙望、曹济平偕古籍编审陈振鹏、一编室李国章来。看完屈文,寄文生。以另一屈文交北桦(自强转)。

6 月

6 月 1 日(1)晴

所借刘先生原稿已寄还茂舒和古籍。收到傅璇琮信及《史通》25 本。早颜学孔来访。晚强姐宴。

6 月 2 日(2)晴

孙望研究生王锡九送论文来。何申甫、徐睿本来访。写扇子。午饭于天渝处。

6 月 3 日(3)晴

上午谢伯阳来访。下午系里开会,然后访王绳祖先生,收到绳祖先生书一本。得吴志达、陈翔华信。收《史通》稿费。

6 月 4 日(4)晴

上午卢鸿基来访,赠水印信柬及茶叶。得《晋阳学刊》高增德函,已复。黑龙江寄来《怀念萧红》一本。

6 月 6 日(6)

去杭州，强、钰哲同行。在杭寓大华饭店。张延惠、成来接。艾、华、爽、位同车抵杭。

6 月 7 日(日)

游六和塔、虎跑、灵隐等地。雄哥嫂、小健、天眉来。

6 月 8 日(1)

游湖。中午成宴。

6 月 9 日(2)

游石愿洞、烟露洞、花圃、西泠等地。下午艾等去沪。

6 月 10 日(3)

回宁。收到花城、河南师大(索旧诗)、《文史哲》、《长江日报》、施蛰存、刘茂舒、詹伯慧、美国谷虚等函。寄施 15 元及《左翼文艺运动史料》，曹济平王锡九论文评语表。

6 月 11 日(4)阴

得葛杰、陈贻焮、范存忠、洪焕椿函，又王季思夫人姜海燕函，周一良函。

6 月 12 日(5)晴

郁贤皓来送孙望看过百科稿，即转王元化。为小平、高志青作字。发《史通》。

6 月 13 日(6)晴

寄还吕永、吴代芳文附《南大学报》。得邦炎、瑞洁及钟隆林信(武大毕业生)。函瑞洁、蛰存(托制版)。

6月14日(日)晴

下午去七姐家。函《晋阳》高增德(改刘传误文)、傅璇琮(寄传略)。

6月15日(1)晴

复刘定寰。以《学报》寄葛杰,并托其买书。得仲联、小珠信。

6月16日(2)晴

得蛰存信附瞿翁题签。又寄祖延书。得武师泉二百。

6月17日(3)晴

得于北山、马兰信。石臞来。

6月18日(4)晴

以书签寄黄起衰,文二篇寄蛰存。夜杨苡陪曾卓女蒙蒙来。

6月19日(5)晴,热极

得吕永及《晋阳》高增德信。

6月20日(6)晴,36℃

自强来,告陈书禄进修事。以莫论后山稿寄敏泽。以徐论“绿”字寄淑耘。七送鲥鱼。朱东润研究生陈尚君、王运熙研究生黄宝华或朱建国来。张道贵携王元化函来。

6月21日(日)晴,37.9℃

皮公亮来函,转来陈书良(永湘先生外孙,武大吴林伯研究生)函及论文,嘱作序,即复。

6 月 22 日(1)晴,昨傍晚及夜雨

周本淳来,王永芬来。姚白桦及永璋子许总来。得傅璇琮、王淡芳信。得卞孝萱函。

6 月 24 日(3)阴

得陈仿彝函。又张瑞洁、黄耀先、何力函。下午开会宣布工作量计算办法。

6 月 25 日(4)

不适,看病。

6 月 26 日(5)雨

王长发答辩。

6 月 27 日(6)雨阴

龚斌答辩。得顾学颉、赵吕甫寄文。夜系宴客。

6 月 28 日(日)阴

函宗白华、程一中。夜王运熙来。

6 月 29 日(1)阴

患腹泻。得赵幼文、张舜徽、吴志达、敏泽函。

6 月 30 日(2)阴

病未愈。南师答辩缺席。王达津来。得夕佳、高文、周锡䪖函。朱金城(古籍)来。

7月

7月1日(3)阴,大雨

以三夕苏诗文寄《遗产》,以词寄幼文,研究生专刊寄石斋。得谭任杰信。

7月2日(4)晴

下午开系干部会。得匡扶诗。

7月3日(5)晴

下午开会审题。得徐师学生张宏生信。

7月4日(6)晴

下午开会(去京事)。函耀先。

7月5日(日)晴

函匡扶、王文生。以游泳证寄永芬。何力来。77级欲考研究生之学生潘晓楠(女)、张伯伟来。得教育部询课程改革意见函,又郭预衡函。

7月6日(1)晴

倪豪士来。月超来。克木寄《梵语文学史》附信。又王淡芬、徐朔方信。

7月7日(2)阴转晴

上午看病、拿药。秦似来访。得梁文琦信,周锡韨书。

7月8日(3)晴

函复周锡韨、梁文琦。又函马力。

7月9日(4)阴,大雨

下午开会选教研室主任。得人文柳集信,又杜仲陵文。

7月10日(5)南京雨不绝

十一时半赴机场,2时半起飞,3时50分到,教育来迎。住京西宾馆715号。徐家福(计算机)、曲钦岳(天文)同机来。

7月11日(6)晴

上午访雪垠,记错路名,未得见。发家信。

7月12日(日)晴

上午开大会,黄辛白、蒋南翔讲话。下午小组开会。夜与中玉访雪垠、荒煤。

7月13日(1)晴

上午访敏泽、克家、学颉,与中玉午饭学颉家。下午会。

7月14日(2)阴

夜敏泽来。囡到打电话来。

7月15日(3)阴

夜囡夫妇来,携来书十册。致葛杰函托多购书30册。又写家信。为钟老写诗册。

消痔灵(内痔注射药),北京广安门中医研究院。

7月16日(4)阴

下午博士导师投票。

7月17日(5)

阅硕士导师材料。夜文治、白山、敏泽来。

7月18日(6)阴

中午请王系母女及囡夫妇吃鸭，51.90元。晚克家请饭，在座有广西旅游局负责人江景河、花城主编苏晨、中玉、涤非。

7月19日(日)晴

与季思赴北大，访克木、白华、贻焮、组缃、静希，焮约饭。归，车费7.00元。电话与伟华，告以不能去看她们。

7月20日(1)晴

下午硕士导师投票。夜与中玉、吴泽饭于雪垠家，囡等来。得芸信。

7月21日(2)晴

下午闭幕，蒋部长致词。复芸。

7月22日(3)晴

上午文研所《文评》编辑部许觉民、敏泽召开座谈会。下午访冠英、瞿禅。

7月23日(4)晴

上午晤钰哲夫妇、伟华、黄勇。下午一时与中玉乘车去青岛。

7月24日(5)晴

上午6时50分抵青岛，山大冯建国来接，暂寓北京路87号第六招待所。

7月25日(6)晴

函家。(古代文学家评传座谈会，青岛荣成路2号甲交际处五所，28日开。)夜9时，移居汇泉宾馆419号。

7 月 26 日(日)阴

晨雨甚大。头昏。

7 月 27 日(1)晴

在汇泉,仍头昏。夜文生夫妇自大连来会。服卢丁片,头昏转好。

7 月 28 日(2)晴

自汇泉迁居韶关路 28 号。

7 月 29 日(3)晴

廖仲安自京来。

7 月 30 日(4)晴

季镇淮、周振甫、吴文治、陈贻焮自京来。

7 月 31 日(5)晴

开会。

8 月

8 月 1 日(6)晴

开会。得芸信。

8 月 2 日(日)晴

复家信,又函陈仿彛。傍晚振甫、文治、文生、中玉及余开文学理论学会碰头会于海滨。中玉要月超批评史译文,万字以内为宜。

中国历代著名文学家评传座谈会:

青岛韶关路 28 号

山东人民出版社李海昆副总编,王昌业、任笃行、朱晓晨(女)文教室;

山大文史哲研究所吕慧鹃副所长，朱洪亭办公室主任，冯建国教师、刘波、小张；

季镇淮、徐中玉、周振甫、吴文治、王文生、罗岭、陈贻焮、廖仲安、曹道衡（张白山）。

8月3日(1)晴

集体海滨照相。得票。发电。得芸电。

8月4日(2)阴转晴，昨夜雨

9时40分乘车离青，中玉同行。

8月5日(3)

7.10—8.5收信：姜书阁、钟隆林、葛杰、湖南人民出版社、徐有富、张三夕、陈列、马力(2)、饶德和(小平父)、王运熙、赵幼文、兰州诗词学会、陈吉平。复马力、王运熙、钟隆林、卢鸿基。寄书与姚雪垠、萧涤非、吴世昌、陈仿粦、马力。

8月6日(4)晴

函傅璇琮、王滋源、葛杰、小佳、陈列、陈白尘(转陶雄稿)。

8月7日(5)晴，夜酷热

华师黄建中、朱寄尧来访，要张三夕到华师工作。得瑞洁信，商词事。

8月8日(6)晴，酷热

详复洁信。至鼓楼医院看病，马医生嘱买心脏诸药。

8月9日(日)晴，酷热

致石臞信，告难去济南。

8 月 10 日(1)下午风雨转凉

得吴志达寄言公文及信,清水茂信,又文生信。

8 月 11 日(2)阴,小雨

下午去钰哲家。得葛杰、王运熙、孙天赦(部队)、彭万斯(系考研究生)信。

8 月 12 日(3)多云

上午访辛宪、白尘,均未遇。得马力、周锡韨、蒋寅函。

8 月 13 日(4)阴

江苏出版社王士君来约稿。得彭岩石书。沈雄、小强夜来。

8 月 14 日(5)晴

约平田、鲁国尧晚饭。得王滋源、夕佳信。

8 月 15 日(6)晴

收古籍寄书,中玉信,孟伦信,又叔湘寄书。夜访自强。

8 月 16 日(日)晴

发《七绝》赠书。

8 月 17 日(1)晴

函北桦谈有富事。小珠同早早由长春来。

8 月 18 日(2)晴

得傅璇琮寄《历代诗话》,彭靖《历代论诗绝句选》,孟伦寄《杜诗选》《沅君论文集》。又得陈仿彝信,曹逸峰信,樊凡信,张隽寄稿。又晴雯索词信(不复)。退张隽寄稿。复陈仿彝、彭靖。

8 月 19 日(3)晴

得王滋源、王文生信。复滋源信并寄《七绝》一本。致王运熙信。夜孙望夫妇来,谈正林事。

汪辟疆 1887—1966.3.12,胡小石 1888—1962。

8 月 20 日(4)晴

函孟伦正林事,函淡芳。夜莫砺锋来。

8 月 21 日(5)晴

以《七绝》寄樊凡。姚白桦、傅兆龙来,取去稿件(Tel34058)。得陶雄信,又瑞洁、吴世昌、敏泽、沈雄信,古籍账单。万放来。夜雨。

8 月 23 日(日)阴,微雨

函葛杰寄还收据。函吴世昌。

8 月 24 日(1)阴,闷热

收波多野、韦其麟、孟伦信,吴志达《传奇》,又傅璇琮《学林漫录》。

8 月 25 日(2)阴雨

天眉来。芸病。得文生、仿彝信。

《七绝》书评:《解放日报》4 版 81.8.9,《人民日报》8 版 81.8.6。

8 月 26 日(3)阴

伯阳代购《七绝》20 本。函仿彝。

8 月 27 日(4)晴

发寄文生稿件。得杨廷福、石斋、吴代芳信,韦其麟寄灵芝片。郭维森先生来。赵国璋来,还夏氏《小说史》。

8月28日(5)昙

复石斋、沈雄、代芳。函葛杰。得振甫、陈列、达微九九信。

8月29日(6)昙

得蛰存、一中,江津师专贺远明询祖棻著作出版处,小珠及《社科战线》稿费通知单,又马力寄《诗学》三本,《抖擞》寄文及抽印本。

8月30日(日)昙

以杂志寄一中,书寄嘉莹。致蛰存、马力、贺远明、郭葆璟。又汇30元给嘉莹。函葛杰买书(《美学论集》)。周勋初来,赠以《论诗绝句选》。郁贤皓来,转朱金城信。

8月31日

得序东寄《语法》,山东人民出版社任笃行信及照片,清水信,《战线》稿费120元。

9月

9月1日(2)阴

得荒芜信。

9月2日(3)阴

上午开学术委员会。得樊凡、淡芳信。三夕交来张舜徽信、吴志达蜂乳。

9月3日(4)阴

复张舜徽、吴志达函。得介眉、王滋源信,殷正林论文。邹乃文、刘定祥(南京60中)来惠港饼。

9月4日(5)晴

下午上课。得正林、小珠信，武师稿费。

9月5日(6)晴

得小佳、芳洲信。又正林信。

9月6日(日)晴

复芳洲、介眉，并寄书刊。又函一中(要耀先书)、正林。访自强夫妇，送去所题原平画。

9月7日(1)晴

得雷雯、十二弟信，即复并寄雷七绝。复谢邦炎、朱金城。

9月8日(2)晴

得沈鹭、茂舒信，又朱东润寄诗幅。复茂舒、东润。

9月9日(3)阴

做脑电图。至南师西山二栋302号鞠继武先生(骆文妹夫)家访淑耘，斯群在座，约星期日下午五时胜利晚餐。刘彦邦托赵普寄来酥糖、茶叶。

9月10日(4)阴

得王绍曾信。

9月11日(5)阴，小雨

得嘉莹信，徐中玉、灌云席凤宇(索书)信。寄《七绝》一本给席。复中玉函。

9月12日(6)中秋

中午看病。下午九三会。夜在张钰哲家饭。

9 月 13 日(日)晴

晚请淑耘、斯群、万放饭于胜利。

9 月 14 日(1)晴

得万万、志达、文才信,北京语言学院闫纯德信,要祖棻传记材料及词。复刘国英、王文才、闫纯德函。得皮公亮、刘茂舒、邓小军、小珠、湖北水浒学会信,《北疆》稿费 84。

9 月 15 日(2)晴

函复水浒学会、刘茂舒。得波多野、王滋源、程一中信。

9 月 16 日(3)晴

上午看骆文。下午统战部传达 30 号文件。

9 月 17 日(4)晴

上午开研究生会。复一中。函淡芳询孝章逝世年份。

9 月 18 日(5)晴

下午上课。夜孙望来。

9 月 19 日(6)晴

发复王绍曾、任笃行、邓小军、王文生、蒋树敏及致北师、武师信。得耀先、张国光信。

9 月 20 日(日)晴

游镇江。

9 月 21 日(1)晴

满 68 岁生日。Nancy 作面又买肉馅饼。得陈贻焮、倪豪士(附论文一篇)信。山大寄来研究生论文两篇,黄耀老寄来《诗说》一本。得山大研究生冯春田信。

9 月 22 日(2)阴

得杨金亭、皮公亮、石臞信,又公亮寄校书酬金 50 元。

9 月 23 日(3)雨转阴

姚北桦及傅杰来录音谈研究生问题。寄杨金亭诗稿。得朱东润、马力、邹乃文(黄石市一中)函。

9 月 24 日(4)阴有小雨

得高纪言信,送纸十刀。

9 月 25 日(5)晴

得雷雯、游寿信。寄邹乃文书一册,并复信。下午得孟伦、一中、淡芳函。

9 月 26 日(6)晴

得朱令仪信。

9 月 27 日(日)晴

全天阅研究生试卷。寄周先生稿给《求索》。去信人文出版社。

9 月 28 日(1)阴

上午会见伊藤正文。得文生信。

9 月 29 日(2)阴

得邓小军信。

9 月 30 日(3)阴

横山弘转来清水函。又高教局函。27—30 改研究生卷毕。

10 月

10 月 1 日(4)阴

致傅璇琮、清水、波多野,山东大学研究生处(研究生论文鉴定二纸)。姚奠中介绍李安纲来,不见。

10 月 2 日(5)阴

李安纲来,未与掠谈,即函复姚奠中。函石臞。又函复令仪。致廖仲安购《北师学报》81/4,及询 81/3。孙祖荫来。

10 月 3 日(6)阴雨

夜唐富龄来访,谈武大事。开始写《一与多》,成 1500 字。收到程一中所印耀先诗笺。

10 月 4 日(日)阴雨

孙望派人取去复印稿。得顾学颉寄文,刘彦邦、叶嘉莹、潘佛章(《诗词集刊》负责人)、申正(祁阳一中教师)、《河南师大学报》编辑部函。

10 月 5 日(1)阴,小雨

得朱金城信,又广西龙州师专吴健舟老师信(曾在南宁听课)。无事。

10 月 6 日(2)阴

复叶嘉莹。芸腹痛泄。得上海辞书出版社汤高才信,又萧涤非寄晦闻先生诗札记及《杜甫研究》,又信。

10 月 7 日(3)阴雨

江苏人民出版社王士君、陆国斌(杨海若爱人)来谈计划。三夕返得陈贻焮书。寄款与陶爽、刘彦邦。复萧涤非、汤高才。以弘老词集标点本寄茂舒。

10月8日(4)阴雨

得林维纯(暨南大学教师,住西区教工宿舍20座301号)、薛连璧(辽宁一教师)函。下午开研究生录取工作会。得邹乃文信。

10月9日(5)晴

得陈仿彝信,即复;吴志达、王淡芳函。

10月10日(6)

下午开会,决定研究生名单。得孟伦北京信,即复。

10月11日(日)

去孙中山办公室——煦园参观。

10月12日(1)

得张实函。

孔寿山(圭璋介仿),① 上海纺专美术组(上海长宁路1187号),② 家:上海杨树浦路403弄28号。

10月13日(2)

得舜徽信。

10月14日(3)阴

得吴在庆(厦门大学学生)、夕佳、朱令仪、刘彦邦函。上午去玄武湖散步。谢伯阳来,代购书数种。

10月15日(4)阴,有雨

得周勃函,又吴永坤、廖仲安、中玉信。

10月16日(5)阴

得波多野、马兴荣信,武师寄校样来。下午吴白匋先生以诗集索序。晚公宴黄裳夫妇。饭后曹、张等来谈并观书画。

10月17日(6)阴

得倪豪士信。发王淡芳、徐中玉、马兴荣信。

10月18日(日)阴

中午率丽则全家去刘长兴吃螃蟹包。下午王立兴和中华黄克(《文史知识》编辑)来访。

10月19日(1)阴

得皮公亮信。至孙望家。单兆欣来访。上午南艺臧老来,请给研究生答辩。

10月20日(2)多云

得中华寄来《归田录·渑水燕谈录》,王文才寄天麻。

10月21日(3)多云

复王文才、傅璇琮、皮公亮。下午照相(为校庆)。

10月22日(4)阴

得志达书。下午开教组会。夜霍松林夫妇来。

10月23日(5)晴

安师大携书城、保泉书来,请出席答辩会。得人民文学社李易及姚奠中信。《一与多》成,10月3日至23日,共20天。

10月24日(6)晴

得蛰存信(言词刊事)。夜宴波多野。

10月25日(日)晴

得葛杰信,即复。又函王文生。

10月26日(1)晴

函谢刘君惠寄食物,谭优学寄书。得赵盛德寄文。

10月27日(2)晴

得杨金亭信。

10月28日(3)阴

致赵国璋,借新书目。寄闫纯德——菉词及相片,马兰——莫砺锋简斋诗稿,北桦——徐有富陶杜风格稿。下午敏泽来。

10月29日(4)晴

上午取字画。得王文杰及北大学生邹士方信。下午王昭琛座谈。

10月30日(5)晴

上午开博士生会议。夜宴昭琛。

10月31日(6)晴

得君惠、蒋树敏、安师大研究生周啸天及包头陈汉杰揭发抄袭信。得唐异明信,清水茂寄书两本。

11月

11月1日(日)阴,小雨

致朱东润、殷孟伦(研究生事)。夜请王昭琛、邹恬、钱林森吃包子。

11月2日(1)阴

得钱仲联复函,又哈佛同学会及日本亚洲及北非人文科学会议信。

11月3日(2)阴

得陈仿彝、彭燕郊信。午饭天纵家。金启华来。波多野寄《提要》后六册,自苏州。

11月4日(3)阴,小雨

函伯慧告波多野寄书事。得叶嘉莹信,即以梦窗词校记寄之。函复彭燕郊,并寄去菉诗稿。以书单抄寄 Y. W. ma。得马茂元寄《论文集》,即复谢之。

11月5日(4)阴雨

发函与人民文学出版社邮购部李海燕,催款。得《诗刊》杨金亭函,又辞书出版社汤高才函及稿,即复。

11月6日(5)阴

下午开校学位委员会议。晚家宴,芸生日。得马赫信,扬师学生周彪信,王弋丁、兰少成来(兰,广西师院)。

11月7日(6)

上午教部召开古典组座谈会。臧云远送论文来。赵守俨、傅璇琮来访。校《一与多》迄,送印。得张国光寄书,即复。夜家宴祝芸生日。

11月8日(日)

晚在胜利请王弋丁、兰少成、赵守俨、傅璇琮。

11月9日(1)晴

致章德函。收郝延林书及信,程一中信,厦门大学53号信箱中文系林继中信,又钱仲联寄还诗稿并信,朱东润、陈贻焮信,汤高才稿及信。

11月10日(2)晴

得朱九思信,九三开会通知。

11月11日(3)晴

得周勃函。发东润先生、孟伦先生函。江苏出版社送郭维森《司马迁》文来。下午参加南艺臧云远研究生答辩。

11月12日(4)阴

发马赫、林继中、李荒芜、仲联函。

11月13日(5)晴

得文生、丈蜀函。发文生、丈蜀、张士魁函。

11月14日(6)晴

上午高教一司司长黄天祥及徐经泽、刘凤泰三同志来谈。致宗白华及中华《文史知识》黄克。

11月15日(日)

九三开会。

11月16日(1)

听新雷课。得敏泽信、彦邦信，扬师803信箱学生蒋寅信，《文遗》编辑部信。

11月17日(2)晴

得蛰存、谢日新信，即复。

11月18日(3)晴

得彭燕郊信。杜甫草堂濮禾章、南师赵普、许永璋来访。

11月19日(4)晴

以山谷传又莫文寄萧涤非，以新春试笔寄九三。山西人民出版社《名作欣赏》编辑部张仁健、王海燕来访。

钱南秀住址:北门桥东珠江路 124 号之一,爱人朱建国,南京模具厂助理工程师。

11 月 20 日(5)晴

11 月 21 日(6)多云

得叶嘉莹寄还吴词批本。

11 月 22 日(日)阴,微雨

访白匋先生交序文,又永芬。以小传寄闫纯德。

11 月 23 日(1)阴,微雨

以祖棻寄汤高才。白匋先生来访。

11 月 24 日(2)阴

11 月 25 日(3)阴雨

赴芜湖安师大参加研究生答辩。

11 月 26 日(4)阴雨

得黄克、林继中、《长江文艺》函,夏威夷大学马幼垣教授《小说史集稿》一本。地理系学生送来韩隆福文稿。

11 月 27 日(5)晴

从芜湖归。得齐鲁书社和张少康函。赵国璋先生来,取去黄先生手稿及港台书五本。

11 月 28 日(6)晴

看牙及心脏。谢先生来商出版清曲事。得闫纯德函,词、传均收到。

下午江苏出版社海若婿陆国斌来。

11 月 29 日(日)晴

牙痛甚剧。

11 月 30 日(1)晴

上午开系学术委员会,拍电影。得朱东润、江苏社会科学院钟来因、李清悚、何华辉、韩隆福、陈翔华信。复何华辉、陈翔华、钟来因。以李清悚信托陆国斌转高纪言。

12 月

12 月 1 日(2)晴

上午拍照,开学术委员会。

12 月 2 日(3)阴

得现代古体诗词选编组信。复齐鲁书社。尹志腾同志来谈。得金启华、臧云远寄回论文评语。孟实研究生凌继尧来南大哲学系任教,过访,以杨咏祁美学讲义借与之。

12 月 3 日(4)晴

陈美林来访。许志英来谈研究生事。

12 月 4 日(5)晴

上午开博士研究生招生会议,极累。下午上课。得萧涤非、马力信和王运熙寄来书。和郭维森订硕士研究生计划。景德镇教育学院王远谋(武大毕业生)来访。

12 月 5 日(6)阴

复马力,附书单。

12 月 6 日(日)晴

访国璋、熙仲(赤壁路 12 号),送论文,又访孙望。得宗白华赠《美学散步》,即复。以《史通》赠熙仲,又《一与多》赠运熙。

12 月 7 日(1)

函宗白华、王运熙。下午《江海学刊》许总、曹明二君来,出示华师中文系 77 级喻志丹君《秦少游二词考辨》,驳祖棻说,甚佳。得雷雯寄还棻照,又傅璇琮寄书四种五册。

12 月 8 日(2)晴

得马幼垣信并文章。上午开学位委员会,通过推荐博士生名单。

12 月 9 日(3)晴

函复璇琮、清悚,又致张可礼、汤高才、佘雪曼。得黄瑞云寄《寓言》并函。

12 月 10 日(4)晴

得南图宛雨生、吕慧鹃、《武师学报》编辑部函。上午高教局开会对提升职称规定提意见。下午徐福基、张新培来访。复瑞云谢其赠《寓言》。李启汉来访,据云寓其女家。

12 月 11 日(5)晴

朱明镜送材料来。草博士生计划。张少康来信。

12 月 12 日(6)晴

志腾来详谈研究生事。下午学习。

12 月 13 日(日)阴

发寄马幼垣书三册,邮费 9.50 元,又寄许总对联校稿。携儿孙鸡鸣酒家吃汤包。下午二时许，段熙仲先生来，因去访启华、圭璋，故未值。

12 月 14 日(1)晴

得黄葆树、李清悚、张宏生、王文才、陈翔华、晴佳函。复黄葆树(上海学院路 120 弄 3 号，黄仲则后人)。

12 月 15 日(2)阴

夜周一展、吴企明来。

12 月 16 日(3)阴

得张可礼信。下午 79 级研究生照相。

12 月 17 日(4)阴

上午开校学术委员会，下午开系会。得《艺谭》完艺舟函，徐仲年治丧委员会通知(十二月九日逝世，年 77 岁)。

古籍出版社编辑竺少华(王立兴同志同学)。

12 月 18 日(5)

上午看牙。下午开校学位委员会。

12 月 19 日(6)

上午研究生毕业联会。下午孙望夫妇来。鲍明炜谈升等事。

12 月 20 日(日)晴

发陈仿彝、周本淳、王滋源、高增德、尹可勋信，又陈邦炎、竺少华信。

12 月 21 日(1)晴

得汤高才、管雄、马赫、王白坚信，又王弋丁信。复王白坚、管雄。

12 月 22 日(2)晴

得杭生信，即复。致马幼垣。石臞自山东来。中午宴齐鲁书社李玉山、石臞，伯阳、兴国在座。菜不佳。以《校雠学》寄吴企明。

12 月 23 日(3)晴

上午莫砺锋答辩，参与者金启华、周勋初代朱东润、吴白匋、吴新雷。石臞来午饭。寄《武师学报》三、四给倪豪士。

12 月 24 日(4)晴

上午徐有富答辩，参与者孙望、臧云远、王气中、郭维森。得平田昌司函及照片，屈义林函。下午看牙。

12 月 25 日(5)晴

得国务院通知。严迪昌交来论辛词稿。晤刘北汜。

12 月 26 日(6)晴

得胡杭生、陈邦炎信。三夕答辩。

12 月 27 日(日)晴

下午横山弘、坂田新、孙望、勋初、迪昌、砺锋来小聚。

12 月 28 日(1)晴

函倪豪士、清水、平田。得王滋源、徐中玉信。夜历史系教师张树栋来(住 15 舍 305—306)。

莫砺锋妹玉采、妹婿林余庆。

12 月 29 日(2)阴

函吕慧鹃。得彭燕郊函。孟伦来饭，下午与共出购物，今晚返济南。万万来。

12 月 30 日(3)阴,大雨

华师进修老师□□□来。作字数纸。得杨翊强、《抖擞》编辑岑懋基信,又黄石市财贸学校陈略信。

12 月 31 日(4)晴

上午莫、徐二生请张生及余夫妇早点于永和园。得伊藤正文贺年片,西南师范 79 级三班向以鲜函问读诗。夜古典组聚餐。

1982 年

1 月

元旦(5)晴

作字。郭维森送论《易传》文来。周明来,未坐。得伊藤正文贺年片,施蛰存信,彭燕郊寄《白色花》诗集,《抖擞》寄《简斋集》。

1 月 2 日(6)晴

改郭维森《易传文学思想》文。函《抖擞》岑懋基、王士君、霍松林(索诗稿)。得吴奔星、陈仿彝信,即复陈仿彝。得万万侄信。买照相机 280.00 元。白匋、汉生、启华来谈,四川人民出版社戴安常应王文才之请,寄来《陈子昂诗注》一册。

1 月 3 日(日)阴

夜至天渝家饭。复谢戴安常。

1 月 4 日(1)阴

张三夕来告别。南锡去配药膏。得瑞信,王文才条,皆因寄书;钟振振、邓红旗信,因考研究生;又《晋阳》高增德信,告刘丈传将在《晋阳》今年 2 期(3 月 25 日出刊)印出。

1 月 5 日(2)阴转晴

得西北大学函，请南大任唐代文学发起单位，交许、郭办。致函高增德、石朦(索校雠稿)。夜宴请诸研究生答辩人。寄 50 元与晴佳(小转)。

1 月 6 日(3)阴昙

得吴代芳信。改祖棻论少游词稿毕功。

1 月 7 日(4)晴

上午开博士生指导小组会，通过初步计划。柏鹏来商改分数，忠文未许。下午去七家。

1 月 8 日(5)昙

发信：1. 傅璇琮(《经学史》)；2. 殷孟伦(校雠学稿)；3. 唐圭璋(转喻志丹文)；4. 锦坤(寄书，成都 345 信箱 1 分箱罗成山转)；5. 唐异明；6. 香港新晚报社罗孚(《涉江词》)。下午开会听关于硕士研究生规格、培养等的传达。收波多野信。

1 月 9 日(6)晴

得王淡芳信。下午教研室总结。孙望来，未遇。博士生指导计划印成，即分致。

1 月 10 日(日)晴

为坂田新作介函与王季思、周祖譔、王文才、吴志达。又函吴志达、王文才。寄十元与文才买书。以博士生培养规划交徐、张，并作函说明。

1 月 11 日(1)

至中医院治痔疾。得：1. 小佳；2. 杭生；3. 屈义林(附悼亡诗)；4. 傅璇琮(《学林漫录》3、4 集)；5. 吕永(《文心》文一篇)；6. 霍松林；7. 南师答旦君(为转交吴奔星赠书事)。又《长江文艺》汇徐有富款 15 元。

1 月 12 日(2)晴

复吕永,以吕永文转瑞洁。函国璋告以《简报》之误。以白匋书词寄张璋。得喻志丹信。访尹志腾。

1 月 13 日(3)阴

得何正思、陈一新信。复何正思、波多野太郎。

1 月 14 日(4)晴

得齐鲁李玉山、孟伦、晴佳、张宏生信。小湝自沪来。《文教资料简报》洪乔来。清水茂赠影印《翰墨大全》一册。

1 月 15 日(5)阴

李国才来,携来暨南大学林维纯函,又《诗选》二册。

1 月 16 日(6)晴

上午开会讨论黄自强、林立事。下午系总结会。夜刘舒来谈。收周策纵惠书二册,甚难得。

1 月 17 日(日)晴

山大王期辰先生交来孟伦托带花生米及校雠学录音稿。下午去孙望家借得丁氏全诗二册。寄出黄克索稿,又致北桦殷稿。夜出席文学所毕业典礼。

1 月 18 日(1)晴,大冷

得大璞、吕永、志达信。写黄先生逸事。陈仿彝寄还诗稿,印唐寄字二幅,蒋礼鸿赠《变文字义通释》。省委茶话会未去。

1 月 19 日(2)晴冷

复孟伦,谢蒋礼鸿,以诗寄陈仿彝,以照片寄印唐。吴白匋、金启华、孙望来。王永芬未君父女来。得陈仿彝信；周大璞寄《简园日记》，即复。

1月20日(3)晴

王家杰陪苏姗娜来。马赫子一平来(在汤山炮校)。

1月21日(4)晴

收雪垠《李自成》3卷下。勋初来，带来《朱自清古典专集》。

1月22日(5)晴

发电给陈仿彝，又函告之。得夕佳及马騄程信。

1月23日(6)阴雨

得《涉江词》校样，傅璇琮寄经学史三册、清人笔记二册，又汤高才信。万放、刘舒来。赵国璋携陕西师大女生王红来。

1月24日(日)阴雨

除夕饭于婉家。终日看校样。

1月25日(1)阴，小雨

春节元旦，气中夫妇、勋初夫妇、兴国夫妇、伯阳夫阳、显生夫妇、立兴、维森、国光、美林、桂奇、新雷、宣亚静、家维、子铭、谢翎来。滕志贤来。钱南秀来。

1月26日(2)多云

得陈仿彝、小佳、皮公亮、张璋、宋谋玚、樊凡、高增德、霍松林、竺少华函，北氾函。鲍明炜、贾平年、白汝安夫妇及白浩、丁老与宛老、吴枝培、老曹来。

1月27日(3)晴

复陈仿彝、樊凡、祝少华、皮公亮、宋谋玚函。访王气中、管雄、陈行素、吴白匋、王绳祖、赵瑞蕻。得张三夕信，又张国光寄《江汉论坛》所刊《水浒》文。

1 月 28 日(4)晴

发厦大吴在庆、吴代芳、杨翊强、施蛰存信。收张璋寄纪念章。黄懋颐、王家杰来。

1 月 29 日(5)晴

发王弋丁、周勃、卢鸿基、吴志达、王淡芳、屈义林、马录程信，又张璋信。得何正思信，未存。得教部 82 教高一字 002 号文件(关于编选 82 年文科教材)。南师体育组答旦来。苏姗娜、王家杰来。钟振振来。看《王令传》。

1 月 30 日(6)晴

以《王令传》寄吕慧鹃、代做匡、章、徐校长诗送叶。

1 月 31 日(日)雪

中午在老万家吃饭。完成《戏为九绝句》。

2 月

2 月 1 日(1)阴

上午请桂哥、七姐等在永和园早点。得周大璞、清水茂、倪豪士、叶辉函暨《中国文学》一本。

2 月 2 日(2)阴

访圭璋，途遇国璋、润生，共访北桦，旋去自强家。寄出完艺舟稿，又以寄璇琮稿寄孟伦，嘱其审读后转去。

2月3日(3)雨

题原平原安兄弟画。看郭老论文一篇。函祖保泉,谢其惠合肥点心。

2月4日(4)晴

上午看《华丽家族》。单人耘来。得安师大孙慧芬信(祖保泉送食物事),又杨廷福贺年片。夜季复昆来。

2月5日(5)晴(夜雪)

得陈仿彝信。收《诗刊》稿费30元。

2月6日(6)

收到清水寄吉田杜注四册。郭维森来告,博士生培养计划系通过。

2月7日(日)阴

复清水茂、周策纵。写《早早诗》未完。得志达托人带来豆丝、酥糖及信。

2月8日(1)阴

得陈仿彝信及《书苑》,李易信及《唐诗鉴赏集》,包忠文送《鲁迅论》。

2月9日(2)阴

吕永托南工研究生赵宏业带来酒及木耳。李安纲来。得蒋云从《义府续貂》,以《史通》及论文四篇答之。函陈绍棠、竺少华、傅璇琮、郭预衡、陈仿彝。又得陈封面校样,即复。得蛰存信。得《文学评论》致莫砺锋信及稿,又中玉新著及信。

2月10日(3)阴

下午高教一司副司长季啸风等来谈教材事。函陶艾。写毕《早早诗》卷。

2 月 11 日(4)阴,雪

得吴在庆(厦大)、王淡芳信。

2 月 12 日(5)阴

研究生来接,布置本学期工作。

2 月 13 日(6)晴

得周勃信并寄还先唐文学史稿;又璇琮信,知回忆录已收到。

2 月 14 日(日)晴

晚在双门楼聚餐,与者孙望、徐复、金启华、黄养辉、刘汝醴、章诚忘、朱启銮、臧云远、陈白尘、陆地,连余共十一人。西餐 6 元。

2 月 15 日(1)晴

得宋谋玚、王文生、王滋源、周啸天、冯俊杰(山西师院)函,完艺舟函及《艺谭》合订本,古籍整理小组《整理规划》,马赫函及《稼轩词》稿。

2 月 16 日(2)晴

得杭生信及简历,马赫信。

2 月 17 日(3)晴

陆国斌来,定 23 日在双门楼开会。得蒋礼鸿二校勘文及信。

2 月 18 日(4)阴,小雨

得傅璇琮信附《史通》发票,即寄去 12 元。

2 月 19 日(5)阴,小雨

与横山弘座谈,出席者枝培、新雷、绕溪、勋初及余。得毕万忱及夕佳信,又得彦邦信及食物,周振甫信,成都杜甫研究学会邀请信。

2月20日(6)阴

收《史通》十册，唐诗鉴赏会稿费44元。谢伯阳陪齐鲁书社李玉山来。下午政治学习。

2月21日(日)晴

函孟伦(索《百三家题辞》)、廖仲安(买《学报》)、刘彦邦(谢惠食物)、马赫(收到文稿)、吴志达(谢惠食物)、王文生、霍松林。以博士生计划寄耀先、仲联、季思、冠英、舜徽。

2月22日(1)阴

得傅庚生信，约赴唐代文学学会。得刘汝绥信(黄石市交通里1397号)。晚参加文学所开学典礼。

2月23日(2)雨

晨赴双门楼宾馆参加江苏出版社会。得卢鸿基、郭预衡、平田函。晚在文学所讲课。

2月24日(3)晴

全日在双门楼。得谭优学函。晚莫、徐及月超研究生来，拿走托横山带之物，带来三夕函及所赠豆丝。得孟伦寄来之《汉魏六朝百三家集题辞注》和《抖擞》，图书馆送一精装《古籍善本图书目录》。寄书与叶嘉莹及史树青。

2月25日(日)晴

全日在双门楼。得文联送来讲课费10元。

2月26日(5)晴

得马录程函，傅璇琮代购《夷坚志》四本，吉林船营区文化馆臧立稿。晚宴施、王、徐诸公，主人孙、唐、金、我。

2 月 27 日(6)晴

得杭生及海盐县博物馆函。

2 月 28 日(日)晴

与蛰存、运熙、孙望等游梅花山,访得叶遐庵墓。晚结束会返家。

3 月

3 月 1 日(1)晴

函马录程、三夕、海盐文化馆。得耀先信,瑞洁信,又邹士方问宗白华事。

3 月 2 日(2)晴

得印唐信并字二幅,又松林信。得竺少华信,又《行卷》十册、陈寅老事辑二册。

3 月 3 日(3)晴

得《晋阳学刊》寄《刘传》校稿。中医院看痔疮。

3 月 4 日(4)阴,小雨

寄发黄耀先信,《考索》稿,又《刘传》。

3 月 5 日(5)阴,小雨

得叶嘉莹寄诗幅及信,王利器信,又王文才寄《人间词话》。

3 月 6 日(6)阴

得王文才函,即复。晚,勋初便宴横山,维森及余作陪。横山转交村上哲见教授惠其新著《科举之话》。得倪豪士寄资料及信,又公骥文及信。

3月7日(日)阴

萍萍来。得香港《抖擞》岑懋基寄刘若愚《中国诗学》及信，陕西师大邀请信，叶嘉莹信。

3月8日(1)晴

上午至省中医院诊治痔疾，门诊手术，初甚感不适，下午渐愈。江苏出版社来。万放、七姐来。得史树青(中国历史博物馆)函，又濉侄信，梁世传要菉遗书。

7—319姚淦铭，研究生支书；7—326张宏生、李安纲；7—211莫砺锋；13—301徐有富。

3月9日(2)晴

3月10日(3)晴

上午开博士导师和研究生会议。赵国璋先生来。

3月11日(4)晴

江苏出版社缪咏禾、徐宗文来录音(电话33549)。发傅璇琮及古籍整理小组会请假函。得黄丽丽信。得平田昌司《苏诗注》，郭预衡《论文集》，史树青《历史研究动态》。

3月12日(5)晴

得志达信。得曾卓诗集。江西师院刘世南先生夜来。

3月13日(6)晴

得杭生信，即复。得张伯驹讣告，又印唐信，古籍《考索》稿收条。录古籍规划发言音。

3月14日(日)阴

赵国璋及南师图书馆倪延年君来，录朗诵。

3 月 15 日(1)阴

函岑懋基、陈仿彝、王滋源、曾卓、平田昌司。中医院看痔。得傅璇琮、佘雪曼、张三夕函及佘所赠字，三夕借书寄还。以雪曼联送章书记。

3 月 16 日(2)晴

函雪曼、毕万忱、吴志达、张璋、王利器。又莫砺锋稿及《〈春江〉集评》寄中玉。

3 月 17 日(3)

得徐朔方论汤义仍文，又王运熙《文评史》中册。发夕佳、庞硕信。

3 月 18 日(4)雨

以录音带寄中华。

3 月 19 日(5)雨

得中华书局《史通》校稿，即改正寄还。

3 月 20 日(6)雨

陆国斌来，商出版事。

3 月 21 日(日)阴

访孙望，结算书架款。

3 月 22 日(1)晴

访宛雨生。得君惠、文才信，又中玉、庞硕信。君惠来，晚饭，后访止强。

3 月 23 日(2)阴

得夕佳、湖南社科院信。发庞硕、夕佳信。答四川师院研究生问，历二时许。君惠在座。

3月24日(3)阴雨

得朔方信。下午陪君惠访伯武、白匋。与自强、汉生、白匋等宴君惠于胜利。函蛰存。

3月25日(4)阴

上午系学位会。下午省委科教部会。周本淳来,未晤。得王利器信。

3月26日(5)阴

《社会科学战线》马兰及陈美林来。得张天望零陵师专寄文及信。周本淳来。

4月

3月27日—4月8日

旅游西安。此期间收到如下各信:波多野、施蛰存、傅璇琮、清水茂、张三夕、《江海学刊》、马幼垣、夕佳、李辛凯(李玉莹)、廖仲安、张璋、邓韶玉、王滋源、马兴荣、吕永、杨公骥。发周勃、程之函。

4月9日(5)晴

发张璋函(附支那学文),又邓韶玉函(附杨公骥来信),马兴荣函。

4月10日(6)晴

在家休息。周勋初来。周明来送论文。

4月11日(日)晴

许志英来,谈研究生事。Nancy患目。

4 月 12 日(1)晴

去医院。得庞硕、敏泽、齐治平信。谢伯阳来,得托印《水浒注略》,又《巨宋广韵》。

4 月 13 日(2)晴

发庞硕、夕佳信。

4 月 14 日(3)晴

开《青春》授奖会。得程之信。得夕佳信,即复。发王滋源、孟伦信。

4 月 15 日(4)晴

发佘雪曼信。开学位会。

4 月 16 日(5)晴

章品镇、孙望来。得茂舒信,即复。以程氏《水浒注》及南大书目寄马幼垣,以《宋词赏析》寄诸人共六本。得村上哲见著作三册。

4 月 17 日(6)阴,微雨

得陶道恕、佘雪曼、邓韶玉、西安黄耀焜信。得《晋阳》稿费,即复。

4 月 18 日(日)晴

函章德、陶道恕、杨公骥、《晋阳学刊》、黄耀焜。又函庞硕,请迪昌带去。

4 月 19 日(1)晴

上午去虎踞关看中玉夫妇。得邓小军、姜海峰、晴佳信,曹虹、张伯伟文。得舒芜、马录程信,又傅璇琮寄书 5 册。

4 月 20 日(2)阴,小雨

以对联寄熙仲、舒芜。函舒芜、文生、璇琮、安大姜海峰。收到 Clear

1:2、2:1 两册。

4 月 21 日(3)晴

收 Clear 3:1 一册,松林信,即复。

4 月 22 日(4)晴

上午校学位会议。下午校庆筹委会。夜与孙、徐、张拱贵、金启华等宴中玉夫妇、高章采。得马赫、夕佳、陈仿彝、王淡芳、王文生函。

4 月 23 日(5)晴

得聂文郁函及照片,又周勃函。

4 月 24 日(6)晴

学校来拍照。得志达、刘国武、张三夕、郑州《教学通讯》编辑部林从龙信。

4 月 25 日(日)阴,小雨

以对联寄胡文俊、周本淳、林从龙及刘国武等四人。又复谢聂文郁,以陈仿彝介绍《涉江词》文寄《读书》。函胡主佑索照片,函吴志达。

4 月 26 日(1)阴

上午参加江苏《红楼梦》讨论会。得彭靖、李兴凯函。夜沈明、李惠君、瑶瑶自沪来访。

4 月 27 日(2)晴

以书二册寄格留。得敏泽、杭生、小佳信。即复敏泽。

4 月 28 日(3)阴

夜请沈明及老白等。得汤高才信。

4 月 29 日(4)阴

得卢鸿基信。复汤高才、卢鸿基(寄联),又寄李荒芜联,又以《涉江词》《赏析》寄日本村上哲见,以《赏析》《浅释》寄美倪豪士。函王仲荦。

4 月 30 日(5)阴,微雨

函倪豪士。

5 月

5 月 1 日(6)阴

5 月 2 日(日)阴

5 月 3 日(1)昙

得杜仲陵信及汇款,陈仿彝信及稿费单,李玉山信,《人文杂志》信,《一与多》校稿,马兰信,王文生信及书二册,又佘雪曼信,《长江日报》徐怀坤信。

5 月 4 日(2)晴

复王文生并寄校稿。复西安《人文杂志》。得梁世传、陶道恕信。

5 月 5 日(3)阴

上午教育部来人,开会研究培养硕士研究生问题。下午系里开会,叶子铭传达赴美访问情况。得吴代芳、叶嘉莹函。发夕佳、杭生函。

5 月 6 日(4)阴

上午与周、屈草拟硕士方案。白匋、邦炎来,共饭于胜利。下午研究生录取会。得周本淳、胡主佑信。致陈仿彝信,谭优学信。

5 月 7 日(5)晴

上午继续和周、屈研究硕士方案。得聂绀弩、王仲荦函。

5 月 8 日(6)晴

在鼓楼医院看心一整天。得刘国武信。九三开会谈落实政策,未去。得梁文琦、黄炳辉(厦门大学)、魏同贤(古籍)、林从龙(郑州《教学通讯》)函。复梁文琦、黄炳辉。函马力。

5 月 9 日(日)晴热

卧病在家,一日未出。

5 月 10 日(1)晴热

仍卧病,下午系里开会,未参加。得屈守元、王文生、杭生函,贵州程甦寄来讲义一本,大百科《文学理论》条目。

5 月 11 日(2)晴,闷热

鼓楼医院看病。得游介眉、林英、张国光信。

5 月 12 日(3)阴

上午俞为民来。病仍未愈。得刘健芬(重庆西南师院中文系)函。

5 月 13 日(4)阴雨

得岱岱(鹿叔次女)函。

5 月 14 日(5)晴

去雨花台游散。得荒芜信。

5 月 15 日(6)

去扎耳针。得杭生信,君惠信。

5 月 16 日(日)晴

吴翠芬夫妇来，交周祖譔诗。得古籍《赏析》印数酬，胡主佑信及照片，郑承教信，张天望信，寄出赠淡芳等及赠古籍诸君《涉江词》各一包。吴枝培来。

5 月 17 日(1)晴

赴鼓楼医院治眼。寄《涉江词》16 册。得陈邦炎函，又孟伦、杭生、张璋函。戴安邦、马騄程访，不遇。得小鹿叔信。致刘茂舒(附邦炎论《微睇》出版信)。

5 月 18 日(2)晴

汪越、马騄程来。得蔡厚示、王运熙、贵阳师院程甦信。

5 月 19 日(3)晴

上午殷孟伦及霍旭东(甘肃师院)来。下午系里开座谈会。得王淡芳、胡士明函。

5 月 20 日(4)晴

宁波广播台校友方凡人君来。历史系洪家义先生来。渠将赴四川开古文字学会，代向幼文致意。

5 月 21 日(5)晴

周本淳来，示二文，即转舒芜供《艺文志》用，看《李清照》毕，交王士君。得潘世秀、陈仿彝、舒芜信，沈玉成信及《左传译文》。复仿彝、舒芜。陈翔华托文研所姚克夫携来夏瞿禅《诗集》。

5 月 22 日(6)晴

上午开教材会议，出席者：季啸风、甘雪娟、徐缦华、王继志、钱谷融、吴碧莲、李国材、程千帆。得倪豪士信。荒芜同事符家钦来访。

5月23日(日)晴

上午汪超伯、马騄程、殷孟伦来，照相数张。戴先生来。晚和殷孟伦、霍旭东同访孙望，十时始回，头昏。

5月24日(1)晴

晨陈星鹤来，赠以《春江花月夜》《一与多》各一。上午开分房会。得西北师院胡大浚、《晋阳学刊》高增德信，又《传略》一册。又林英、华钟彦信。以对联寄仿舜。杭生来。

5月25日(2)晴

得村上哲见，闫纯德，黄石文联李声高(要诗入选)，江油李白纪念馆来函要一对联。以菉手迹等寄林英。

5月26日(3)晴

得竺少华及印第安纳 Christopher I. Beckwith 信。

5月27日(4)阴

偕N去新街口。得吴志达、彭岩石信，复岩石。以李白对联寄君惠。

5月28日(5)雨

上午开研究生会议预备会。得《诗刊》杨金亭、葛杰、邓韶玉、孙子威、彭燕郊函，《高教战线》82年4期一本。即复葛杰、邓韶玉。戴鸿森持杜维沫函来。夜请超伯、马騄程吃饭。

5月29日(6)雨

得安旗、王淡芳、何金松、刘茂舒函。得克家寄《诗与生活》。发王淡芳、何金松、王滋源函。

5月30日(日)昙

致程甦、屈守元、陈邦炎、丘良任、姚奠中。寄《赏析》及《词》与周啸天、薛连璧,以周啸天诗转《青春》。

5月31日(日)阴

晨与外办主任张启钧和张铭等接佘雪曼及其孙佘剑鸣。得何均地(郑州大学)函,上海教育出版社甘雪娟寄来书。下午去中山陵参加教育部召开的研究生培养方案会议。

6月

6月1日(2)阴

在中山陵开会,晚参加章书记宴佘雪曼。得方管、黄鹂(黄念田之女)、马昌松函,《明清诗文研究丛刊(一)》。

6月2日(3)晴

得彦邦、杨金亭信。夜雪曼招待会,偕芸出席。

6月3日(4)晴

复黄鹂、孙子威、甘雪娟。曹道衡、沈玉成来,赠以书。

6月4日(5)晴

雪曼书画展开幕式,偕芸往。得王滋源书,又叶嘉莹信。夜文化局宴雪曼,陪。

6月5日(6)晴

赴钟山饭店开会。得葛杰、日人松冈荣志函,霍松林函及书,横山弘寄来书两本,又《艺谭》函,刘茂舒函。

6月6日(日)晴

上午与勋初去看了季思。函松冈荣志、村上哲见。

6月7日(1)昙

得屈原学术讨论会通知，王文生、赵景深、岑婉薇、舒芜函，朱金城函及书，人文赠《红楼梦》，黑龙江寄《文论》校样。

6月8日(2)晴

校《文论》。

6月9日(3)昙

得马兰函，高增德寄来《文言读本》。

6月10日(4)

结束教部会。

6月11日(5)

得甘雪娟寄材料。陈星鹤来。许志英来。下午开升等会。

6月12日(6)阴

雪曼下午来。得松林信。

6月13日(日)晴

上午与芸、丽、早看《少林寺》。中午在胜利饭，游新街口购物。

6月14日(1)晴

上午去覆舟山饮茶。得六叔信。又瑞侄商函借200元，借以百，又付琳琳贺礼20。得陈贻焮寄诗。

6月15日(2)晴

《十笺》校毕，即寄出。得马赫信。

6 月 16 日(3)阴

得郑承教信。要砺锋以寄日本物交山本。

6 月 17 日(4)阴

得姚奠中、廖仲安、袁晓国(灌云县五图河农场中学)信,周本淳寄文。

6 月 18 日(5)

宴山本迪昌。

6 月 19 日(6)

下午九三会。王士君来,以徐有富《妇女形象》文付之。与周明谈话。

6 月 20 日(日)晴

函曹道衡托买《比较文学论集》,又函倪豪士。孙望夫妇来。

6 月 21 日(1)阴,小雨

得辽宁普兰店新金县教师进修学校薛连璧信,谢赠《词》及《赏析》。得王淡芳、马騄程、何季能(成都时学生)、聂石樵函,松冈荣志函及论文。刘君惠寄来对联加跋。

6 月 22 日(2)阴

寄出江油对联,函君惠、石樵、淡芳。又作日译本《行卷》序文。

6 月 23 日(3)昙

得西德乔伟信,告《涉江词》已寄到。

6 月 24 日(4)晴

上午去省中看痔疾及眼疾,眼底略有出血,痔疾秋后再做一次手术。得张舜徽、钱歌川、佘雪曼、夕佳、周祖譔函,又徐芾本函,夕佳函。

6月25日(5)晴

丁山宾馆访歌川。以《晋阳学刊》寄徐睿本,又函周祖譔、张舜徽。下午开校学术委员会讨论升等问题。

6月26日(6)昙

以《晋阳》寄徐睿本,《李清照年表》寄王士君。得陈仿彝寄《南岳诗选》及信。

6月27日(日)昙

上午带小婉、小燕去九华山。下午严迪昌来。

6月28日(1)昙

得赵景深、黄裳、林英函,葛杰寄来校样。下午开研究生招生会。晚双门楼共宴章诚忘。

6月29日(2)阴

葛杰寄稿下,得景深寄论文。

《古诗今选》:目录上14,下18,序19,正文621,共672页。上14+19+288=321,下18+333=351,共672页。

6月30日(3)阴

作书与马幼垣,托夏威夷留学生带去。与同人开《汉诗选》会。函王仲荦、佘雪曼。

7月

7月1日(4)阴

复袁晓国。

7月2日(5)晴

得杨柄寄诗,《文史哲》主编刘光裕信。

7月3日(6)

系中开会一天。

7月4日(日)

孙望来。

7月5日(1)

系中开会。得杭州美术学院朱垣、吴志达、刘君惠、丘良任、周绍良信,又杜仲陵寄文一篇。

7月6—9日

校稿。得邓韶玉寄回《走马川》及信,以《天问楼》诗寄舒芜。

7月10日(6)阴,小雨

得王滋源信。以改《走马川》寄邓韶玉。

7月11日(日)阴雨

上午率婉、早、燕吃早点,游白鹭洲。

7月12日(1)昙

得袁晓国、卢鸿基函。

7月13日(2)阴雨

去孙望家未遇,以拟李白馆联留交。得三夕信,《文史哲》寄还砺锋稿,又广西人民出版社文艺室郑妙昌及广西歌舞团覃汉森信,嘱校对联文。发陈邦炎,寄葛杰稿。

7月14日(3)阴

函卢鸿基(朱垣)、周绍良、敏泽、吴志达、王滋源、张三夕、郑妙昌。

7月15日(4)阴,郁蒸

寄三夕稿费。得雪曼、章正续信,三夕寄学生论文,杭州师院中文系傅杰。函复傅杰、三夕、陈仿彝、王文生。

7月16日(5)阴

函季啸风。以《词》寄任笃行、杨天堂。以字寄梁修。得三夕、马赫信。

7月17日(6)阴

函傅璇琮、蔡厚示。

7月18日(日)阴

去七姐家。

7月19日(1)中雨不绝

得邓韶玉、陈邦炎信,即复。得《艺谭》27元。

7月20日(2)雨

视中凡先生疾。

7月21日(3)阴

得瞰弟、镇江市西柴院五号徐砚农先生信,附2元,欲购《涉江诗》《古诗今选》等。

7月22日(4)阴

陈中凡先生逝世。得仿彝、敏泽信。

7 月 23 日(5)阴

7 月 24 日(6)阴

得教育部季啸风、李庾、任笃行函。上午写对子。下午取药,去孙望家(送李白联)。

7 月 25 日(日)晴

函周祖譔(副主编事)、汤擎民、李庾(寄书)。寄君惠诗幅。

7 月 26 日(1)晴

得任笃行寄《李清照集》,蔡厚示信,宛敏灏信(附张振佩信),《草堂》编辑部信。复林英元、《草堂》、蔡厚示、宛书城。函傅璇琮(复宛及张振佩信)。

7 月 27 日(2)晴昙

得西北大学函。

7 月 28 日(3)阴

上午 7:55 乘火车去连云港,晚八时到,寓连云饭店 207 室。

7 月 29 日(4)阴

上午开会。下午游海滨浴场。

7 月 30 日(5)阴

上午开幕式,作语文教学报告。

7 月 31 日(6)阴

游文明路,买饼干。

8月

8月1日(日)阴

上午参观风泰轮。下午游花果山、水帘洞。途中谈笑甚欢,谈“文革”时数事:

一人批邓小平“今不如昔”曰:“金子岂能不如锡乎?”

一人批吴法宪的名字和毛“有所发现”唱反调。

一人将“永远健康”说成“永远吃糠”,被批斗。

在评法批儒时,有人问曹操是哪省的书记?

一人曰:“我不过不知道刘邦就是汉高祖,我就不能在大学中文系教书了?”

8月2日(1)昙

吴先生讲某人自挽联:“百年一刹那,把等闲富贵功名,付之云散;再来成隔世,似这般妻儿老小,切莫雷同。”横批:“这回不算。”

又一联,一人姓熊,一人姓卞:“能者多劳,跑断四条狗腿;下流无耻,伸出一点龟头。”

又,杨士骧曾任北洋总督,谥文敬,喜唱京戏,惧内:“何谓文,曲文戏文,掷之成金石;何谓敬,冰敬炭敬,用之如泥沙。”(别人作)“生平爱读游侠传,到死不闻绮罗香。”(自作)

又,一人将辇读作辇,宄读作究,有人作联曰:“辇辇同车,夫夫竞作非非想;宄究共宀,九九归来八八亡。”

下午写字,共写11幅,尚未写完。

8月3日(2)晴

晨作好序,即寄伯阳。得小海信。下午写字。作五言绝句,赠白匋先生:

浩荡东海流,冥蒙云台雨。琼岛迓词仙,邂逅成宾主。

8月4日(3)昙

上下午写字。得小婉转来周祖譔和徐中玉函,鼓浪屿疗养院不能长期保留,因此电周暂时不去。

8月5日(4)晴,间雨

早晨写字三幅。下午游孔望山。

8月6日(5)阴雨

高教局长李仲英来看大家。下午开座谈会,又写字。

高教局处长夏振明、胡凤英、程光熙,连云港市教育局局长姜泽澄、副局长吉伟林、朱德清、张绍群、书记陈学源,连云港教师进修学院陈凤桐,书法学会李党生、陈凤桐,南师助教李泽平。

8月7日(6)雨,晴,雨

游宿城公社水库、东海温泉。上午七时发,下午六时归。函丽则告改乘南师车。

8月8日(日)昙

上午乘炮舰游大海一个半小时。下午休息。晚请臧老等饮酒。

8月9日(1)阴

今日是在连云港休养之最后一日。上午二人各理一发。下午去新浦举行结业式。晚市教育局宴。

8月10日(2)晴

由连云港返宁,夜十时到。

8月11日(3)晴

去连云港期间,收到信如下:1. 叶嘉谋、2. 张三夕、3. 晴佳、4. 文献会(聘为顾问)、5. 周祖譔、6. 王淡芳、7. 邓韶玉、8. 吕永、9. 章正续、10. 杭州诗词编写组、11. 扬州夏友兰、12. 倪豪士。全天休息。得吴代芳、程会瞰、中华书局、周勃函。江苏人民出版社邱泉,住 13 幢 108 室,历史系邱树森之子。

8 月 12 日(4)阴

得汤擎民、李白纪念馆信,张国光、李中流文及信(李,青海民族学院教师)。

8 月 13 日(5)晴

函徐通翰(杭州诗词小组)、湘大史大浩(吕永稿事)、夏友兰(扬州对联)。得古籍小组信,约去北京。

8 月 14 日(6)晴热

办去京手续。得王陆才交来周勃信,退回王陆才交来材料。会瞰来,宴之于四川酒家,家人偕。

8 月 15 日(日)晴热

陪瞰弟游北湖。

8 月 16 日(1)晴

威克陪瞰弟游中山陵。得钱歌川、杨天堂、周祖譔、王邦建(申甫介绍)、日本鹤本书店信。购机票。复周祖譔。得茅于美信。

8 月 19 日(4)

乘机去北京。沈锡麟来接。

8 月 20 日(5)雨

[吴志达来。]①

李一氓约谈并宴。

8 月 21 日(6)雨

[谢翎来装插座。]

下午季啸风来。

8 月 23 日(1)

[得王文生、谢伯阳、舒芜、湖南古籍整理小组、马必胜(温州)函。吴志达来辞行。]

上午赴李一氓家。中午《光明日报》宴。下午访北山、荒芜。晚璇琮、振甫等宴。

8 月 24 日(2)阴昙

上午九时半返宁。俞润生来。得马騄程、邓韶玉、屈义林函。

8 月 25 日(3)阴

得王继范寄草目。函王继范、汤擎民。以《词》寄舒芜,《目录学丛考》寄廖仲安,文稿寄谢伯阳,以照片分寄诸人。函邓韶玉、佘雪曼(附照片)。得马騄程寄十元。

8 月 26 日(4)晴

上午开研究《全清词》计划会。得伯阳、祖谟信。函李一氓。

8 月 27 日(5)

以词校本及茅于美信寄陈仿彝。夜止亖来,示海观信,又送连云港所

---

① 8 月 20 日至 23 日,方括号内文字为陶芸记南京家事。

书盖章。祖譔寄来论文三篇。

8月28日(6)晴

盖书件章。郁贤皓来,即请其将书件带交曹济平。得马兰信。

8月29日(日)晴

书架运来,理书。

8月30日(1)晴

得佘雪曼函,迩冬函,马幼垣寄Clear 2:1,闻在宥寄文。

8月31日(2)晴

李国材来谈厦门会事。马幼垣要费锡章《琉球纪事诗一百咏》。

9月

9月1日(3)阴

复迩冬、文生,函陈翔华、牟世金、张舜徽。寄还陈昌渠论文。得马幼垣寄来材料及函,荒芜函。复马幼垣。函杜仲陵(通讯录事)。

9月2日(4)晴

函陶道恕索《〈九辩〉〈九歌〉考》。得周勃、夕佳、汤擎民、王滋源、淡芳、曹慕樊函。得安旗信。复周勃并寄《词》。函中玉,告行期。王立兴夫妇、郭维森来。

9月3日(5)晴

得袁似瑶、志达、马幼垣信。布置硕士生工作。复吴志达。题词寄马兰。

9月4日(6)阴

上午开会。下午屈兴国来,嘱其查善本书。李国才来,交来300元。

9月5日(日)阴

上午乘311次车去沪,威克送上车。下午二时半抵沪,吴碧莲同志来接,寓华师大专家楼。晚徐中玉、钱谷融来访。

9月6日(1)昙

交200元给吴碧莲同志请代购去厦门车票。上午去雄家,哥嫂约在Red House午餐。饭后去十二弟家,弟不在,见到弟妹、万万和万万的女友夏惠芬。后又去古籍,会见陈邦炎、葛杰及三副总,四时归休息。函刘茂舒询弘老稿件(陈邦炎托)。

9月7日(2)晴

上午吴碧莲陪往复旦访吴杰先生,了解《肇域志》整理情况。中午陈邦炎请吃午饭,饭后与芸逛淮海路后归。晚赴中玉家晚餐。

9月8日(3)晨雨,阴

上午朱金城来,叶百丰来。芸去雄家。下午访杨廷福。晚吴送票来。杨廷福、徐中玉、钱谷融、朱川来访。

9月9日(4)阴,小雨

晨八时三刻离师大,乘赴厦车,吴碧莲送。

9月10日(5)晴

下午五时到厦门,周祖譔、胡秋滨来接,住厦大招待所307号。

9月11日(6)晴

上午参观厦大校园,访胡咏絮,周祖譔陪。

9 月 12 日(日)晴

上午参观南普陀。下午由林老师陪游鼓浪屿。晚饭于祖譔家，同席黄寿祺(字六庵)，何为(散文家)、汤擎民。

9 月 13 日(1)阴

上午与周、汤初步交换意见。下午作讽刺艺术报告会 65 分钟。

杜审言送苏书记诗，审之时尚无节度使掌书记，只有行军司马。查《唐志》，节度使之前为总管。

9 月 14 日(2)阴

上午与周、汤讨论工作。下午与教师、研究生座谈，讲一小时半。

《西藏研究》编辑部驻蓉发行站(成都青羊宫四川省社会科学院内)有《仓央嘉措及其情歌研究资料汇编》出售，大 32 开，2.04 元，82 年 7 月出版。

9 月 15 日(3)阴转晴

会议开始，上下午均开会。

9 月 16 日(4)晴

上午开会，中途回房休息。下午开会。

复旦招收博士研究生广告。数学：苏步青、胡和生、夏道行、严绍宗；遗传学：谈家桢、盛祖嘉。见《文汇报》1982.9.13。

9 月 17 日(5)晴

整天开会，定出篇目。

9 月 18—20 日(6—1)

结束教材会议。

9月21日(2)晴

林继中答辩。

9月22日(3)晴

贾晋华答辩。

9月23日(4)阴

吴在庆答辩。晚赴鲍胡宴。

9月24日(5)晴

9月25日(6)晴

由厦门返。

9月26日(日)晴

抵上海。华师大叶百丰要《涉江词》,周祖譔要《史通》(已寄),蔡厚示《文论十笺》,陶道恕《今选》。

9月27日(1)晴

到宁,威克接。

9月28日(2)阴,微雨

复信,寄书稿等:1. 章正续;2. 廖序东(要《学报》);3. 邹士方(告无法提供宗白华材料);4. 邓小军;5. 刘茂舒;6. 李更先;7. 张忱石(《学林漫录》主编,请印忆黄先生文);8. 龚斌(告《文献》用其文);9. 沈锡麟(寄谢伯阳介绍清曲文);10. 汪溶(北大出版社,同意收治学方法文入论文集);11. 陈仿彛;12. 茅于美;13. 欣秋;14. 汤高才(寄《燕子楼》改稿);15. 周祖譔《史通》;16. 叶百丰《词》;17. 佘雪曼。

9月29日(3)阴

以十发翁印谱寄万万。

9月30日(4)阴

得沈锡林信。

10月

10月1日(5)昙

杭生同事之子冯磊来(物理系,4舍420)。燮宪来。访止畺。函傅璇琮。

10月2日(6)阴

函胡国瑞,拒赴苏轼会。得陶道恕寄《〈九辩〉〈九歌〉考》,教育部外事局来华处纪晓林同志所寄文言读本下册目录,冯钟芸信。吴志达来电托买淮安票。《求索》编辑吴慧颖持瑞洁函来。

10月3日(日)阴,微雨

访永芬。以票据寄周祖譔,以书联寄陶道恕。

10月4日(1)阴

上午赴《江海学刊》座谈会。《社会科学战线》马兰来,假泉百。得广东杨冠珊信,舒芜寄文。得邓小军信及诗。俞润生送资料中的书目来。志达来苏。

10月5日(2)阴

得刘茂舒信。胡忌及上海音乐学院刘明澜讲师(女)来。徐朔方自杭州来。鲁国尧来。许志英来。周勋初来。

10 月 6 日(3)晴

会日本仙台东北大学女生佐竹保子。得陶志坚信索《词》,即寄与,并退款。徐有富送来《李清照》校稿。吴代芳寄来文稿。

10 月 7 日(4)昙

得张忱石信。发陶志坚书及松冈君译本序文。得顾学颉寄书及文,又十二弟及万万信。王淡芳、郑承教来。

10 月 8 日(5)晴

得茅于美词及信,龚斌信,杨廷福信,夕佳信,邓韶玉信。夜宴王、郑于小吃部。

10 月 9 日(6)晴

上午上校雠学。得松冈荣志信附袁行霈信,并附所译陈原《社会语言学》;又章正续信。

10 月 10 日(日)晴

致杨廷福、茅于美,万万、顾学颉、陈迩冬,又傅璇琮、陈邦炎(询外审待遇)。

10 月 11 日(1)晴

得庞小宁、王文生信。复王文生。许总来,交还三夕学生李象虎文。白匋先生研究生邹世毅(湘潭大学毕业)、郑尚宪(厦门大学毕业)来。邹交来湘大刘建国文。得陈仿彝信,马兰还百元。

10 月 12 日(2)晴

上午上课。下午开会传达研究生培养方案。得雪曼二函,杨冠珊函,又唐学会函。得多伦多 Chris Beckwith 信。

⑦《说"斜阳冉冉春无极"的旧评——清人词论小记之二》

㉒《黄季刚老师逸事》

10月13日(3)晴

得邓小军信,李国材转来李赓扬信及教材试稿。

10月14日(4)阴

得汤高才信,乞作序。许志英来。齐鲁编辑来。寄《光明》文稿,齐鲁书稿。

10月15日(5)阴

得陈邦炎、马录程及陕西师大《唐代文学年鉴》,阎庆生信,又傅璇琮信。《南京日报》记者来。以吴代芳论文挂号寄还。函周祖譔、李赓扬、汤高才。得湖南师院科研处赠《周易新论》。

10月16日(6)晴

上课。函马录程、湖南师院科研所及汪越。得古籍规划小组沈锡麟信。

10月17日(日)晴

携家人早餐于刘长兴,游莫愁湖归。凌萍萍来。函复杨冠珊并寄以联。以联赠周晶托屈转。赵国璋来。

10月18日(1)晴

复陕西师大阎庆生,寄《春江花月夜》摘要。函庞小宁、张国光(告不去武汉)。得周祖譔、何正思、曹倜(工厂读者)信。夜赴莫砺锋、陶友红喜筵。

10月19日(2)晴

上课。得刘明澜信,刘北汜信。陈植锷来。郝延林来,夜饭之老正兴。

10 月 20 日(3)晴

上午出外购衣物。得蒋树敏、汤高才信。

10 月 21 日(4)晴

许志英来告部不同意参加唐学会。函复蒋树敏。

10 月 22 日(5)晴

得葛杰寄《今选》二校稿。

10 月 23 日(6)阴

得张璋信,教育部研究生培养方案。

10 月 24 日(日)昙

湘潭大学刘建国先生来。

10 月 25 日(1)阴

得松林、印唐、史美圣、道昶信,四川审论文费 30 元。夜复松林及史(附校稿)。

10 月 26 日(2)阴

得杨廷福信,汤高才寄材料。

10 月 27 日(3)阴,小雨

得李玉山信,收到《文薮》。下午听社会科学规划报告。

10 月 28 日(4)阴

以照片寄会暾。得万万信,淡芳信。杨潜斋过访。

10 月 29 日(5)阴

得迩冬信。下午在孙望家开会,讨论《日本诗选》事。夜裴显生偕王序平(湖北人民出版社编辑)来。

10月30日(6)多云

中午合宴周祖谟先生。得张三夕、阎庆生、佘雪曼函。夜贺新创来，赠以菉书三册，又以《词》一册托其赠闻山。

10月31日(日)多云

11月

11月1日(1)晴

写完《唐诗鉴赏辞典》序。得坂田信。闻山来(嘱向瘦竹、白尘约写田汉、洪深稿)。

11月2日(2)晴

以译文(林顺夫书)及推荐书寄三夕。得松林信，卢鸿基寄贝壳、咖啡。

11月3日(3)阴，微雨

观电影《阳光下的罪恶》。得志达、南师学生孙立信(考研究生)。天津百花出版社陈玉刚同万放夫妇来访。

11月4日(4)阴雨

《古诗今选》校讫。邮寄下列各件：古籍：《古诗今选》校稿，《文艺报》：汇2.20元订《文艺情况》一年，胡忌、张璋、杨廷福、傅璇琮、北京图书馆参考组、程万、松冈荣志、徐中玉及其子徐隆(托吴翠芬带)、佘雪曼、卢鸿基、霍松林、吴志达函。《晋阳学刊》高增德来。得郑承教信。

11月5日(5)阴

高章采先生来，谈汪先生文集事。

11月6日(6)晴

得舒芜信,谈砺锋文。

11月7日(日)晴

函施蛰存、舒芜。东润孙女邦蔚来。吴翠芬来。李鸿明来,赠一唐马。

"云浓暗湿游山屐,雨细斜侵听水人。"姚元之《竹叶亭杂记》卷五p123载清九江僧慧朗诗句。

《英华》编写人名单

周祖譔	厦大	△
汤擎民	暨南	△
吴秋滨	厦大	到
林维纯	中山	
王国安、江巨荣、叶盼云	复旦	到
曲世川	山大	到
李赓扬	南开	
董　明	北师大	到
张燕瑾、白汝莲	北师院	到
王继范	辽大	到
王立兴	南大	到
李国才	南大	到

11月8日(1)晴

发寄汤高才《辞典》序文,寄照片给淡芳、承教。得小佳、吕永信。以吕永稿寄史美圣。

11月9日(2)晴转寒

得萧兵函及文稿,又吴文治信。

11月10日(3)晴冷

得运熙信,杜兰亭诗。孟伦来,同游夫子庙,吃三丁包子。夜湖南岳麓书社熊治祁等二人来,约稿赠书,携彭靖、余冠英信。

11月11日(4)晴

下午开学位委员会。得吴代芳、顾学颉信。

11月12日(5)晴

得邓小军信,徐中玉稿费七十。

11月13日(6)晴

得会暾、夕佳、邦炎、陈华轩信,杜兰亭诗。夜宴蒋孔阳濮之珍夫妇。

11月14日(日)阴

函朱光潜,以诗稿寄舒芜。杨伯峻来。

11月15日(1)阴

上午澳大利亚研究生陈万成来,托转赠柳存仁先生书两本。午宴伯峻。饭后,启华、汉生来饮乌龙茶。得四川汶川吴雪剑信。

11月16日(2)阴

得舒芜信及还莫稿,又松冈荣志信。汪越交来方湖师稿。

11月17日(3)晴

山西《名作欣赏》张仁健来。得延霖信,又雪曼信。

11月18日(4)晴

函本淳问杭生求职事,又复雪曼。得湖北人民出版社王序平信。

11 月 19 日(5)晴

得邓小军函。汪越来。齐鲁书社白萍生偕屈兴国来，谈影印汪、沈二先生词集事。吴白匋先生来，送翔师遗稿。白汝安夫妇来，致苹果及橘。

11 月 20 日(6)晴

得雪曼、张实、蛰存信。陆国斌来。

11 月 21 日(日)阴

以《小石文集》寄雪曼。函清水茂、陶雄。李倩文来。福洪来。令婉购腊鸭及肫赠壬宪、福洪。

11 月 22 日(1)阴，小雨

得叶百丰、中玉信，《长江文艺》稿费 64 元，又马兰信。

11 月 23 日(2)晴

以张宏生《静夜思》转《名作欣赏》张仁健，以其《意重与主实》转《遗产》史美圣。谢伯阳返自广州，来谈。得浙江省温州第六中学黄世中函并寄论《锦瑟》文，又衡阳市黄茶岭衡阳教师进修学院申正信及论《涉江词》文，周本淳函二通，卢鸿基、王滋源信，又北大学生程章灿函询考研究生事，又胡咏絮信。

11 月 24 日(3)

函李易托购《柳宗元传论》。复王滋源、周本淳、申正、胡咏絮、卢鸿基、黄世中、夕佳。得刘明澜及重庆某君信。得张道贵(大百科)函，即复。

11 月 25 日(4)阴，小雨

函季啸风寄照片，函倪豪士。得《文史哲》函，询《詹詹录》重印事；又周祖譔函，芸旅费事，皆即复。

11月26日(5)阴雨

以莫砺锋稿寄舒芜。得辽大学生马延军函询考研究生事。

11月27日(6)阴雨

复湖北出版社王序平,拒任公安竟陵选集事。得村上哲见寄《东洋史研究》(《行卷》书评),汤擎民、阎庆生、马录程、西大唐代文学研究会信(要成绩)。

11月28日(日)雨

复阎庆生、西大。函松冈荣志、王文才(托购仓央嘉措情歌资料)、彭燕郊(询为棻出诗集事)。

11月29日(1)阴转多云

上午去鼓楼医院看病。得卞孝萱寄《刘长卿诗初探》,中华书局忱石寄校样,古籍小组书,马录程寄文,夕佳、村上哲见、阎庆生、梁巨辉函(谢赠《涉江词》)。得广州荔湾区澳口紫澜大街3号蔡泰然信,要购《涉江词》。

11月30日(2)

函蛰存、村上哲见、蔡泰然。寄还张忱石校稿。

12月

12月1日(3)晴

得重禹函。下午古典组开会。夜教院丰家华、罗振球来商作报告事。

12月2日(4)晴

得杭生、耀先信。胡忌来。郭维森来。严、屈来谈清词事。复耀先。得营口教育学院文自成(武大79年毕业生)信及所著讲义。

12 月 3 日(5)晴

以杭生材料寄本淳。得志达、李易、陈华轩、孟伦、岳麓书社熊治祁信。

12 月 4 日(6)晴

复孟伦并寄去《续提要》第八册，又复陈华轩。李安纲来告已分配。得本淳、重禹及兰州大学学生熊开发(考研究生)函。复本淳、重禹。

12 月 5 日(日)晴

于北山、许永璋来。函复岳麓书社熊治祁拒选宋诗。复李易寄对联。复文自成寄横幅。

12 月 6 日(1)晴

函季啸风(《英华》稿纸事)。下午开学位委员会。

12 月 7 日(2)阴

得佘雪曼函，即复。得李易寄《柳宗元传论》。丁灏介绍金陵刻经处万复泰来访，想考研究生。

12 月 8 日(3)阴，小雨

以诗三首寄马录程。《南京日报》记者来索照片，《南京日报》刘小元来照相(报社 Tel43697)。

12 月 9 日(4)阴，微雨

函周雯索西彦《文学回忆录》。

12 月 10 日(5)阴，微雨

以张伯伟《论义山以古人自比》寄《文学遗产》。得东西湖蒋方淮信托购《词》，即复。与婉夫妇小吃于山西路，今日婉生。得山东大学张晓松函，问考研究生。得齐鲁书社白萍生函附《东夷杂考》，又询戴自中所见尹老书《涉江词》事。又得陶道恕寄《古典文学论丛》。

12 月 11 日(6)晴

取画。得刘小元寄照片，本淳函，夕佳函，张振佩函，高文君条。

12 月 12 日(日)晴

函本淳、安旗（寄《东洋史研究》及《行卷》稿）、夕佳（附本淳函）。

12 月 13 日(1)阴

函坂田。改莫《孟子》作业。得教育部季司长秘书田敬诚函，又方管、王利器、王绍曾函，松冈荣志寄町田介绍《行卷》文及信，周退密寄陈兼与词集，齐鲁寄牟世金《文心译注》下册，朱金城寄《白居易年谱》，张振佩寄《史通注》前言，傅璇琮寄还磁带。石禅婿杨克平自港来，招待于双门楼饭店，芸、婉与。

12 月 14 日(2)晴

得燕郊信。以《词》《诗》寄陈兼与，以日刊《凯风》寄金城、邦炎。函王利器、廖序东、张振佩，又函宁夏人民出版社买《敦煌诗集》。

12 月 15 日(3)阴

得陈仿彝寄《诗词日历》，燕郊寄还诗集，皆即复。

12 月 16 日(4)阴

徐缦华来谈图书馆徐竹生事。函汉生催印太炎讲稿。函杨伯峻询某氏事。

12 月 17 日(5)晴

得淡芳信，中山大学通知古代文学三届年会 5 月中旬在广州开，又刘明澜信，周晶信。函张忱石索黄先生回忆稿。复周晶。

12 月 18 日(6)晴

吴调公介绍其外甥天津教育学院学报编辑戴予强来见。

江少虞《宋朝事实类苑》卷十七“唐质肃”条：“门吏搜之，乃金巨弁一枚，上缀巨蚌，灿然不知其数。”此条出《湘山野录》，乃北宋人语，以蚌代珠，和唐人以珠代蚌（珠贝）正相反，可见二者可互相通用。

12 月 19 日(日)晴

携早去天渝家午饭，游瞻园。永芬馈鸠五。以照片寄王淡芳。

12 月 20 日(1)晴

函沈锡麟。得周祖譔、杨伯峻（夫人徐提）、周本淳、杭生信，又王利器信。

12 月 21 日(2)晴

得大连民警某君问学诗信，不可教也。

12 月 22 日(3)晴，阴

得张忱石寄《学林漫录》(6)，古籍组寄《齐燕铭印谱》。得安旗、波多野、马茂元信，即复马信。

12 月 23 日(4)

上午党委召开民主党派会。下午系学位会。以伯阳《陈烺考》寄张忱石，带去。

12 月 24 日(5)阴

去工人医院看病。得序东信，允转学现代汉语研究生请求授与学位。人才学会朱钧侃来，约 29 日上午去讲话。

12月25日(6)晴

得三夕、文才、仲安信，齐鲁书社寄《白雨斋词话》审稿费200元。复仲安，以庞文华信转白匋。以于北山著作及评语送系。

12月26日(日)晴

以忆黄师文寄周晶。赵国璋来谈江苏成立古籍中心事。

12月27日(1)晴

得阎庆生信，程万信(印)，沈锡麟信，又古籍寄《词学论文集》，又王文才寄书，王利器信，屈兴国信。

12月28日(2)晴

收绀弩《散宜生诗》，舒芜、文自成信。以《齐燕铭印谱》寄万万。又得姚雪垠信。

12月29日(3)晴

上午在人才学会作报告。得唐异明、松冈贺年片，雪曼函及《诗话百种》。

12月30日(4)晴

复雪曼谢之。到文协开会。李国才来谈教材事。

12月31日(5)晴

戴君自厦门携来鲍胡送水仙，即复谢。尹、严来，交清词计划。访止畺谈《白雨》事。国璋来嘱签署成立古籍中心建议。又改连云港讲稿。

1983 年

1 月

1 月 1 日元旦(6)阴,微雨

函屈附致万万信。晚在囡处吃春卷。

1 月 2 日(日)晴

上午飞北京,寓北新桥 3 条 5 号华侨饭店 218 号。下午舒芜、荒芜来。函芸、沈锡麟。

1 月 3 日(1)晴

小海来。上午读文件。下午开会。

1 月 4 日(2)晴

上午开会。下午看电影。与李侃约请晤李一氓。晤吕德润,武汉解放前见,已别三十余年。以谢伯阳《陈烺》稿托李侃转张忱石。

1 月 5 日(3)阴

会后与小海等游市场吃饭。

1月6日(4)

会毕。中午与静闻看绀弩。下午荒芜约饭，舒芜陪。

1月7日(5)

上午访李一氓。下午张璋来。

一氓同志谈话要点：1. 南大，程负责。合作方式由南大决定。2. 事业费另立户头，实报实销，复印卡片、交通，立户头。3. 不承担设备费，可出外汇。4. 同意正编、补编、拾遗三段法。5. 先搞一笔83年预算。

1月2日至7日收到邮件：1. 吴志达；2. 彭燕郊；3. 安徽作协；4. 吕永贺年片；5. 章正续函及张宏生、张伯伟校样；6. 何季能四川大学法律系学生(地址：重庆16号邮政信箱)；7. 卞孝萱函及稿；8. 刘明澜函；9. 平田昌司贺年片；10. 詹伯慧函；11. 马赫函；12. 邓韶玉函；13. 王长艾函；14. 汤擎民函；15. 陈仿彝函；16.《文史哲》函。

1月8日(6)晴冷

晨乘飞机返宁，中午到家。得周本淳、胡杭生、朱金城函。

1月9日(日)晴，零下6度，冰

发下列信：1. 王长艾表妹；2. 章正续稿；3. 姚北桦转卞孝萱稿；4. 詹伯慧；5. 卞孝萱；6. 小佳；7. 陈仿彝；8. 汤擎民；9.《周末》编辑部；10. 周本淳；11. 何季能；12. 邓韶玉；13. 夕佳；14. 陶雄；15. 安徽作协现代诗词组。汇70元与晴佳、小佳。

1月10日(1)晴

得于北山寄诗幅。伯阳、李来来。

1月11日(2)阴，雪

得葛杰函并缪钺文论。得《周末》稿费15元。下午教材经验会。

1 月 12 日(3)阴

复葛杰、文才(寄李东川集资料)、于北山。函王滋源、白萍生。下午《学报》座谈会。函杨克平、周晶。

1 月 13 日(4)晴

上午看电影《39 级台阶》。得序东信。以复周晶信交袁李来。

1 月 14 日(5)晴

研究生处王君来谈课目事。以咏慈禧寄北山、重禹。以莲子寄孟伦。

1 月 15 日(6)阴

上午包忠文、许惟贤、朱家维来听汇报。后严迪昌、尹志腾来。得《词学》寄论文集,以转赠新雷。

1 月 16 日(日)阴

月超归。下午与之同视范老病。夜李来来,谈谢与唐老谈事。为教研室撰一联贺王老八十,其文如下:

学海文宗永享华寿;

光风霁月常乐玄真。

又为北氾作咏慈禧诗。

1 月 17 日(1)阴雨不绝

得夕佳信。涤非寄《访古学诗万里行》。复涤非。朱金城寄还《凯风》。

1 月 18 日(2)阴

上海《学术月刊》黄迎署同志过访。下午出席文讲所毕业典礼。

1 月 19 日(3)晴

得重禹函,即复。

中华82年新书:《陈与义集》2.45,《管锥编增订》0.47,《诗林广记》1.40,《史部要籍解题》(王树民)0.93,《清史艺文志稿及补编》6.45。

1月20日(4)晴

上午上课。访勋初未遇,留条在信箱。下午访止畺,交五联单。晚研究生上专家诗课。

1月21日(5)晴

上午小魏送章先生讲演稿复印三份,内缺二张,已函俞润生查。得晴佳、闻一多研究会、王国安、聂庆义(安徽师大学生)函。

1月22日(6)晴

得齐鲁审稿费200元。得万放、淡芳信。

1月23日(日)阴

以《七录序注》寄本淳。

1月24日(1)晴

以《诗集传索引》寄还孟伦。得松冈寄《五山文学集》,山东大学曲世川寄稿,白萍生函,波多野寄《中国语学》。南京市人民广播电台汪平来,Tel42549。

1月25日(2)晴

上午访孙望不遇,中午孙来。下午许总来。得李玉山寄《佛教》《周易》二书。徐州市科技委员会副主任陈树德函谈对联事。

1月26日(3)晴

东北师大冯克正副教授受杨公骥之托,来谈如何带研究生事。得金克木、马騄程、杨克平函,古籍汇款二笔。

1 月 27 日(4)晴

复克木、陈树德(徐州科委谈对联)、白萍生、曲世川、松冈。以莫砺锋稿寄曹道衡。谢伯阳、吴白匋来访。

1 月 28 日(5)晴

得林焕平、王滋源、马兰、王长艾、万万函。函傅璇琮托购书。

1 月 29 日(6)晴

上午李晓答辩会、研究生评定职称会。下午九三会。得仲联、陈植锷、河南安阳市博物馆李建武信。

1 月 30 日(日)晴

上午携家人在鸡鸣酒家吃点心。以莫砺锋文寄中玉,以《涉江集》寄冒效鲁。函吴文治,复钱仲联、陈植锷。

1 月 31 日(1)阴雨

上午在白尘家开会。得林英信、书,葛杰信、稿,滋源寄月历,文才寄还 6 元。复林英。得李易、小佳、三夕、吴秋滨、蔡厚示、刘柏丽函。

2 月

2 月 1 日(2)阴,微雨

复林焕平、蔡厚示、章品镇。杨廷福寄赠《唐律初探》并信。得王继范、佘雪曼函,张国光书。

2 月 2 日(3)阴,微雨

得吴秋滨、董明寄稿,董有信。

2 月 3 日(4)阴

朱、郭部长及万放、俞律等六位见过,云预贺新年。得王继范、白萍生、周本淳信。

2月4日(5)晴

晚饭于天渝处，庆钰哲夫妇金婚。得曹道衡信，莫文已转劳洪。

2月5日(6)晴

得陈贻焮寄《杜甫评传》上，古籍小组寄《瑶华集》，王继范寄稿及挂历。函董明、王继范、吴秋滨。函周本淳、杨廷福、黄裳、张国光、陈贻焮、张白山。

2月6日(日)晴

复白萍生，并寄出手写跋文。函刘北汜，索题诗稿。去七姐家。

2月7日(1)晴

得张舜徽、吴文治、董明函。吴函已转交包忠文。

2月8日(2)晴

为二孙作生日。得夕佳信，王延梯《李清照评传》。以联贺振甫。

2月9日(3)晴

函郝延林买贯酸斋书。上午在校长室开清词会。得冒效鲁复信。夜止畺夫妇、横山来。

2月10日(4)晴

函复王延梯、张舜徽。得舒芜、君惠信。章德宴横山，陪。

2月11日(5)晴

得吴志达、樊凡函。购手表2.57元。谢伯阳送收录机170元，又音带8盒2.50元(收录机未买)。

2月12日(6)晴

得马赫、郑承教、王湜华、刘柏丽函,《全清词钞》。复吴志达、王湜华、文研所、刘柏丽,以对联寄万万。夜在小婉家吃团年饭。

2月13日(日)晴

癸亥年元旦。复樊凡。夜饭于天眉家。

2月14日(1)晴

至王、管、伯武师家(上午)。得杨冠珊信。出版社邱泉来送《李清照》样书。夜饭于天渝家。

2月15日(2)晴

得黄畬信。访北桦、汉生、启华(均未遇)及唐老。得王滋源寄《北方论丛》,张宏生信,孙树宣信,重庆望江机器厂保卫科何季能信并赠挂历(学生)。

2月16日(3)阴转晴

函王滋源,得傅璇琮寄书二种,竺少华四种七册。王永芬、夏振明来。

2月17日(4)晴

2月18日(5)晴

谢伯阳上午来。徐复、启华下午来。南京广播台某君来。上午赴太平路买磁器送横山,22.38元。

2月19日(6)晴

得黄君坦、毕钟彦信。

2月20日(日)晴冷,结冰

上午去气老家拜寿。得方管函。函周祖譔、汤擎民。

2月21日(1)晴

得振甫函谢赠联。夜广西师院曾德珪经林焕平介绍来谈广西明清词事。气中夫妇来。

【附王气中手书一纸】

癸亥正月初八值余诞生八十周年千帆先生暨同游诸君子以长联相勖勉感荷高谊为赋五言二章以资策励

八十今朝过,人生一短程。如登万里道,发轫自新正。

余生春晓日,愧乏骏骐才。黾勉思君子,天涯芳草来。

千帆先生教正

气中呈草

一九八三年二月二十日

2月22日(2)

开清词会。

2月23日(3)阴冷

得中玉函。下午乘车赴北京。

2月24日(4)晴

上午8:45到北京,寓西直门内大街172号总政招待所一楼314号。夜小海来。夜开预备会,周林、彭佩云等同志出席。

2月25日(5)晴

开会,上午何东昌、下午周林讲话。

2月26日(6)晴

上午参观中南海,未去。去访迩冬。下午小组会。

2月27日(日)晴

上午访重禹。继访肇仓,饭于其家。下午与小海、兆君游北海,饭于东来顺，吃烤鸭，购物。仍至李元家小坐，求星图。

2 月 28 日(1)

上下午小组会。吴文治来谈。夜程毅中来。

3 月

3 月 1 日(2)晴

上下午小组会。晚领导小组会。为王湜华书册。

3 月 2 日(3)晴

与陕西师大黄永年教授谈，嘱写诗。曲阜师院骆承烈副教授嘱写诗。上午讨论上陈、胡二公书。下午讨论大学文科问题，未与。赴北大看克木。

3 月 3 日(4)晴

上午小组会。下午专题发言。晚横山弘、姚振仁来。

3 月 4 日(5)晴

全日大会发言。下午作培养研究生报告，彭佩云总结，闭幕。陈翔华、刘宣(北图文献编辑部)来访。

3 月 5 日(6)晴

与舒芜同访绀弩及任侠。沈锡麟来谈清词事。下午七时一刻乘车南下。徐福基副校长同行。

【剪报：《光明日报》1983 年 3 月 5 日《教育部召开高校古籍整理研究规划会议》。】

补南京十天日记

2 月 23 日(3)

晚莫砺锋来,还书两本。

2 月 24 日(4)

晚季复昆来,代送刘汝醴赠书两本。

2 月 25 日(5)

得张白山、周绍良、舒芜、陈福康(上海文艺出版社)、华钟彦、殷孟伦、王滋源函。上海古籍出版社寄来稿费 170 元。

2 月 26 日(6)

万放夫妇来,赠糖一盒。三夕托人带来函、译稿及豆丝等。侯镜昶赠书一本。

2 月 27 日(日)

王永芬送来代购《陈寅恪文集》四、五、六。

2 月 28 日(1)

张宏生来。得萧印唐、郝延龄、刘维钧(新疆大学)函及刘赠《西域史话》。

3 月 1 日(2)

徐有富来,拿去汪先生稿整理。得刘北汜函及灌南某君寄来杂志。

3 月 2 日(3)

得汤擎民函,古籍出版社寄来书一包。

3 月 3、4 日

无事。

3 月 5 日(6)

得周祖譔、吴翠芬、周一良函。

3 月 6 日(日)晴

下午二时抵家。晚吴荣坤来,送来整理章太炎讲学稿经学部分。

3 月 7 日(1)晴

复上海文艺出版社陈福康、周一良、华钟彦,以改过咏慈禧诗寄刘北汜。函任半塘、萧印唐、刘维钧、周绍良。李国才、屈兴国、孙望夫妇、周勋初、许志英来。

3 月 8 日(2)阴

函常任侠内附致章含之函。得三夕信,博士生已录取。以莫生《楚辞》文寄《求索》。

3 月 9 日(3)阴

发三夕函,寄稿给瑞洁。下午《全清词》编纂室会。上午看病。晚齐鲁任笃行、周晶来。

3 月 10 日(4)晴

得何泽翰、村上哲见、曾德珪、马录程函。上午开校学术委员会。

3 月 11 日(5)晴

上午开校学术委员会,至十二时余。下午王永芬、吴枝培、谢伯阳来。下午白匋、田芜应南京广播电台之邀,前来录像。得《学术月刊》黄迎署信。又得中玉及灌南中学黄震云函。夜兴国宴齐鲁任笃行、周晶，陪。

3月12日(6)晴

上午汇报去京开会(校长办公会议)。下午参春联评奖会。

3月13日(日)晴

以谢伯阳小册寄程毅中，并附函。函中玉、录程、申甫、敏泽(要复印《词则》)。

3月14日(1)晴

以晦闻佚诗寄仲联。函邓韶玉。以许总申请入会函转中玉。上南师课。

3月15日(2)晴

得任二北信。购灯具。看病，作心电图。

3月16日(3)晴

孙望、徐复来谈国学系事。得柳存仁复信。

3月17日(4)晴

上南师课。与新雷商印文化史材料事。郭维森来。得波多野寄杂志，王西彦寄新著。

3月18日(5)晴

函《光明日报》章正续催发伯伟稿。

3月19日(6)晴

上午观影(《城南旧事》)。下午九三学社会。得澳大利亚陈万成、上海文艺出版社陈福康及钱仲联信。

3 月 20 日(日)晴

洗新宅地、窗。得徐师泉 15 元。

3 月 21 日(1)阴

函王士君索稿费。得夕佳信。得《人民教育》编辑吴自任、陈翔华、邓韶玉、青海物探队常江函。高章采来。

3 月 22 日(2)阴雨

函张璋、中玉、陈翔华、任二北、王西彦、阎纯德、陈福康。

3 月 23 日(3)阴，小雨

上午开清词会。得瑞洁函，已收到莫砺锋《楚辞》文；又得万万信，告以 26 日结婚；中玉信，附许总入会表；又吴志达信。致许总，转中玉寄来入理论会表格。致韶玉补一条材料。以录音稿寄吴自任(挂号)。

3 月 24 日(4)晴

得王士君、刘庆云信。以礼物寄万万。

3 月 25 日(5)晴

清物。得淮阴师专审稿费 30 元。

3 月 26 日(6)阴

清物。得《文学评论》信(关于《唐宋诗举要》时间)，林英信，《当代词综》编辑组(北京日坛路 6 号《文学评论》编辑部内)施议对函。

3 月 27 日(日)晴

移家汉口路。得舒芜寄《艺文志》，刘庆云寄《湘大学报》，倪豪士信，兴化县油厂西巷 24 号潘静信，温广义寄书一本。

3月28日(1)阴

上午开会取研究生。

3月29日(2)阴

得邓小军信。《水浒争鸣》聘为顾问。

3月30日(3)昙

得邓韶玉函。

3月31日(4)多云

上午参加《青春》授奖会并午餐。下午至孙老处上课。得教育部田敬诚、陈翔华、九三、阎纯德函,及村上寄《东传诗选》,波多野寄书。

4月

4月1日(5)晴

章品镇及商业厅×同志来。得敏泽、吕永、程毅中、《求索》编辑吴慧颖信。

4月2日(6)晴

得汤擎民信,不能审稿。得十二弟信。得江苏人民40元。又得福建师大陈祥耀信、《五大诗人评述》及诗集。

4月3日(日)晴

发《湘潭大学学报》、陈翔华、林英、吴慧颖(《求索》)、施议对(《当代词综》)、汤擎民、詹伯慧、村上哲见、陈祥耀(福建师大)。寄朱祖延《语文辑刊》一本。得史美圣信,又伯伟文四份。发史美圣函。以咖啡款11.20元寄还沈明。以《涉江词》寄兴化县油厂西巷24号潘静(自印无象本)。三时至白苑,晚饭,题画,应商业厅之邀也。

奔放的热情，飞腾的想象。——雪樵先生评祖棻创作小说

4月5日(2)晴

得杨克平黄师遗著发票及信；吴自任寄还发言稿，校改后，挂号寄还。上午周祖譔、王、李来，开教材会。周留午饭。

4月6日(3)阴

开清词会。芸病。寄出《红专》《高教战线》二稿。

4月7日(4)晴

函萧兵(要《文史丛刊》6辑)、许总(要《江海》)、沈锡麟(要《广记》)、蛰存(问病)。芸转好。得沈锡麟寄书；《唐代文学论丛》函，云书评发表于六期。得研究生张辉函、论文。函邓韶玉询《考索》可否分上下册。

4月8日(5)阴

上午访周祖譔。下午邓小军、许志英(录取研究生事)、孙望、郁贤皓、王立兴来。

4月9日(6)阴

得陈福康、张璋、陈翔华函。上午看稿。谢伯阳夫妇来。

4月10日(日)阴

上午祖譔来，同去看谷融、碧莲，得携来中玉函，告蛰存得肠癌，可忧。钞词寄施议对。

4月11日(1)阴

文学所王卫民来。迪昌、伯阳来。黄裳来。《青春》送奖品来。张璋寄《金元明清词选》二部，一致白匋先生。

4 月 12 日(2)

复张璋,函中玉。得湖南师院函,约开《周易》会;又瑞洁函;又林英寄《武夷山诗选》。陈美林夫妇来。

4 月 13 日(3)阴

上午访圭老。下午听莫砺锋试讲。晚徐有富夫妇来。原安送来天鹅绒毯。

4 月 14 日(4)阴

得冯建国函。将《茂陵的雨夜》寄陈福康。得《草堂》编辑部函。复冯建国函。得雪曼信,报考研究生程安庸信。

4 月 15 日(5)雨,寒

得林辰信。吴文治来(未遇)。取《七绝》款 169.43 元(扣去书款 22 元余)。晚钱谷融、吴碧莲来。谢正光来,介绍香港九龙农圃道六号新亚研究所总干事赵潜拟和南大中文系交换《学报》,另外介绍《珠海学报》黄华表手中有清词,其子黄汉立。寄包裹给陶爽及小鹿叔。汇款 20 元给杰杰作为婚礼。

4 月 16 日(6)昙

函王滋源、张瑞洁、程安庸。得施议对信,又严迪昌、朱祖延信。九三学社范金台同志来告任省政协事。

4 月 17 日(日)晴

上午约周祖譔、钱谷融、樊俊、吴碧莲游清凉山,并进早点。下午赴杜国珍追悼会,极为悲痛。晚季啸风司长、徐处长、苏秘书及周、钱、吴来谈约一小时。

4 月 18 日(1)阴,小雨

得李洪明函及《艺术概论》,谢凡(江西某中学)、萧兵函,江苏省政协通知任委员并开会(4.20 开始)。中午系里宴请。下午听张宏生试讲。得陈文华信,知蛰存开刀安好。

4 月 19 日(2)多云

上午阅稿。下午去政协报到。晚季司长来谈二小时。

4 月 20 日(3)多云

上下午均在政协开会。晚周、郭、吴老师来出研究生口试题。下午夏振明、胡凤英来。得中玉、任二北函。寄人参给施老。

4 月 21 日(4)阴

得江西师院王孝友、上海文艺陈福康文及崇阳下津中学程宗隽寄文。晚孙望、徐复来。下午参加研究生试讲。徐有富来。

4 月 22(5)晴

晨甘雪娟、徐欢欢、周祖譔来谈。得黄永年、盐城师专李奇林函。复李奇林。晚辞书出版社副总编辑严庆龙(男)、文艺编辑室主任盛天民(女)来访,谈二小时。

4 月 23 日(6)晴

夜文研所《文学遗产》卢兴基、王学泰来。

4 月 24 日(日)昙

谈凤梁来。得村上哲见信,要求九月访问本校;厦大教务处电,要出具周祖譔提职证明。将此二事转徐福基副校长办。

4 月 25 日(1)阴,夜大雨

晨甘雪娟、徐欢欢来。得孙子威、沈寅宪、人文古典文学编辑室责编刘文忠函,又黄畲函,小鹿叔函。

4月26日(2)阴，夜大雨

致马兴荣询张宗子父事。复村上哲见。函敏泽。

4月27日(3)阴雨

得蛰存、迪昌信。

4月28日(4)晴

得王文生法国信。教育部来催发言稿，即复告已寄出。复文生由罗岭转。晚宴请教材组同人。

4月29日(5)阴

得蔡厚示信。吴文治、周本淳来。

4月30日(6)阴

收到杨克平寄来黄先生遗书，即交老耿办。收到张舜徽寄《文献学》。晚《英华》教材小组开会。

5月

5月1日(日)阴

上午以蛋糕与二孙，未遇。

5月2日(1)阴

5月3日(2)阴雨

复试研究生。得白萍生、张涤华、詹伯慧、陆家桂、吕叔湘、陈福康函。复詹伯慧，以《学语文》稿寄张涤华。函季啸风、俞润生。收到程毅中寄《玄怪录》。

5月4日(3)阴雨

致《社科战线》马兰信。得吴代芳信。上午许杰等来访。下午张月超、俞润生来访，送复印来，请月超译《教材说明》。得马兴荣函及所校张宗子二种。

5月5日(4)雨

5月6日(5)雨转晴

寄季司长信。

5月7日(6)晴

上午参加密特朗欢迎会。毕达(现任教中南民院)来。得敏泽、罗岭信。

5月8日(日)晴

下午访孙望。上午郭维森陪某君(前中文系总支书记)来。

5月9日(1)晴

上午白萍生来。《全清词》组开会。得王淡芳、陈仿彝、王卫民函，《古代文论》开会通知。湖南人民出版社(岳麓)熊治祁、潘运告来。徐复、金启华来。得陈福康寄棻小说，小珠信。夜詹伯慧来，住于瘦竹家。

5月10日(2)晴

以章公讲录寄耀先。寄小珠40元。得湖南师院请开易学讨论会函。陈福康寄祖棻小说复印稿及函。函陈福康、中山大学、湖南师院。

5月11日(3)晴

得程一中函。为齐鲁影印词集作跋，即寄白萍生，并介绍陈翔华书。

5月12日(4)

叶百丰研究生洪本健、周奇文过访。得于北山信并寄材料，周绍良信。

5月13日(5)

函复程一中，以瞿安师诗寄王卫民。得杨廷福函，《文教资料简报》稿费18元。发心脏病。

5月14日(6)

得南师审稿费45元。小游北湖看花。

5月15日(日)雨

函陈贻焮，请转张隆溪要Owen文。晚去南园送周先生等行。谢伯阳来谈在沪工作情况。

5月16日(1)晴

上午杨敏如率子来访。下午伯阳送书来。东北师大孙晓野来访。得清水寄来《日本诗纪》一册，平田寄来画册，周绍良寄来《遍行堂词》，教育部小田函，山东大学函约参加《文心雕龙》学会。晚周勋初来访。

5月17日(2)晴

得马兴荣函，十八、九日来宁。

5月18日(3)晴

得耀先信及款五元，即复。

5月19日(4)晴

《古代文学英华》审定毕功(从4月上旬迄今四十余天)。

5月20日(5)晴

发王淡芳、吴代芳、李洪明函。陈美林来,带来林辰送《明清小说》五册又一信。马兴荣、金启华来。得百花文艺出版社信,又史美圣信,中玉信。

5月21日(6)晴热

上午开清词会。得陈贻焮及百花文艺出版社函,陈列函。下午赴金陵饭店访文怀沙,见丁玲夫妇、楼适夷。

5月22日(日)阴

函杨廷福、黄永年、周绍良。函陈列(附致黄天祥、季啸风信)、陈伯海、陈翔华、张舜徽、印唐、牟世金、百花出版社、傅璇琮。

5月23日(1)阴

四川人民出版社王吉亭携王淡芳、张叙生信来访。沈阳师院赵喜范老师携研究生鲁洪生、赵敏俐来访,与论学一小时。得古籍小组批准预算函,叶嘉莹、周伟民函。

5月24日(2)阴

函复叶嘉莹、周伟民、任二北。得沈锡麟信,耀先寄27元,周锡䪖寄文章(中山大学),李元寄星图。徐鸿夫妇来,未遇。

5月25日(3)阴

访徐鸿(殷铁铭已行)。归途遇舒芜,又同访气中。

5月26日(4)晴

得林辰、任笃行及韩儒林研究生王春南信,马录程信。夜宴舒芜父女,在座气中夫妇、白匋,丽则侍。

5月27日(5)阴,小雨转晴

早赴气老邀至永和园早点,在座有白匋、舒芜,后至白鹭洲游。下午姚北桦、许总来访。屈兴国来谈。李小缘之子来。晚赴白匋邀请,在座仍为气老、舒芜。得《老人》创刊号并邀稿,成都《内外文谈》二册。《老人》由法律系钱大详送来(上海路148号庚楼101号)。又得钱林森函。

5月28日(6)晴,转热

下午廖开飞来,孙望夫妇来。

5月29日(日)阴雨

函复杨克平。与舒芜饭于胜利。

5月30日(1)阴

复马录程。函慰王滋源(哈尔滨大火也)。中午李进来访。得傅璇琮函及《香祖笔记》;杨明照寄赠《文心雕龙校注拾遗》;施蛰存函;及马兴荣寄赠《词学论文集》,当即寄赠陈仿彝。又得陈伯海、贵州科学院王中学函,程亚林(王文生研究生)寄来论文,武师寄来审稿费30元。晚严、屈来。

5月31日(2)晴

上午开学位授与权会议。得王卫民、周祖譔函,周本淳诗稿,马兰函及《社会科学战线》。下午在止畺家开《日本汉诗选》会。赵国璋和小魏来访。

6月

6月1日(3)晴

上午应中宣部邀座谈晋升问题。得甘雪娟、邓韶玉、黄华刚(广西河池师专教师)函,《自学》汇来16元。

6 月 2 日(4)阴雨

以张伯伟《李白游仙诗》稿寄《文学遗产》王守泰、卢兴基,以莫砺锋《左传》稿交《学报》。与美纽约州立大学 Charles Hartman 蔡涵墨会见。得宋谋玚信。得杭生函。

6 月 3 日(5)阴雨

下午报告劫机事,未去。

6 月 4 日(6)晴

函吴志达附《高教战线》。去启华家请复印台刊(《现存清词别集汇目录》,王国昭,载台湾《书目季刊》13 卷 3 期,p29—76;《重修清史艺文志〈清词别集之属〉校正》,王国昭,载台湾《"中央图书馆"馆刊》12 卷 1 期,p87—90)。函复陈伯海、马兰、于北山、周本淳。

6 月 5 日(日)阴

复孟伦、宋谋玚、敏泽、李进(附嘱看之文)。又以宏生、伯伟稿寄《江海学刊》。与儿辈游清凉山。

6 月 6 日(1)晴

得陈翔华信,已为三洪集拍片。得《文学遗产》汪先生稿费 13.50 元。江西省文学艺术研究所夏汉宁、陈圣来,约参加十一月举行之曾巩学术讨论会。

6 月 7 日(2)阴

得舒芜信及汇款百元,志达信。

6 月 8 日(3)晴

上午尹志腾、季振淮等四人,朱家维、谢伯阳来。下午去南师参加大文学史座谈会。函陈邦炎询《词则》影印事。得印唐信。

6月9日(4)

上午与章德谈。于北山、许永璋来,未遇。得蔡厚示函,《文学评论》寄稿费8.00元。函教部辞不赴会。

6月10日(5)晴

得王滋源信,即复。去孙家,交祖棻稿。

6月11日(6)

写宋代文学。得《高教战线》41元。

6月12日(日)雨

携孙去鼓楼看乌龟。

6月13日(1)晴

复志达信。宋代文学文草毕。得郭预衡信。得《文献》《明清小说》,苏州大学约开清代文学会议信。

6月14日(2)阴

上午伯阳、吴翠芬、郭维森、许志英来。下午万放夫妇来,文联送一小收音机,未遇。下午系里开会。《文史知识》索研究宋代文学之文,完成。

6月15日(3)阴

发宋代文学文给璇琮。得蔡厚示寄影印《竹庄诗话》《颜鲍谢诗评》,周本淳、陈邦炎信。发霍焕明信(讲课费事)。

6月16日(4)阴

发陈翔华、蔡厚示、林辰信。得陈翔华、程一中、敏泽信。武大职工刘耀先来谈在宁筹设武大校友会事。函中玉、敏泽。

6月17日(5)晴

得九三稿费16,南师讲课80,又白萍生信。晤唐文。复白萍生。得王守泰(《文遗》)寄《随笔》83/1号,又函。为研究生作报告。

6月18日(6)昙

得杨廷福函。北京出版社刘宁勋来。晚谢正光杨绛云(明)夫妇来。吴奔星来。

6月19日(日)阴

下午万放、刘舒来为武大校友会事。

6月20日(1)阴

得徐中玉、刘君惠、黄瑞云函,《红专》稿费16元,北图寄来胶卷。开武大校友会。

6月21日(2)昙

得吴玉兰信。以棻《诗》《词》寄文怀沙。晚吴玉兰、王镇夫妇来。

6月22日(3)阴

上午清词会。函郭绍虞问江西派。以胶卷交莫报账。函陈翔华问拍江西派胶卷事。

6月23日(4)阴雨

上午看完太炎先生讲学稿。下午访新雷,将稿子交新雷。将朱光潜、荒芜为《早早诗》所题诗寄国璋。晚徐有富送书来。

6月24日(5)阴雨

得敏泽函。中午携芸与小婉在胜利午餐,慰劳小婉考试之疲乏。下午在斗鸡闸研究接待日友事。上午谢伯阳来。

6月25日(6)阴雨

以张宏生《夔州诗》稿寄敏泽。函松冈荣志、陈翔华、黄瑞云。得白萍生信,李洪明寄《美学概论》及信。上午南大中国思想家研究室方延明来。下午九三开会。

6月26日(日)阴雨

函程一中、匡亚明。

6月27(1)阴,小雨

函蔡厚示要复印《竹庄诗话》等二种的发票。得蔡寄发票。

6月28日(2)昙

《中国烹饪》杂志社来约游扬州。鲍振元(厦大745信箱)托南大哲学系朱梧槚先生带来米粉六包。金启华送来港复印。谢伯阳、尹志腾来。

6月29日(3)阴

晨践约赴扬。得华钟彦、吴企明函及江苏省红学会开会通知。

6月30日(4)阴

得何振球、陈翔华函,横山弘寄书三本。自扬州返。

7月

7月1日(5)阴

函陈邦炎、徐福基(山图借书事)。得秦子卿、陈列、章正续信。函正续、华钟彦、殷孟伦。下午文研究所科研处汤学智来。表姨妈(慎舅)及其子傅启于来(傅任职重庆李子坝186号造纸研究所,Tel52408),其侄女曾孟西同来(曾任教八中,其夫张现,住太平北路43号)。发陈邦炎函,介绍三分事略。

7 月 2 日(6)阴

得陈列信。

7 月 3 日(日)晴

发中玉(寄张伯伟《王若虚》稿)、马兴荣、盛天民信。

7 月 4 日(1)阴雨

得骆承烈信,朱彤讣(6 月 30 日逝世,终年 68)。去自强家。

7 月 5 日(2)昙

沈锡麟来。宛雨生来送《清代印本书籍选目》四册。得村上寄《陆游》,横山寄《汉籍目录》及其他书影二种。吴孟复寄《训诂通论》。

7 月 6 日(3)阴

函横山弘、村上、陈翔华(附南大函)、吴孟复。得甘雪娟信,即复。

7 月 7 日(4)晴

得殷孟伦、施蛰存、陈翔华函。函左阳(《红专》)、周绍良。上午尹志腾来。下午吴荣坤、屈兴国来。

7 月 8 日(5)阴

得松冈迪昌信,齐鲁开顾问会信,岳麓诗社征稿信。以宏生《黄诗小札二则》寄正续。复齐鲁,又以宏生论东坡和陶文寄廖序东,请刊《徐师学报》。

7 月 9 日(6)阴

得《当代诗词》一本。访孙望,交去《日本诗选》稿。

7 月 10 日(日)阴

得林辰信。

7 月 11 日(1)阴

得敏泽、钟彦、孟复、怀沙信,又中玉、邦炎、君惠信,《词学》约开会函。

7 月 12 日(2)阴

函蛰存、邦炎、君惠、钟彦。扬州文联魏之祯先生介绍青年篆刻家张汉怡来访,并送来宣纸五张。访永芬。

7 月 13 日(3)阴

上午看病透视,心肺正常。整理汪先生遗稿,今日起功。

7 月 14 日(4)阴雨

得佘雪曼、严迪昌、夕佳函。下午屈兴国、徐有富来。

7 月 15 日(5)晴

史梅报到。得王弋丁信。

7 月 16 日(6)雨

湖南大学岳麓书院研究室谭修先生来。金陵饭店聚餐。

7 月 17 日(日)阴雨

得卞孝萱信。

7 月 18 日(1)阴雨

得白匋先生转苏洗斋先生信。

7 月 19 日(2)昙

得村上书及寄《千载佳句》,又璇琮、志达、翔华书。办好聘书,签发。

7 月 20 日(3)昙

函傅璇琮、陈翔华、卞孝萱、苏洗斋。把《红专》、南大教学刊物寄志达。谢伯阳来。邢亚辉来。

7 月 21 日(4)昙

得一中信。致邦炎信。得杨克平 20 日广州来电。

7 月 22 日(5)昙

吴圣昔(复旦毕业,任职江苏省社会科学院文学所)送来霍松林信及所赠松林词、《文艺学简论》。

7 月 23 日(6)昙

得小佳、淡芳信,小婉录取通知,《词学》讨论会名额通知。

7 月 24 日(日)晴转阴

杨克平自港来,惠荔支。得苏昌辽信。

7 月 25 日(1)晴热

得陈伯海、晴佳信。

7 月 26 日(2)晴热

得梁璆寄沈剑知遗集。

7 月 27 日(3)晴热

得序东信。

7 月 28 日(4)晴热

以莫砺锋驳王达津文寄敏泽。

7 月 29 日(5)晴热

饶小平来。

7 月 30 日(6)晴热

上海辞书出版社寄校样来。得周绍良函,坂田新文。

7 月 31 日(日)晴热

校好《唐诗鉴赏辞典》稿,明日寄出。

8 月

8 月 1 日(1)晴热

得黄永年信,又花城 20,陕西 16 元。酷热停工。

8 月 2 日(2)晴热

得饶宗颐信。坂田来。

8 月 3 日(3)晴热

得吴孟复信,吴文治来。吴永坤来云,耀先上月十七日过此,一宿而去。吴志达叔父来。

8 月 4 日(4)晴热

勋初来。

8 月 5 日(5)晴热

吴新雷来。

8 月 6 日(6)晴热

得《学语文》稿费 48 元,孝萱、邦炎、席鍊文(武昌中学教师)信。

《随园诗话》卷十二第一条:戴喻让有句云:“夜气压山低一尺。”周蓉衣有句云:“山影压船春梦重。”皆妙在可解不可解之间。

《随园诗话补遗》卷十第十四条:唐人最重五律,所以刘长卿有“长城”

之号。此以五言长城属律诗。

8 月 7 日(日)晴热,下午微雨

8 月 8 日(1)晴热

上午在孙望家与坂田等会谈。得晴佳信,辞书出版社校样,波多野寄来书一包。

父卒年 1965 年 11 月。

8 月 9 日(2)热少减,下午四时雨

以校稿寄辞书出版社。以莫砺锋论柳宗元《渔翁》诗小文寄史美圣。以《古典诗歌论丛》寄还席鍊文。

8 月 10 日(3)

得横山弘寄来《周宪王乐府》等二书,吴文治信。

8 月 11 日(4)晴,转凉

致梁璆、王文才、松林、孟复、璇琮、横山、波多野。

8 月 12 日(5)同上

以坂田新文寄陈仿彝。得《文学评论》施议对信等,张璋寄来书与《全明词》总目,舒芜函与《读书》,敏泽夫人王芳函。

8 月 13 日(6)昙

请饶小平吃饭。得沈锡麟信。

8 月 14 日(日)晴

苏昌辽、许莘农来。

8月15日(1)晴

得岳麓书社信，张忱石信。

8月16日(2)晴

宴坂田。

8月17日(3)昙

得王进珊、彭靖、施议对、朱志瑜(李达三，香港中文大学)、君惠寄《川师学报》、西宁青海地质局物探队常江信及《楹联通讯》。

8月18日(4)晴

上午伯阳、兴国来。得叶嘉莹函及校长室通知参加列席国务院学位审查会议。湘潭师专陶敏来。

8月19日(5)晴

复岳麓书社，彭岩石诗社事。得张舜徽函。寄徐余习诗词。大百科编委聘书。吴锦陪坂田来辞行。

8月20日(6)

复张舜徽。得李玉山函并寄《日本文心论文集》。

8月21日(日)晴

【剪报:《南京大学招收一九八三年攻读博士学位研究生》。】

8月22日(1)阴，夜大雨

得清水茂函，张三夕函。由莫砺锋复张。

8月23日(2)雨，阴

得村上复旦函，即复。

8 月 24 日(3)晴

得东北师大古籍所信。

8 月 25 日(4)阴

得马兰信;江西文艺研究所夏汉宁信,约开曾巩会。致钱仲联。《点将录》毕功。瑞洁托经济系进修教师缪雄伯送来月饼 8。

8 月 26 日(5)晴

雪曼侄孙佘峰(南农农经系学生)从成都来,带来念田女黄鸿送临江寺豆瓣二缶。黄鸿是雪曼媳,剑鸣母。得周来祥、陆汝琳、吴开斌信。

8 月 27 日(6)晴

得晴佳信。复常江、夏汉宁、舒芜、周来祥、陆汝琳、江苏出版社、张璋、王淡芳、吴开斌、施议对。致中玉、万放、九三。

8 月 28 日(日)晴

8 月 29 日(1)晴

得吕永信,文自成讲义并信,全椒县委统战部陈葆经、阜宁凤谷中学赵中秀信。陆国斌来,送来研究生集刊。勋初来。

8 月 30 日(2)昙,35℃

函魏之祯嘱取书件。28—30 日,写字三天。白匋先生、伯阳来访。得仲联、璇琮函,国务院学位评议组开会通知。复陈葆经。

8 月 31 日(3)

函村上哲见,请其提前 2 日来宁。得中玉、君惠、朔方信。彭靖请夏先培(徐家婷研究生)带来湘粉二包,并函。

9月

9月1日(4)阴雨

得志腾信。严迪昌来谈词室事。

9月2日(5)阴

得张国光寄文,张忱石、陈美林、村上哲见信。新雷与溧水印刷厂施秉忠来。与谢伯阳谈话。夜开研究生导师会。

9月3日(6)晴

得江苏出版社寄来书,《文学遗产》退张伯伟稿。下午去止畺家探病。

9月4日(日)晴

下午屈兴国、杨知文、宛雨生来访。陈列到。

9月5日(1)晴

西北师院赵晶晶携万云骏函来见。得唐代文学会函。

9月6日(2)晴

致郭令智、吴克彬函。

9月7日(3)晴

得吴开斌、晴佳、王淡芳、林从龙信。

9月8日(4)晴

谢伯阳来谈。国画院卢星堂先生带去扬州书件(魏心饮函介)。村上来信。

9 月 9 日(5)阴

函陈翔华,得马兴荣寄回《斯文》,顾羡季稿及信。

9 月 10 日(6)阴

上午开《全清词》组会。下午九三开会。和新研究生会面。得詹伯慧、黄瑞云函,又吴孟复寄《古书校读法》及函,唐富龄函,扬州市外办黄伟经函。

9 月 11 日(日)阴

复唐富龄、伯慧、黄伟经。去孙家开《日本诗选》会。齐鲁周晶来。

9 月 12 日(1)晴

得施议对函。复文自成。晚五研究生来谈。

9 月 13 日(2)昙

得王滋源、周来祥、吴文治(交叶子铭)、陆汝琳(交丽则)函。上午万业馨、严涤昌来访。复文自成、黄鹂。

9 月 14 日(3)晴

得《文论》30 册,《无庵词》2 册,志达信。

9 月 15 日(4)昙

得陈翔华信,以《无庵词》托兴国交唐老。村上晚来。

9 月 16 日(5)阴雨

得陈翔华函,王利器推荐寄来《龙门阵》两本。上午参加作协会议。晚宴请村上。函邓韶玉。

9 月 17 日(6)阴雨

晨 9:45 乘机去北京开会。得郑承教函,上海华师大寄来《大学语文》

审稿费 20 元。

9 月 18 日(日)阴

中午芸赴杨克平约，潘赠书一本，杨赠酒一瓶。

9 月 19 日(1)晴

得邓承教寄包裹，秦子卿、詹伯慧函。付杨克平 800 元(内利息 20 元)，尚余 1520 元。

9 月 20 日(2)晴

得《文学评论》函。

9 月 21 日(3)晴，中秋节

得郑静明函(汕头业余大学)，中文系中秋费 15 元。

9 月 22 日(4)晴

得山东李清照研究会、陈仿彝、李贵银(湖南新宁一中)函。

9 月 23 日(5)晴

得晴佳函。

9 月 24 日(6)阴

得夕佳、刘楚斌(湖北兴山县中)函，及历史文献研究会年会通知，政协开会通知。

9 月 25 日(日)晴

125 次东南下。

9 月 26 日(1)晴

安抵，宏生来接。得韶玉、舜徽信，又翊强信，石禅寄黄先生日记，杨廷福寄清词目，齐鲁书稿。在京晤敏泽、陈翔华、璇琮、振甫、毅中、任继愈、于北山、周绍良、舒芜、仲荦、于廛、德培、张璋。历史系邓瑞先生来谈出席文献会事。周本淳来。

9 月 27 日(2)晴

寄 1. 郑静明、2. 济南社会科学所、3. 河南师大历史系、4. 南京《周末报》、5. 秦子卿、6. 邓承教、7. 詹伯慧、8. 省政协、9. 张舜徽、10. 彭岩石。

9 月 28 日(3)晴

下午赴工人医院视月超、国才疾，馈以麦乳精。

9 月 29 日(4)晴

以《宗派图辨》寄璇琮。胡国华、丁举贵(华中农学院)、汪荫元来访。

9 月 30 日(5)晴

得吴功正寄二书及信，武大学生黄树红刊物一本及信。始授课。以书签寄仲荦(曲石精庐)。以伯阳稿寄史美圣。

10 月

10 月 1 日(6)晴

扬师李廷先先生来。

10 月 2 日(日)晴

陆家桂先生来。晚在天渝处吃饭。访王永芬。

10 月 3 日(1)晴

得郭预衡寄文，邓韶玉信，程一中信。以谢伯阳文寄《文遗》。

10月4日(2)晴

得陈仿彝、韩维钧(徐州教育学院讲师)信。吴白匋先生研究生郑尚宪来。

10月5日(3)雨

得广东顺德教育局马以君信。江苏人民出版社来商印名人手迹事。

10月6日(4)阴

得邓韶玉信,汤高才序校样。寄出《文薮》校样。《点将录》付印。寄汤高才序校样。寄曹伯祥《赏析》一册,徇邓意也。

10月7日(5)雨

发程一中、晁真、吴功正、黄树红、韩维钧、刘茂舒、马以君、任笃行函。晨上课。得周晶信,即复。

10月8日(6)晴

得王滋源函,即复。函璇琮托买书。

10月9日(日)晴

上午王立兴、吴翠芬来谈。下午与芸去裁衣。晚武大学生欧阳均来。

10月10日(1)晴

上午上课。李进来访。得傅璇琮、彭靖、谭芝萍(重庆北碚一中)函,及杨克平寄来黄先生书。

10月11日(2)阴

得仲荦信,武大校庆请帖。得唐富龄信,即复,并附致长孺信,借《丞郎表》。函璇琮问印否《丞郎表》。

10 月 12 日(3)

下午访孙望。

10 月 13 日(4)阴

得周勃、吴文治函。岩崎纪江子、赤松纪彦来，带来清水茂赠《五山文学全集》。

10 月 14 日(5)微雨

夜共宋词看昆剧《玉簪记》。

10 月 15 日(6)雨

统战部白大姐来。开省政协落实座谈会。

10 月 16 日(日)

草汪先生词跋。复四川谭某、彭岩石。填落实表。

10 月 17 日(1)阴

心脏不好。Nancy 授诸生英文，余未升堂。得王滋源、舒芜信。

10 月 18 日(2)小雨

得傅璇琮、任笃行信。

10 月 19 日(3)雨

还方延明稿。晚周勋初来。心脏恢复。

10 月 20 日(4)阴

省统战部梁尚仁副部长、姜文特(女)省统战部干部处副处长、文史馆负责人高林中来访。下午七姐、白皓来，以收音机交乞白峰修理。裴显生陪教部一司周处长来。发任笃行、方杭生(方系要买莱书者)、周祖譔、王以铸信。得晁真寄《马恩民族论著》及信。

10月21日(5)阴,小雨

上午上课。得施蛰存、吴常焘、陈祖美及辞书出版社函,刘茂舒寄《蓼原词选》。复蛰存、陈祖美。夜郭、周、二吴为余作生日。

10月22日(6)阴

以祖棻稿寄人文陈早春。

10月23日(日)晴

携家人游白鹭洲。

10月24日(1)阴

得周晶寄稿,王以铸、古籍小组信,王滋源寄书(《文论》百部)。梁文琦来告顾绶昌及戴镏龄要《古诗今选》。文史馆干部李耀云、高林中来。

10月25日(2)晴

上午王震座谈。淮海战役纪念馆来索字。

10月26日(3)昙

上午商务印书馆(王府井大街36号)汉语工具书编辑室阮敬英、王维新、柳凤运来。辰宪汪文英女小鹭婚,寄20元贺之。收到《文论十笺》,哈尔滨1支,855,13本;898,16本;900,9本。共38本。10月17日寄出。

10月27日(4)晴

得詹伯慧、吴文治、杨扬(书目文献出版社)、陶文台函,书两本。发齐鲁书社《文薮》稿、《草堂》稿。寄书(《十笺》)北大5、山大4。函复王滋源,告《十笺》百册收到。复吴文治,拒之。

10 月 28 日(5)晴

致陶文台、杨扬。

10 月 29 日(6)晴

孟伦、君惠由扬州来。得 1. 西北大学韩理洲函及校样;2. 湖南双牌县茶林罗皇庙邓琼光函,求考研究生;3. 葛杰函,告《古诗今选》已出;4. 刘茂舒函;5. 石峻寄汤先生遗著。复刘茂舒、邓琼光、韩理洲、石峻。

10 月 30 日(日)晴

与殷、刘登清凉山,吃午饭。

10 月 31 日(1)晴

宴殷、刘公于胜利。得曾伯藩、《高教战线》、秦礼良信。复秦礼良(并寄书)、《高教战线》。致甘雪娟。得璇琮代研究生买《四库提要辨证》。

11 月

11 月 1 日(2)晴

得傅璇琮、徐同林(东台)、余德泉(湖南)函。《文学评论》寄还张宏生稿,要求修改。上午参加文史馆建馆三十周年纪念会。上海古籍寄《古诗今选》样书来。

11 月 2 日(3)晴

撰《高教战线》文迄,即寄出。函葛杰。周祖譔来。今日起开始校《英华》。得王以铸信。党委副书记韩星臣、办公室张雨淼来访。

11 月 3 日(4)阴

以小传寄王以铸。午宴周祖譔,周勋初陪。江西赣州赣南师专熊春先同张正国来访。党委罗一民来访,问带研究生事。函蛰存、孟伦(附跋汪词集)。

11 月 4 日(5)

汇还施垫裱词集款 35 元正。

11 月 5 日(6)晴

订杂志 26.96 元。复曾伯藩。

11 月 6 日(日)晴

复一中。

11 月 7 日(1)晴

富龄来,带到《仆尚丞郎表》,即交史梅复印。得王利器、张可礼、祖保泉谢赠书函,孟伦、黄纪华、周晶函,吴志达函,小鹭谢送婚仪函。以《文薮》稿还周晶。函邓韶玉。夜贾文昭及安大二教师来。

11 月 8 日(2)阴

上午与芸同游玄武湖,赏菊。得瑞洁、沈玉成、小佳函,陈贻焮寄来《孟浩然诗选》。函徐中玉。

11 月 9 日(3)阴

得吴常焘(孟复诗一幅)、李国瑜函。

11 月 10 日(4)晴

研究生开题报告。黑龙江汇款到。

11 月 11 日(5)晴

得李易函,关于唐诗今译;舒芜函。《南京史志》夏万介来久谈,极倦。

11月12日(6)晴

得谭优学、徐中玉函，安旗函。

11月13日(日)晴

致高纪言。七姐、二嫂来。刘庆云来。

11月14日(1)晴

晨芸送《丞郎表》四本还唐富龄。上午永芬来。福建师大黄寿祺来。得齐鲁寄照片，周晶函，陶敏、曾伯藩函。汪岳尊寄书一本，秦礼良寄祖棻遗作。

11月15日(2)晴

复周晶，并寄与《十笺》。

11月16日(3)晴，转寒

看蔷姐伤。

11月17日(4)晴

函王滋源询稿费事。寄还翊强《唐书刑法志》稿，并赠与《诗选》。

11月18日(5)晴

取得汪先生遗稿二种。得舒芜函，报考生杨利民函。

11月19日(6)晴

得曾加秀寄蛤蚧，陈贻焮函。

11月20日(日)晴

杨嘉勇夫妇来访。朱□□送书来。下午买火车票并游湖。

11 月 21 日(1)阴

上午祁蔚书记来谈一小时。杨咏祁来。汪越来。徐有富拿去复旦校雠学书。得吴碧莲、王滋源、陈祖美、佘雪曼、高扬函。即复陈祖美(索还莫稿)。

11 月 22 日(2)晴

上午 7 时,宏生送至车站。12 时抵沪,碧莲来迎,即饭于其家,寓专家楼 101 室。夜谢海阳(华师大中文系毕业、《文学报》记者)来访。谢寓上海湖南路 273 号 4 室。马兴荣、齐森华来访。

11 月 23 日(3)晴

函黄寿祺。邓韶玉来。夜中玉约饭,坐有士仁、谷融。

11 月 24 日(4)晴

上午访黄裳,续去雄家午饭,食至饱。下午三时许归。

11 月 25 日(5)晴

上午看郭绍虞老先生、胡国华。在程之家午饭,老夫妇和万万不在家,看到芊芊、夏蕙芳及小燕。下午和严迪昌、屈兴国谈《全清词》编纂工作。晚开预备会。

11 月 26 日(6)晴

上午大会开幕。陈邦炎带来邓韶玉代借购书余款。下午大会,谈清词约一小时。晚杨廷福等来访。严、屈来谈工作至八时。

11 月 27 日(日)晴

上午开大会。中午周笃文来访(送周一部《诗坛点将录》)。下午开小组会,早退。与芸往访瑞、桂哥,未遇,留一条。晚参加古典音乐晚会。蒋哲伦偕陈伯海来,并赠书一本。

11 月 28 日(1)晴转暖

上午开大会。下午小会。晚茶话会,吟词一首,写字数条。

11 月 29 日(2)晴暖

上午给图书馆系研究生讲课。下午集体游植物园。晚师大宴全体与会者。购得负离子发生器一个,80 元。

11 月 30 日(3)晴冷

上午开闭幕会。中午赴钱谷融宴。下午去复旦大学讲课两小时,看朱东润先生。晚赴杨廷福宴。师大图系赠讲课费 10 元,复旦赠讲课费 30 元。

12 月

12 月 1 日(4)晴冷

上午写字数幅。下午乘 14 次车回宁。人民文学出版社青年编辑李国星,该社将出版古典文学集刊,要研究生稿子。

12 月 2 日(5)晴

上午许志英、郭维森来。得王滋源函。吴白匋先生派研究生送信来,谈词集出版事。晚屈兴国送桔子来。

12 月 3 日(6)晴

得振甫信,《文学评论》稿费 65 元,齐鲁寄来校样。函陈邦炎。访孙望。

12 月 4 日(日)

函钱仲联,山西图书馆(索《四国历史年代对照表》)。以砺锋江西派稿寄傅璇琮。寄还杨翊强稿。复陕西师大阎庆生,寄年鉴用照片。复高邮跃进路72—4崔叔仙(名锡麟,文史馆员)。

12月5日(1)晴

得杨翊强、张三夕、程一中、黄瑞云函。以张三夕函交莫砺锋作复。

12月6日(2)晴

得陈早春函,又牡丹江师院中文系陈曼平函,古籍稿费通知单。二陈函均即复。

12月7日(3)

芸病,余亦不适。

12月8日(4)

同上,转好!清词开会。

12月9日(5)

下午清词汇报。上午许永璋、于北山先生来。得张国光、黄纪华、陈邦炎、周祖譔、萧印唐信。

12月10日(6)

上午开学位会议。得任笃行、王运熙信。小婉生日,中午吃面。复张国光。下午赴新街口取款,购羽绒服。耿全福取去书件。

12月11日(日)晴

晚在江苏酒家聚餐,祝臧云远寿。以《文薮》稿寄任笃行,《诗选》寄黄纪华、王滋源(附信)。

12月12日(1)晴

函邓韶玉索《书讯报》。得钱仲联、《徐师学报》、吴志达、黄耀老、章子仲、吴孟复函，水浒学会资料盒一枚。史梅寄发汪先生遗著。得郝延霖信。

12 月 13 日(2)晴

发林英、史美圣、吴碧莲、杨克平函。退稿：谢日新、熊夫、吕永、周少雄、臧立。寄书信：章子仲《今选》、陈仿彝白匋词稿。交史梅办海关放行证明信。

12 月 14 日(3)阴

得邓韶玉信，告未扣除买《今选》之款，嘱寄还。史梅将《光宣》皆寄出(仅余海外)。得重禹信，《唐代年鉴纪要》，马力贺年片，张闻玉转张汝舟稿嘱介绍。

12 月 15 日(4)

函邓韶玉，还古籍书款 158.94 元。以小传寄《高教战线》。

12 月 16 日(5)晴

得范雪樵、横山弘赠书，周祖譔稿，安旗、邓韶玉、程毅中、傅璇琮信。下午乘车赴苏，晚六时半抵苏，寓姑苏饭店。

苏州大学中文系主任范伯群。

12 月 17 日(6)晴

上午大会开幕。下午小组会。中午探望何芳洲夫妇。

12 月 18 日(日)晴

上午开小组会。下午偕芸游观前及古旧书店。晚碰头会。

12 月 19 日(1)昙

上午大会，主持会议。陆汝琳来访，留午饭。下午大会，作发言。

江苏人民出版社吴明墀(即拿书画者)。

《光明日报·文学遗产》程亦军(史美圣之助手)。

12月20日(2)晴

上午朱栋霖陪游拙政园。大会发言下午毕。晚唐文约饭,同席者杨军、王立兴、严迪昌。陆汝琳来送年历等。

12月21日(3)雨

游洞庭东山、天平山和宝带桥。

12月22日(4)阴

上午闭幕式。下午游定山寺、虎丘、西园、留园。晚在芳洲家吃饭。

12月23日(5)晴

上午休息,校稿。下午二时半乘火车回宁。王白坚借120元。

12月24日(6)晴

十二月十七至廿三日共得信:程一中(附胡忌、严迪昌、吴新雷邀请信,已转)、陈兼与、周退密、周伟民、杨天堂、杜甫学会、文正义(湖南人民出版社,自己来的)、黄纪华、周笃文、林英、社科院通知将开"七五"规划会议。去中山陵冷香阁午餐,古典组同人聚会也。寄还山西省图书价一元。函刘茂舒索弘老词集。复武大61级学生龙霖。寄《诗刊》杨金亭诗十首。宛雨生来,取去120元。

12月25日(日)晴

赵国璋来。金启华夫妇来,借其录音带二盒。勋初来谈所事。

12月26日(1)晴

至天渝家午饭,取中国青年出版社书。得唐玲玲寄回书件嘱盖印,社联开年会通知，澳大利亚国立大学陈万成、纽约唐异明贺年片，林家英函及论文，周本淳函，金克木函，吴在庆贺年片。

12 月 27 日(2)晴

收齐鲁寄汉画象册，徐鸿、黄君坦信，白匋先生信及李晓论文。

12 月 28 日(3)晴

发金克木函并寄《文论》，将李晓论文寄江苏人民出版社。

12 月 29 日(4)雪

江苏人民出版社送《涉江填词图》摄影来。上午总支召集老人宣布郭出任主任事，并照相。得章子仲、张实及华师大研究生周慧珍信。下午党委开贺年会。许总送来《江海学刊》一镇纸。

12 月 30 日(5)晴

得朱金城、杨翊强、常江函，小六叔、王滋源函。发青海人民出版社常江函及稿，致周晶函及稿(关于对联)。

12 月 31 日(6)晴

复小鹿叔，以《点将录》寄朱金城。得李易、刘国武函，杨翊强文。夜丽儿全家来玩。

1984年

1月

元旦大吉

下午过孙望。

1月2日(1)晴

函史美圣、李易。

1月3日(2)晴

得张三夕、吴志达、陈仿彝、马兰函,张学渊函及周重能诗等。

1月4日(3)阴

万放夫妇来,留午饭。得周祖譔《英华》稿,刘茂舒信及《诵帚词》,陶道恕信及《唐宋文学论丛》,吴文治信。

1月5日(4)晴

得张国光信,吴文治日历,福建出版社诗集样。

1月6日(5)晴

得崔叔仙、周晶信。以教部文件交郭维森。

1 月 7 日(6)晴

函郑孟彤、张实(宏生事)。

1 月 8(日)晴

以写字寄华师大王治彬、复旦顾易生。以诗校样寄林英。收到崔老画二幅。屈兴国代校刘弘老词寄出。

1 月 9 日(1)晴

得张实信,周祖譔寄末批稿,史美圣信,省委开会通知,阎庆生来信索稿。复崔叔仙、傅璇琮、吴文治。

1 月 10 日(2)晴

出席双门楼省委座谈会。

1 月 11 日(3)晴转阴

上午座谈会。中午返。得黄寿祺、陈祥耀信,朱金城信及《花随人圣庵摭忆》。函刘涤源荐胡杭生。

1 月 12 日(4)晴

得绀弩、夕佳、騄程信,苏昌辽信。下午出购物至山西路。

1 月 13 日(5)晴

得杨扬、邓韶玉函。上午《全清词》室开总结会。课结束。扬州饮食公司来补盖书件图章。吴锦取去《五山文学全集》。以《唐代文学年鉴》笔谈稿寄阎庆生。

1 月 14 日(6)晴

得程一中、小佳、张实信。张三夕来,赠以《清史艺文志》等四种。寄小佳 100 元,内晴 70。复程一中。

1 月 15 日(日)小雪,阴

作字。应杨克平约,在金陵饭店午饭(港商李汝汉付款),丽儿同往,子铭亦偕。

1 月 16 日(1)晴

上午写清诗文。得晴佳信,郑孟彤信。出席省作协新春茶会。

1 月 17 日(2)阴

函吴明墀要汪师照片,陶道恕要《史通》材料。寄出论清诗文与史美圣。收黄之六寄照片,吴志达函。

1 月 18 日(3)大雪

复张国光。夜三夕来,留饭。

1 月 19 日(4)雪转晴,寒

以《词》寄绀弩,来书云,原油印本为人骗去。复苏昌辽。

1 月 20 日(5)阴转多云

得李晓、魏之祯、波多野、顾易生、夕佳函及寄人参。杨克平余款千元叶扬诺取去。

1 月 21 日(6)晴

1 月 22 日(日)晴

1 月 23 日(1)晴

得杨文翰寄《晓雪诗选》,钱林森寄所译法国小说《沙漠》,黄永年函,坂田新寄贺年片,村上哲见寄年历,唐富龄信。复黄永年。

1月24日(2)晴

上午参加市文联座谈会。得白皓、波多野、张国光函，省统战部邀请座谈会通知。致甘雪娟。

1月25日(3)晴

中午宴请张、莫、徐、张诸生。得社联、文联诗柬，陈子定(言)函。

1月26日(4)晴

得常江、苏洪、马兰信，吴文治寄《韩愈资料》。下午出席统战部茶会。得刘涤源信，小佳信。

1月27日(5)晴

小佳来。

1月28日(6)微雪，夜雪

得淡芳信，社联赠书数册。发涤源、夕佳、张实、吴文治、鲍正元信。小佳等游孙陵。

1月29日(日)雪

复雪曼、陈子定(寄词集)、常江信。

1月30日(1)雪

得刘涤源、阎庆生、甘雪娟、吉林马鹏举信。函夕佳、马鹏举、杨翊强。得林冈荣志、聂绀弩信。

1月31日(2)阴

得白匋先生词，《南京史志》二册(夏万年寄来)。得曾伯藩、樊凡、李鸿明、金田数正信。

2月

2月1日(3)阴

许永璋来。以钟树梁(纫秋)索书寄淡芳。得吴开斌、吴碧莲函,施子愉寄稿。除夕,家宴。

2月2日(4)阴

夜在天渝家。系领导、立兴夫妇等来贺年。

2月3日(5)晴

得顾学颉、卢鸿基信。尹志腾夫人叶凌霞来,送来曾德珪谈工作信。天眉家午饭。曾孟西表妹、妹夫张现来(住太平北路43号)。

2月4日(6)阴,小雪

得张舜徽寄书,王治彬信及寄书,杭生信,夕佳寄毡袜,吴碧莲寄50元。

2月5日(日)阴

复舜徽、吴碧莲。

2月6日(1)

陪小佳出游。得林英校样。

2月7日(2)晴

浴。

2月8日(3)

社科院开会通知收到。

2月9日(4)雪

得松冈寄日文字典。重寄刘涤源信(地址不明退回)。

2月10日(5)阴,雪

以校样寄林英。得马赫信。翔如来。

2月11日(6)阴

宛雨生来。收《高教战线》10元。得上海社会科学院出版社陈植锷、费成康信,附历史小说选目录;程一中、胡杭生信。

2月12日(日)阴

以《文遗》退回张宏生《黄诗小札》转《名作欣赏》。校《文遗》清诗稿并寄还。复费成康。

2月13日(1)阴

昨夜腹痛甚剧,赴工人医院诊。得卢鸿基、金克木、《高教战线》信。

2月14日(2)阴转多云

上午又去工人医院,诊断为尿道结石。得陈子定函。

2月15日(3)

2月16日(4)阴

上午赴工人医院看病,李芳院长陪去。下午研究生梯队开会。

2月17日(5)阴,小雨

发马兰函(问题解答)。曹林芳夫妇来。得雪曼照片及刀片,又人民文学出版社《古典文学论丛》编辑张国星约稿函。

2月18日(6)晴

得《高教战线》10元，林庚、张文勋赠书。致舒芜、程一中、邓韶玉、程亦军(照片)、马赫。

2月19日(日)阴

复谢林庚、张文勋赠书。

2月20日(1)阴

治牙。得涤源、淡芳、道恕，长沙高桥茶叶研究所谢金溪《读涉江词》，又浙江桐乡教师进修学校张森生函。

2月21日(2)阴

复张森生。致王滋源、周晶。得李易、钟兴正、芜湖外贸局魏友龙函。夜观话剧《结婚进行曲》。

2月22日(3)阴

复钟兴正。以钟兴正函转高林中。复魏友龙。

2月23日(4)阴

得黄永年赠《梅村集》，刘道玉信，陶道恕寄印件。访徐复。与张新培谈研究生事。

2月24日(5)阴

复刘道玉、黄永年、陶道恕、杨扬。上午社联△△△和秘书长范恭俭与姚北桦来访。武大二女生送程一中信来。得傅璇琮、张三夕函，周振甫寄书。

2月25日(6)昙

得文研所65小组函，3月21日开会；又赵盛德函。开清词室工作会议。函小佳、张实。

2 月 26 日(日)晴

致傅璇琮、周振甫、赵盛德、文学所科研处。访孙望。

2 月 27 日(1)

以讲学材料寄张国光。参加社联理事会。得张实、邓韶玉、方管、陈翔华、史美圣函,夏承焘赠书,江苏出版社赠纪念册、《唐诗鉴赏辞典》两册。上午出席省社联常务理事会,到会者社联主席前省委宣传部长郑康、副主席王怀冰、秘书长原省委宣传部理论处长范恭俭,金大同学现南工马列室萧焜焘,金大同学现南师马列室许复宁(女)。

2 月 28 日(2)昙

得一中、松冈、周晶信。

2 月 29 日(3)晴

武大人来谈落实事。祁、朱来。夏振明、胡凤英来。

3 月

3 月 1 日(4)晴

上午武大柯亨利、赵振华又来。下午周勋初来。晚徐有富借去校雠学书多种。致函陈邦炎,要其来取汪先生稿。

3 月 2 日(5)晴

寄陈邦炎信。

3 月 3 日(6)晴

得富寿荪寄《清诗话》,省政协信(钟兴正事),又张实、杭生信。

3月4日(日)晴

整理汪先生遗稿,今日毕功,历时八个月。晨研究生夏先培来访。复张实、富寿荪。

3月5日(1)晴

汪超伯来看汪先生定稿。得张少康由埃及来函。

3月6日(2)晴

以字寄常州赵争,题瓯北故居。函六叔索录音带。以译诗寄李易。函周勃、程一中、徐中玉、沈锡麟(莫砺锋论文材料)。得小佳信,告可修墓。

莫砺锋要:1. 刘辰翁《须溪先生四景诗》四卷,《宋人集丁编》本,北图、山东大学、华师大;2. 赵汝谈《介轩诗集》一卷,《两宋名贤小集》,北图。

谢伯阳要:《自怡轩乐府》四卷,许宝善,乾隆本,湖北图书馆。

3月7日(3)

草致校领导信,交去。得张文勋信;陈仿彝寄《词》样书五册,又信。古籍出版社邓长风来取汪先生稿。

3月8日(4)晴

致江西人民出版社、陈翔华。得舒芜、杭生、沈锡麟、周勃、程亦军、吴承仕百周年纪念会函,武师路费百元。

3月9—11日

由南京乘东方红269号赴汉。周勃、朱祖延接。下午程一中、吴志达来。

3月12日(1)阴

上午去汉口看小佳、曾卓。下午给武师中文系大学生讲课(学习古典文学中的几个问题)。晚章子仲、吴于廑、杜朝光、《长江日报》女记者来。

3 月 13 日(2)阴,小雨

出席古代小说理论讨论会开幕式。下午大会发言。写墓碑。晚蒋蒲、章子仲夫妇来。

3 月 14 日(3)阴

上午去珞珈山访黄耀老、毕奂午、樊凡。中午赴骆文、叔耘宴。饭后游磨山、东湖公园。晚武大中文系李健章、周大璞、李格非等来。三夕妻小邵来。

3 月 15 日(4)昙

上午为元明清讲论班做报告。公亮茂舒夫妇来。赵熙文、张金煌、欧阳渐来,夜张叙之、李成文来。制碑做字。

3 月 16 日(5)晴

上午去武大给研究生做报告。中午武大领导宴请。上午拜访唐长孺、吴于廑、张远达。下午拜访韩德培、刘涤源、石泉李涵夫妇、徐红夫妇。晚赴朱祖延、章子仲宴。毕奂午回访。郭预衡及龚××来访。

3 月 17 日(6)阴

去黄州赤壁。晚晴佳夫妇暨小佳来住一夜。晚曾蕾(章子仲女)、鲁萌(曾卓前妻女)来。

3 月 18 日(日)阴雨

上午扫墓,武大、武大中文系、武师老同学赠花圈,同学多人暨徐红、李涵等同去扫墓。中午在小佳家午餐。晚至周勃家赴宴。

3 月 19 日(1)阴

上午给武师研究生讲话二小时,芸与章子仲先生去汉口琴台、归元寺、中山公园等处游玩，在老通城吃豆皮。鄂图徐孝宓副馆长（徐行可丈之子）送来复印件，并要求在给鄂图题字跋中题到他藏书归鄂图之事，《自怡轩乐府》即他家藏书。晚刘道玉等来谈学校事。

3 月 20 日(2)晴转阴

上午和武师校、系领导座谈。中午武师校领导请宴。下午和武师中文系研究生导师座谈。孙续恩来访并馈麻糖。

3 月 21 日(3)晴

上午访李修睦、张舜徽、石声淮。中午武大老同学宴请。下午杨克平来访。晚七时乘火车离武汉去北京开会。李格非、张广明、吴志达及武师诸人送。

3 月 22 日(4)晴

抵北京。上午孙尚清、冯至在大会讲话，未参加。下午小组会。

3 月 23 日(5)晴

全天会，讨论项目、课题。

3 月 24 日(6)晴

上午小组会，“七五”设想。下午大会，各组汇报。《全明散曲》谢伯阳、《全清词》，古籍通讯要稿。傅璇琮、沈锡麟、许逸民同志来。杨扬、陈翔华来。舒芜、陈早春来。

3 月 25 日(日)晴

航空返宁。3 月 9 日至 22 日得徐朔方、王滋源、叶嘉莹、Nienhauser、杨克平、刘君惠、陶道恕、白萍生、富寿荪、傅璇琮、黄永年、朱令仪、陈仿彝、张闻玉、刘涤源、胡杭生、曲德来函，Nienhauser 寄 *Tang Studies*，叶嘉莹寄文稿，中华寄书三包，耿全福送印一方、索字二幅，古籍收到汪先生文集收据，开会通知二（齐鲁、唐代文学会）。

3 月 26 日(1)阴

得中华、徐中玉、士名叔函，《文教资料简报》。

3 月 27 日(2)阴

发下列函：章子仲、钦鸿（近代文学）、程士名、高扬、曲德来、朱令仪、富寿荪、陈仿彝、程夕佳、小佳、徐鸿、周勃、陈增杰文稿（13 封）。

3 月 28 日(3)晴

发下列函：1. 朱祖延、2. 劳洪、3. 金克木、4. 唐文、5. 张国星、6. 安旗。

3 月 29 日(4)晴

市文联党组负责人陈键、秘书长音乐家祝廷伟来。发下列函：1. 黄永年、2. 叶嘉莹、3. 平田昌司、4. 杨克平、5. 王迪纲、6. 朱祖延（问季刚师诗稿事）、7. 陈邦炎。

3 月 30 日(5)晴

上午欧磊、王德滋及勋初来会商研究所事。下午出席市文联主席会议。

3 月 31 日(6)阴

上午出席文讲所会。

4 月

4 月 1 日(日)阴转晴

无事。

4月2日(1)阴

得毛华轩(北图)、林辰、唐文、王健钧、富寿荪函,毛寄《中国当代社会科学家》三、四辑,郭预衡寄《励耘书屋问学记》一册。上午祁、郭和屈、谢来谈工作。

4月3日(2)阴

函毛华轩、郭预衡、林辰、王健钧。

4月4日(3)阴

许志英来。下午去看发奖会。得周勃、邓长风、李易、益阳师专刘泽民信。

4月5日(4)阴

上午去市文联参加会议。发《草堂》校稿、夕佳、周勃(寄船票)、小海、刘泽民函。得方管、张国星、刘涤源函,中华寄书一包。

4月6日(5)晴

得马录程、章子仲信。列席党委扩大会议,听化学系改革报告。古籍出版社李祚唐同志来。

4月7日(6)晴

复马录程,不去兰州。函系、校领导(黄师纪念会事)。得彭鹤濂诗函。复草堂,不去成都开会。

4月8日(日)阴

以写字寄崔叔仙。函上海人民出版社(问《史通评》)、辞书出版社(稿费)。黄纪华寄稿。

《以文为诗说》引魏泰《临汉隐居诗话》文,亦见《东轩笔录》V12。魏泰道辅诗:“博山烧沉水,烟烬气不灭。日暮白门前,杨花散成雪。”

4 月 9 日(1)阴

得杨扬、钟树梁、霍松林、杭生、晴佳信,湖南寄刘弘老词。

4 月 10 日(2)阴

得唐文、张实、山东大学信,又辞书稿费 360 元。

4 月 11 日(3)阴

得周伟民信。与士复游北湖,商纪念黄师事。夜《求索》编辑陈远宁来。

4 月 12 日(4)阴

得劳洪信。函高林中、张实、王天白(黑龙江索论文者)、周伟民。山东大学科研处处长孙坚奋等二人来访。

4 月 13 日(5)晴

函顾易生请抄黄先生墓志。得魏之祯函。以写字寄一中、子仲、周勃、孙坚奋。复魏之祯。

4 月 14 日(6)晴

得林英、唐文、张三夕函,中华寄《汉魏六朝诗》。

4 月 15 日(日)晴

复林英、三夕(附致徐孝宓函)。

4 月 16 日(1)晴

夏晨中陪《文汇月刊》副主任谢蔚明来索稿。北图寄材料来。看完积存论文。

4 月 17 日(2)阴雨

游扬州。归小腹不适。

4月18日(3)阴

终日倦卧。装电话。迩冬寄《韩诗选》来。函袁世硕。

4月19日(4)阴

访孙望。

4月20日(5)阴雨

函陈文华、杨克平、沈锡麟。得叶嘉莹信。

4月21日(6)

得卞孝萱信。以曹虹《庄子审美观》、张伯伟《杜甫〈江村〉诗心说》寄《求索》(22日发出)。

4月22日(日)阴

访曹林芳、严迪昌、尹志腾。下午访王永芬。

4月23日(1)昙

函谢周笃文、陈迩冬赠书。函复杜甫集校注组(山大)。开博士生培养会。【夹纸:上午九时,图119开博士生座谈会。】得周振甫、殷孟伦、佘雪曼、李庆英(余明久,两人武大毕业生)、梁为民函。

4月24日(2)

得石臞信。

4月25日(3)晴

得蛰存信,郭君恕弟子杨刚信,茂舒寄弘老词集三册。晚林珂来谈。

4月26日(4)晴

山东大学汉语大词典组刘聿鑫来函。天津赤峰道124号天津人民出版社王沛霖(古籍)、殷瑞渊(历史)两位编辑来。

4 月 27 日(5)阴

发万放、李耀云函。

4 月 28 日(6)阴转晴

上午赴省委召开的会。得刘聿鑫寄来《赵执信诗选》。

4 月 29 日(日)昙

得上海文艺出版社陈福康信。严迪昌来谈清词事。函曹道衡询莫《诗经》稿。以宏生论杜《夔州》诗稿寄《文学评论》陈祖美。

4 月 30 日(1)昙

华钟彦夫妇及研究生姚小鸥来。函美国徐朔方、刘涤源、郭君恕(谢赠文)。

5 月

5 月 1 日(2)晴

晚在天渝家吃饭。

5 月 2 日(3)昙

得程一中、邓韶玉、沈锡麟、彭鹤濂函,山东《文史哲》寄 30 元。又得王淡芳、章子仲、《高教战线》龚映杉、李石纯函。为中文系学生作报告。

5 月 3 日(4)雨

函邓韶玉并寄去 5 元买书。寄《唐诗鉴赏辞典》与淡芳。和勋初同致函章书记。

5月4日(5)雨

下午与许惟贤、唐文商纪念黄先生事，并共饭于胜利。得吴丈蜀寄《词学》小册子。

5月5日(6)雨

函杨克平。

5月6日(日)晴

徐汉生来谈量守庐纪念事。

5月7日(1)晴

得夕佳、袁世硕信，古籍拨款信，瑞洁信。下午系会讨论改革。

5月8日(2)晴

白鸿及高某(《文学遗产》)来，取去莫砺锋《江西诗派政治态度》及关道雄《四库提要论宋诗》文。今日编就《量守庐学记》，即寄三联。得中山大学周锡韄信及《诗刊》。夜郁贤皓偕东北师大历史系高振铎来访(同研究生四人)。复瑞洁。《古代英华》出版，寄来五本。

5月9日(3)晴

复袁世硕、叶嘉莹，寄出《量守庐学记》。得臧云远函，约五月下旬去南艺讲学。唐文寄来论文两篇，黑龙江王天白寄来字一条。

5月10日(4)晴

上午科研处周所长来谈(原任职历史系)。得顾易生、王滋源函。《古代文学英华》收到。

5月11日(5)

下午为进修教师作报告。以祖棻稿寄陈早春。

5 月 12 日(6)阴雨

高教一司黄天祥来。

5 月 13 日(日)阴

万放来。杨敏如研究生来。

5 月 14 日(1)晴

得杨柄诗,曹道衡信。复曹。

5 月 15 日(2)晴

收中华汇标点费二千元。

5 月 16 日(3)晴

松林寄《论文集》。文协开理事会。

5 月 17 日(4)晴

函陈谦豫询为祖棻诗抄本制书匣事。

5 月 18 日(5)晴

江苏画院卢星堂(住杨将军巷 23—8 号楼下)送来魏之祯先生托带石章二方。得邓韶玉、敏泽、王芳、孙祖荫信。

5 月 19 日(6)晴

复淡芳、韶玉、敏泽、祖荫、丈蜀、松林、魏之祯。以黄纪华、张宏生稿寄人文张国星。得郭君恕、陶道恕信。

5 月 20 日(日)晴

丽则携儿来午饭。

5月22日(2)阴

函克木。夜秦嘉禾来。得文才信。

5月23日(3)阴

仲荦弟子盛奇秀(山大)来。卞孝萱来。王载源来,赠一小收音机。得唐文信,王文才寄要校勘资料。

5月24日(4)

函仲联、俞律。得张璋、屈兴国、周勃信。张璋转交迪昌。复旦约开《文心雕龙》会。

5月25日(5)阴

勋初、孝萱来。

5月26日(6)

唐文来。得陈文华信,得淡芳寄还八元。威克返,夜全家饭。

5月27日(日)晴

以《考索》二校稿寄邓韶玉。

5月28日(1)阴

晨本校樊道恒(人事处)、龚放(高教研究室)、周同科(校报编辑部)来谈关于写《现代中国》有关事。得舒芜、陈早春、王淡芳信。

5月29日(2)昙

得仿彝信,不用曾伯藩对联稿。

5月30日(3)昙

臧云远来谈为南艺学生作报告事。得仲联信。

5 月 31 日(4)阴

从 28—30 日，学生要求改革，接连三晚贴小字报、大字报。30 日晚上街游行，派代表去省政府。

6 月

6 月 1 日(5)阴雨

得陈谦豫、唐玲玲、敏泽函，黑龙江出版社汇款。上午新雷、南秀陪张闻玉先生来访。

6 月 2 日(6)昙

函滋源告稿费收到。得夕佳信，调令尚未收到。函张实问讯。晚宴请卞孝萱、曹林芳夫妇及周勋初夫妇。

6 月 3 日(日)晴

读《湘绮楼日记》。光绪八年壬午八月五日日记："与易郎谈华才非成道之器，然其先不可少。东坡六十而犹弄聪明，故终无一成。佛家以敏悟为狂慧，圣人所以约礼。"同上十月十六日："曾郎送诗，共看赏之，以为今神童也。"曾谓重伯。

6 月 4 日(1)

6 月 5 日(2)

得汪京信(御道街 58 江苏冶金地质研究所)。

6 月 6 日(3)晴

得彭靖信。看病。

6 月 7 日(4)阴雨

得倪豪士、邓韶玉、蔡友生函。汪越来。函汪京约星期日上午来。罗仲鼎来饷橘、竹篮一只。

6月8日(5)阴

文史馆李耀云及另二女职员张秀琴、邱月华来。下午赴南艺讲。得武大电报，耀老六月五日去世。得林英函。

6月9日(6)阴

上午与教育部高教局同志谈学校改革。将补充材料寄三联书店。章品镇介绍《文艺报》女工作人员赵小鸣来约稿。

6月10日(日)晴

6月11日(1)晴

得《草堂》稿费95元，杭生、张实、齐鲁、东北师大高振铎、甘雪娟信，白尘寄《云梦断忆》。复杭生、张实。

6月12日(2)晴转阴

得张国星函(内附收莫文回执)，林英函，王远谋(55年武大毕业)函及稿，傅光函。《饮中八仙》毕。

6月13日(3)雨

许志英、谢伯阳来。

6月14日(4)阴

得吴孟复函。迪昌来。下午日本人小川来问唐集事。夜吴玉兰、邢亚辉来。电贺《长江文艺》创刊35周年。

6月15日(5)阴雨

以校改谈话记录寄高振铎。请戴老师写推荐信。

6 月 16 日(6)晴

以文寄舒芜。寄还六合胡济沧稿。得敏泽寄复印《词辨》,夕佳信。

6 月 17 日(日)晴

函文华。

6 月 18 日(1)阴,闷热

江苏省五届政协二次会开幕,整日参加。得上海教育出版社寄来编辑费 315.00,吴志达寄来稿并函。

6 月 19 日(2)晴热

开会。得杭生函,《抖擞》,《高教战线》。

6 月 20 日(3)昙

上午兴国来。下午伯阳来,谈清词事。得华东师大周子美函。领《学报》稿费 48 元。

6 月 21 日(4)昙

夜迪昌来交南图印词计划。

6 月 22 日(5)

上午开明清文学方向会。以莫《江西诗宗派图》改稿寄璇琮。以诗画稿寄中玉。分配《太炎讲演录》。

6 月 23 日(6)阴

复周子美。函蒋维崧、戴镏龄,求复印词集。

6 月 24 日(日)阴

6月25日(1)晴

得《中国妇女》编辑林金荣、方管、任国绪、杭生函，乔伟书及函，古籍小组寄书两本。作协贺景文同志取去书一包。

6月26日(2)晴

函张实。复舒芜、周勃(稿)、林金荣、任国绪、乔力。

6月27日(3)阴

无信。

6月28日(4)大雨

得杨克平、夕佳、王白坚(照片)、严迪昌信。复克平。以祖棻相片寄傅光。

6月29日(5)雨

夜在胜利请张闻玉。

6月30日(6)雨

以石禅记黄师笔名寄三联书店。得甘雪娟信。

7月

7月1日(日)晴

孙望来。

7月2日(1)晴热

得戴镏龄、嘉兴教师进修学院徐志平(手中有清词稿)、季啸风函，《唐代文学》五辑两本。总工会干部学校魏廉来访。发徐志平、尹慧珉、季啸风函，寄莫砺锋稿(九僧与四灵)给章正续。

7 月 3 日(2)阴

得 CLEAR《中国文学通讯》及征求订户函。齐鲁书社张继溱、赵捷来访,赠书《诗切》一套及压纸一盒。

7 月 4 日(3)阴

得《南京史志》夏万年函,陈鸿祥(卖书)函,彭鹤濂函,邹昆山函。即复陈、邹。

7 月 5 日(4)阴

得舒芜及人民文学出版社宋虹约稿信,即复。

7 月 6 日(5)阴雨

得翊强、山东大学学生盛奇秀信,南京军区政治部寄《神州吟》二册。

7 月 7 日(6)晴

以南秀《正与反》稿寄人文张国星。《神州吟》寄杨克平。得周啸天(四川温江师专)及西北师院唐代文学年会筹备组信。

7 月 8 日(日)晴

看电影。

7 月 9 日(1)晴

得嘉兴教师进修学院徐志平函附寄清人词孤本(杨煃《蕉露词》),唐文寄所著《国故论衡疏证》卷上各序,社联约开会信。

7 月 10 日(2)晴

复徐志平(交尹志腾发)。得陈晓山(福州 22 中)寄文,即退。得璇琮、寿荪信,魏之祯信,南秀条:天体仪价 25 元。省总工会干校校长王文中来访。

7月11日(3)晴

雪曼孙佘锋毕业于南农农经系,分配在北京市畜牧局,来告别。

7月12日(4)晴

上午开学术委员会。得道恕、徐孝宓信。

7月13日(5)晴

以《宋词举》寄陶道恕。

7月14日(6)晴

万放来,送茶具一套。瑞洁退曹虹稿(伯伟稿已径退)。杨冠珊信,岳麓书社文正义信,湘潭大学诗词学会信。晨填写研究生答辩委员聘书等。

7月15日(日)晴

以曹虹《庄子美学》文寄张国星。复文正义、韵文学会、杨冠珊。得任笃行信,即复。研究生处大汪汪以初(理科)、小汪汪其岑(文科)。包裹莫论文。

7月16日(1)晴

以伯阳校《升庵词》寄王文才。整理《杜诗批钞(二)》。得马騄程、裘祖源(医生)、陈文华、杭生信。文华告华师大图书馆临时女工周德林同志为制书帙二个(《涉江词》)。复陈文华、杭生、騄程(附写字二纸)。函吴世昌、朱东润、霍松林。威克、史梅寄出论文20包。

7月17日(2)晴

吊唁吴教授(父为文史馆员)。寄出莫生论文20包。

7月18日(3)晴

河南师大寄诗词稿嘱整理。孙祖荫来。

7 月 19 日(4)阴

得徐中玉信,嘉兴教师学院徐志平信。浙江东阳县委宣传部陈光明寄稿,即挂号寄还。晚赴统战部宴。

7 月 20 日(5)阴

以诗词稿寄《河南师学报》。收到:1. 村上哲见寄《陆游诗索引》,2. 齐鲁沈老手书词校样及白萍生信,3.《考索》校样及邓韶玉信,4. 张国星信,5. 张三夕信,6. 钟朋(西安冶金学院建工系)。

7 月 21 日(6)

勋初来,孝萱事成。寄还沈老手书词集校样。寄河南师大诗词。

7 月 22 日(日)阴

裴显生偕金陵职大曹君来。屈兴国来。夜与天眉去胜利吃饭,贺其小生日。

7 月 23 日(1)晴

以杜诗稿寄《草堂》濮禾章。中山大学讲师某君询考博士生事,交丁柏铨办。得璇琮寄文附短札。魏之祯托陈士骅先生寄来张汉怡刻印二方。周晶寄《白雨斋》样书附函。

7 月 24 日(2)阴

函傅璇琮、王绍曾、徐孝宓、魏之祯。程一中来。

7 月 25 日(3)阴

以丛文俊文交三夕转张舜徽。三夕夫妇来。函萧兵。复三联、小佳。

7 月 26 日(4)晴热

得澳大利亚大学信,马赫信,马力结婚柬。

7月27日(5)晴,大热,夜大雨

得华师顾志华寄书及信(原南大图书馆研究生),周笃文信。

7月28日(6)阴

复周笃文、马赫、顾志华。凌萍萍、汪超伯、杨文翰来。

7月29日(日)阴昙

吴永坤送柯淑龄论文来。

7月30日(1)阴

函杨扬、邓长风,为增《点将录》材料等。得尹慧珉、杭生、朱东润信。复尹。函霍(要《年鉴》)、周晶(买书)。

8月

8月1日(3)阴

得徐放寄《唐诗今译》。

8月2日(4)晴

复徐放。函季啸风。贺马力婚。得苏者聪寄书,周笃文、邓韶玉信。

8月3日(5)昙

得倪豪士寄 CLEAR 4:1 及 4:2,夕佳信,萧兵信。

8月4日(6)晴

得王绍曾函及所寄《清史稿艺文志拾遗》,甘雪娟函,上海出版社祖棻小说校样,傅璇琮函及书。去丁山饭店开社联会。发澳洲国立大学 White 函及莫稿与《文史》。

8 月 5 日(日)晴

无事。帆在丁山开会。

8 月 6 日(1)晴

得陈翔华函(关于北图毛华轩抄清词目录事)。发上海校样。帆返。

8 月 7 日(2)昙

复甘雪娟、王绍曾。

8 月 8 日(3)昙

得淡芳信。

8 月 9 日(4)昙

得沈锡麟、徐治平(嘉兴)、白萍生、《牡丹》编辑部、张闻玉信。

8 月 10 日(5)晴

收淡芳寄石章,邦炎信,傅光寄《欣赏举隅》。

8 月 11 日(6)

以词集、对联与葛墨安,交王淡芳转。得邓韶玉、邓长风、一中信,《宋词赏析》十册。复一中。

8 月 12 日(日)晴,酷热

8 月 13 日(1)晴

函复陈邦炎。得李白纪念馆、《中国社会科学》、苏者聪、杨扬信,教部开会通知。俞湛英来。【夹纸:南京大光路 28 号江苏冶金研究所俞湛英,电话 42988、42221 转 32,大阳沟 44 号 17 幢 603 室。】

8 月 14 日(2)

复孙祖荫、苏者聪,以稿寄还邓长风、杨扬。以《戏谑》稿寄《文汇》谢蔚明。

8 月 15 日(3)阴

得舒芜寄祖棻集序。

8 月 16 日(4)晴

复舒芜。

8 月 17 日(5)阴

得杨克平信,濮禾章信及《草堂》。

8 月 18 日(6)晴

得于北山、吴世昌、周晶、陈祖美及韵文学会信。周晶信告齐鲁阎昭典约 22 日到宁。

8 月 19 日(日)晴

8 月 20 日(1)阴,小雨

整装,明日赴京。

8 月 21 日(2)晴

晨乘机赴京开会。得曾伯藩函,文学所送票一张,《中国社会科学》杂志社函,杨克平寄来复印稿一束,齐鲁寄来稿费 1820.76 元。凌萍萍来。

8 月 22 日(3)晴

8 月 23 日(4)晴

得齐鲁书社、江苏作协函,陕西寄来《唐诗讨论会论文集》二册,《江苏社联通讯》。俞为民来。

8 月 24 日(5)晴

得邓韶玉及其婿之函。

8 月 25 日(6)阴

得尹慧珉函及资料两包,黄丽丽函寄论文一篇,《文学遗产》函,高教一司函。严杰来。

8 月 26 日(日)晴

天眉、天渝等来。

8 月 27 日(1)晴

得晴佳函,叶嘉莹函及资料。

8 月 28 日(2)晴

得山东寄来《文学家评传》一、二,山东大学一学生函(考研究生),止畺夫妇、坂田新送一名古屋工艺品。

8 月 29 日(3)晴

下午乘飞机由京返宁,6:30 到。

8 月 30 日(4)晴转雨

许志英、郭维森、严迪昌、屈兴国等来谈工作。得陕西出版社寄来稿费。

8 月 31 日(5)阴

周本淳、许总、俞为民等来。发王华、邓韶玉、尹慧珉、曾伯藩、杨广志、李清照学术讨论会函。寄还黄丽丽稿。得刘明澜信。

9月

9月1日(6)雨

得新雷转来宋谋玚信，詹伯慧信及祝南《词学论稿》。

9月2日(日)雨

夜为威克作生日。

9月3日(1)晴

得刘明澜寄文，西北师院中文系卢燕平寄《李公垂诗文笺注》，张璋寄《全明词》样本及信。

9月4日(2)晴

研究生来。得黄纪华信。

9月5日(3)晴

9月6日(4)雨

上午校长召集开会，何东昌参加。得舒芜、程一中信。

9月7日(5)雨

得叶嘉莹寄来书两本，夕佳函，《青春》文学所寄30元。复夕佳。函张实。

9月8日(6)

上午曲钦岳等来。得彭靖、邓韶玉、杭生函。

9月9日(日)雨

上午梯队开会。下午《江苏戏剧》查全纲来，取去吴先生避寇绝句复印本。

9 月 10 日(1)

收到唐代文学学会文件。

9 月 11 日(2)

得张瑞洁信，武大学生王济时信，福建人民出版社稿费通知。

9 月 12 日(3)阴

雪克、陈美林来。孙月沐来。得景生泽信。

9 月 13 日(4)晴

得朱东润、佘雪曼、陈翔华函，赵幼文寄《曹植集校注》，夏承焘寄《饮水词》，广东《花城》寄稿费 12 元。

9 月 14 日(5)晴

得黄瑞云信。函张瑞洁、唐文、陶道恕、金克木、景生泽、刘明澜、黄纪华、陈翔华、彭岩石、朱东润。寄书给赵幼文。

9 月 15 日(6)晴

苏昌辽来。周勃女及婿(周晓萍、杨洪波)来。得赵晶晶信。

9 月 16 日(日)晴

晚宴请沈寅宪、白氏夫妇等。

9 月 17 日(1)晴

得孙慎之李庆立(山东聊城师院)、李清照纪念馆、杭生、夕佳、陈邦炎、任笃行函，邢公畹、陈邦炎各寄一书。下午高教局开会讨论大学生作文评奖。

9月18日(2)晴

下午文史馆开会。得陈福康、倪豪士、唐文信。

9月19日(3)晴

得东北师大、程一中、黄瑞云函。

9月20日(4)晴

上午上课。下午和莫生同拍照。得唐圭璋、彭靖函。

9月21日(5)晴

上午开九三省代会。得周祖譔、王运熙、姚雪垠、沈锡麟、张实函，高教局大学生作文比赛稿，王利器寄《文镜秘府论校注》。得周绍良寄书，苏者聪信。夜陈仿彝来。

9月22日(6)昙

得周笃文、黄永年信。

9月23日(日)晴

邱树森、孙应祥(历史系副主任)、孟昭庚三人来谈。【夹纸：孟昭庚，北阴阳营12幢206；孙应祥，进香河路33号1幢108；童光华，大庆路236号；孟素卿，南园南楼二楼；伍贻业，南园陶园8号；邱树森，北京西路二号新村13幢108室。】致舒芜、赵晶晶、夕佳、任笃行、孙慎之。以陈伯弢材料寄雪克。

9月24日(1)晴

得施蛰存、金克木、陶道恕函。邓瑞来。

9月25日(2)阴

全日参加九三省代会。邓瑞送来黄先生文、本人文、索引三样。夜南宁师院毛水清来。

9月26日(3)阴

得傅璇琮、聂石樵函。全日参加九三省代会。

9月27日(4)晴

得叶嘉莹、刘君惠、张实信,又周伟民、刘乃昌、岳洪治(人民文学《祖棻选集》责编),又王先霈论文。

9月28日(5)阴

上午看电影。下午参观电脑。得中玉、瑞洁、夕佳函。晚突患心疾,去工人医院住院。

9月29日(6)阴

得马騄程、方管、任笃行、王绍曾、臧云浦函。又得莫绍裘函,夏先生寄《饮水词》,胡大浚寄书三本。得《社会科学汇款》216元。

9月30日(日)昙

寄300元给夕佳。张志岳的两个研究生来。江苏古籍出版社和广东出版社两人来。

10月

10月1日(1)昙

在医院过国庆日。芸上午来陪,同进午餐。下午小婉携早早来,晚饭后始去。徐有富来医院探视。

10月2日(2)阴雨

芸全日在医院陪。下午孙望夫妇来探视,并送来莫君论文意见。草拟致杨克平函。赵国璋还来书五本。

10月3日(3)

函杨克平、邓长风、岳洪治(《沈祖棻选集》责编)。东北师大杨公骥研究生拟来就学事函交系里函复。下午周勋初、吴永坤、严迪昌、叶医生来院探视。晚屈兴国取去《续四库全书》第十二本复印,送来《词则》两本及稿。得杨明照、吴志达、夕佳、顾学颉、甘雪娟、周振甫函,福建出版社稿费18元。

10月4日(4)晴

得陈早春函,陈文华函及书,黄裳书,君惠函,《英华》精装本两本,齐鲁补齐《文薮》。凌雨轩、余绍裔来医院探视,并谈工作。张月超来探视。

10月5日(5)阴

发致施蛰存、黄永年、周祖譔、夕佳函。寄书与刘君惠等。唐文来医院探视。

10月6日(6)晴

发致马騄程、周伟民、莫绍奎、曲阜师院、陶道恕、张瑞洁、锦州任笃行、吴梅先生纪念会函。寄《文献》与徐鹏,《文薮》与周绍良。得钱仲联、澳大、兴化潘静函。凌萍萍、俞润生来医院探视。政协送还字幅并赠一大文件包。

10月7日(日)晴

芸学生20人来祝寿。

10月8日(1)昙

得夕佳、淡芳、雪克函,吴志达寄《元明清小说选》,张少康寄《文赋集释》。

10 月 9 日(2)阴雨

得克平电报，告以武汉将另开纪念黄先生会；平田寄《光宣诗坛点将录斠注》；张文勋、张三夕函；陆敬寄来 500 元。

10 月 10 日(3)晴

发致杨克平、吴志达函。得徐中玉、莫绍裘、刘茂舒函，湖北大学寄稿费 30 元。曾德珪、尹志腾在院谈工作。

10 月 11 日(4)晴

社联办公室主任刘同志来访。得萧印唐、周祖譔函。发钱仲联、刘茂舒函。

10 月 12 日(5)昙

得蒋维崧、陈仿彝函。

10 月 13 日(6)阴

函张瑞洁并寄 7 元，请购书。得山东聊城李庆立孙慎之、施蛰存、上海古籍、江苏社联函。孙望夫妇、陈瀛夫妇来院探视。江苏社联王老、李仲安秘书长来探视。

10 月 14 日(日)昙

发致萧印唐、李庆立、古籍出版社函。得澳大寄论文。六叔来午饭，小婉陪。郭、许、周来家谈工作。

10 月 15 日(1)昙

得郭预衡、尹慧珉函，小郑函及所寄书《古诗今选》十套、《文赋集释》《平寇志》《高适集校注》各一本，蒋维崧字及复印词。

10 月 16 日(2)昙

得钱仲联、张三夕、马騄程、刘乃昌函。屈兴国、吴锦来院谈工作。

10月17日(3)昙

得徐鹏、张国光函。陈美林来。

10月18日(4)晴

得梁璆、夕佳、黄瑞云函,林家英函及书。郭维森来院探视,谈工作。曲校长等来院探视。周明来。

10月19日(5)晴

得周祖譔函。发致澳大函,王永芬书。徐复来院探视。

10月20日(6)晴

得卞孝萱、杭生、杨公骥函,周来祥函及书两本。上午莫生拍电视。

10月21日(日)晴

终日在医院休息。下午小婉夫妻来探视。

10月22日(1)晴

上午请假回校参加答辩会,甚快。得张舜徽书与函,瑞洁、陈邦炎、萧印唐、上海古籍函。

10月23日(2)晴

得王淡芳、严学窘函。

10月24日(3)晴

得莫绍裘、吴志达函。吴白匋、舒芜、霍松林来家探视。黄纪华来。

10月25日(4)晴

得严迪昌、上海古籍函。

10 月 26 日(5)晴

发致陈邦炎函。尹志腾、龚放到医院谈工作。

10 月 27 日(6)晴

得辰宪、汪稚青(芜湖邮电学校)函,湖南寄《诗词抉微》,苏作协寄《外国文学论文集》。函陈邦炎。

10 月 28 日(日)晴

今日回家一天。丽则一家、天眉、天渝等共进午餐。

10 月 29 日(1)晴

姚松来发张宏生的论文给各委员。莫砺锋发寄萧、王等的书。寄书给周来祥,寄莫论文意见书给任笃行,寄钱 3 元订《文艺情况研究》。得闻一多研究讨论会开会通知,陶道恕、胡杭生、程小佳、陈鸣仲(陈作霖曾孙)函。

10 月 30 日(2)晴

函莫绍裘、程夕佳。得夕佳、李庆立等函,复旦开会通知,长春东北师大古籍所稿费 10 元。

10 月 31 日(3)晴

莫砺锋来还书。钱先生四硕士生论文看完。

11 月

11 月 1 日(4)昙

得叶嘉莹、彭靖、晴佳函。王永芬来借两本书去。发致钱仲联、杨公骥函。

11月2日(5)昙

得吴孟复函。武大柯、赵来。

11月3日(6)晴

得湖北大学王迪纲函。发致徐中玉、小海函。

11月4日(日)晴

整日在院休息,芸陪。丽则、小燕来院探视。

11月5日(1)晴

得陈邦炎、郝延林、武师严承钧、舒焚、莫绍裘、卢水石等函,《贯云石评传》,《湖湘诗萃》。

11月6日(2)晴

湖北大学王、谢老师来院探视。

11月7日(3)晴

得夕佳、陈邦炎、邓南(巴蜀书社)、陈致(北大)函。发致郝延霖函。天纵打好书橱二架送来。

11月8日(4)晴

11月9日(5)阴

白匋夫人、周勋初来医院探视。

11月10日(6)雨

得陈早春函及《选集》目录复印件,巴蜀书社寄《四川文史资料》。芸与袁李来谈。

11 月 11 日(日)阴

许惟贤、王庆元、吴永坤来医院。得黄纪华函。

11 月 12 日(1)阴

得陈雨芬(江西师大)、张毅(南开大学研究生)、陈翔华、刘茂舒函，季啸风、韩德培、吴玉堇、张安治夫妇来院探视。

11 月 13 日(2)阴

发致陈邦炎、岳洪治函。得赵瑞蕻、马静波(浙江镇海人民银行)函。

11 月 14 日(3)阴

得陈列、周采泉函，郑孟彤寄书二本，青海民族学院寄还诗稿。

11 月 15 日(4)阴

得任笃行函。发致黄纪华函。

11 月 16 日(5)昙

卞孝萱来医院。张瑞洁来。

11 月 17 日(6)昙

参加张伯伟答辩会。回家休息。得宛如信。严来谈工作。寄寿联(给夏老)陈翔华转，寄论文评语给澳大。

11 月 18 日(日)晴

回家休息。邓瑞、屈兴国来家谈工作。

11 月 19 日(1)阴冷

得凝珠、杨冠珊、王淡芳函，叶嘉莹寄《迦陵论诗丛稿》,《文艺理论研究》四本，上海师大稿费 47 元(已扣书费 3 元)。

11月20日(2)阴

屈兴国来医院谈工作。发致陈列、钱仲联函。寄《闲堂文薮》一本给杨冠珊,一本给郑孟彤。

11月21日(3)阴

瑞洁至医院,同赴清凉山游。晚瑞洁走。寄款订阅《文艺情况》。莫来借书两本。

11月22日(4)昙

寄《文艺理论研究》二本、照片一张并函给士民叔。得黑龙江出版社寄来《中国文学史论集》一本(张志岳)。

11月23日(5)昙

得黄纪华、郑国栋(湖南宁远一中)、韩维钧(徐州师专)、刘崇德(报考博士生)函。

11月24日(6)阴

发黄纪华、郑国栋、韩维钧、叶嘉莹函。得古籍小组寄书四本。

11月25日(日)晴

回家休息。小婉全家来共晚餐,甚欢。写字四条,寄张国光三条。致函瑞洁。

11月26日(1)晴

得王迪纲函,中华寄年历、《新出金文分域简目》各一,古籍小组寄书三本。

11月27日(2)阴

得人文岳洪治函。张宏生答辩,回家。上海教育出版社刘奇惕来,和鲁国尧洽谈。

11 月 28 日(3)晴

得《湖南学习导报》三本及任理德函,十中成立校友会通知。

11 月 29 日(4)晴

得倪豪士函,通知 5 元已收到。

11 月 30 日(5)晴

发白萍生、何申甫函。严迪昌来医院谈工作。徐有富送校雠学讲义来。

12 月

12 月 1 日(6)晴

得鲍振元、黄瑞云函。发致岳洪治函。

12 月 2 日(日)晴

回家休息。

12 月 3 日(1)晴

发复鲍振元函。得陈邦炎、胡杭生、祖晓春(报考研究生)、雷学军(报考研究生)函,古籍寄来《诗词日历》。

12 月 4 日(2)阴

吴永坤、周勋初来医院谈工作。

12 月 5 日(3)阴

得敏泽函。发致邓韶玉函。

12月6日(4)晴

得毕奂午、郭诚永、瑞洁、白萍生函,齐鲁赠《梦苕庵清代文学论集》。下午出院。

12月7日(5)晴

复郭诚永。

12月8日(6)晴

复毕奂午。得邓韶玉、张国光、邢亚辉函,教部教材目。

12月9日(日)阴

关道雄夫妇来,送论文一本。

12月10日(1)阴

得姚雪垠、邓韶玉、澳大函,吉林通知明年开古代文论会。夕佳夫妇来,夜全家共饭。

12月11日(2)阴

去工人医院验血。孟伦由武汉来,留午饭。教部寄稿费43元。

12月12日(3)阴

中午和臧老等聚餐。晚发早搏。

12月13日(4)阴

得王文生函。

12月14日(5)阴

上午尹志腾来谈工作。下午中玉、顾易生来访。

12月15日(6)阴

发给王文生、佘雪曼函。寄书王文生,人参给佘雪曼(静园带)。寄王滋源、陈福康稿给黄瑞云。

12月16日(日)

要小鲲买电炉。

12月17日(1)晴

函北京三联书店,又坂田新请代影印有关黄先生文。

12月18日(2)晴

尹杰腾及王老师傅来商安电炉事。许志英来。

12月19日(3)晴

月超来。得申甫书。

12月20日(4)晴

复申甫。得张国光信,所写招牌遗失。

12月21日(5)晴

12月22日(6)晴

开系学位评定委员会。得孙东临函(长崎县立国际经济大学)。章品镇、艾煊、顾尔镡、高晓声来。

12月23日(日)晴

上午赴社联评奖座谈会并会餐。下午郭维森来。晚上许惟贤来。

12月24日(1)晴

上午周勋初、屈兴国来。得金田数正、蒋树敏、杭生、陈定玉函。

12 月 25 日(2)晴

得丛文俊信,东北师大出版社及古籍所赠挂历。为谭、曹作评,改散文。

12 月 26 日(3)晴

12 月 27 日(4)晴

上午开会通过莫砺锋的博士学位。下午改考博士研究生卷。得陈仿彝寄《历代诗话论作家》上册并函。寄 3.50 元还陈。

12 月 28 日(5)晴

得刘彦邦函,寄来父诗手迹;平田昌司、村上哲见、徐州师专韩维钧贺年片。许志英来。复日本孙东临、刘彦邦。

12 月 29 日(6)晴

上午博士研究生考生口试,往主持。得阎庆生函(即复),澳大寄审查费澳币 95 元,折人民币 224.17。

12 月 30 日(日)晴

得夏先培信。

12 月 31 日(1)晴

1985 年

1 月

元月 1 日(2)阴

严迪昌、周勋初、吴新雷、许惟贤、张伯伟、曹虹、谢伯阳等人来。

元月 2 日(3)阴

周勋初、郭维森、许志英上午来开会,研究决定博士生录取名单。得小佳函,杨克平寄来潘重规著作复印稿,《高教战线》,青春文学院寄来年历,古籍小组寄来书一包。

元月 3 日(4)阴

得张三夕、陈贻焮、邓韶玉、高振铎函。

元月 4 日(5)

元月 5 日(6)阴

看病。得叶嘉莹函。

元月 6 日(日)晴

函贾晋华、金克木。参加金大同学会。

元月7日(1)晴

参加作协代表团宴会。

元月8日(3)阴

得周策纵、坂田新函,山西古典文学会送台历。

元月9日(4)晴

得陶道恕、杨慎之(湖南社科院副院长)函,山西人民出版社送小月历一个。晚张叙之来。

元月10日(5)晴

得顾学颉函及《元曲释词》上一本,《作品》寄挂历。下午去丁山宾馆开社会科学评奖会。贾、印晚来。

元月11日(5)晴

得黄德宽(安徽大学中文系)、沈锡麟、王达津,西南师院寄审文费100元,陆耀东寄书一本。

元月12日(6)昙

得廖纯德、孙东临函,作协开会通知。函黄德宽。得瑞洁寄黄季刚老师文,苏州大学请审文。

元月13日(日)晴

函邓韶玉请代购书。

元月14日(1)晴

得李辛凯寄挂历,夕佳寄还300元。

元月15日(2)晴

得卞孝萱函,湖北图八十周年专刊。今日社科评奖会结束。张伯伟、曹虹来。

元月16日(3)晴

得刘彦邦、周伟民唐玲玲函及刘寄祖棻手迹。江苏广播电台理论社教部主任陶皆良、欧阳来访(T43583),谈对联评奖事。唐文、吴锦来。坂田赠伞。函金克木、三联书店、沈锡麟。晚武大宗福邦、杨健来。

元月17日(4)阴

得夕佳、瑞洁函,江苏古籍出版社赠挂历。

元月18日(5)晴

得黄裳复函。黄先生纪念会预备会结束。宗福邦来辞行。

元月19日(6)晴

得饶钦农、张毅、苏州大学函,湖南出版社书一包。函黄裳。

元月20日(日)晴

寄出徐永端评语。函严学窘。芸赴大厂。小婉全家来午饭(馄饨)。许嘉璐、赵国璋、姚白桦来。宛雨生来送材料。

元月21日(1)晴

得张国光、陈翔华、上海古籍、周啸天函,又得瑞洁函。函苏州大学不去参加定稿会。上午出席校学术常委会。下午主持文科学术会议。

元月22日(2)阴

上午研究生院请写字。勋初、明炜等来。得晴佳函。

元月23日(3)阴

得饶钦农寄来书稿等。张伯伟来辞行。函瑞洁。

元月 24 日(4)昨夜雪,阴

王淮冰来谈社联评奖事。史梅送鱼来。将饶钦农书稿交研究生带还。

元月 25 日(5)晴

高国藩来。得王文生、邓韶玉函,社联、文联开会通知,历史文献研究会寄书两册。

元月 26 日(6)阴

得夕佳函。下午访止畺。

元月 27 日(日)阴

小婉全家来。

元月 28 日(1)晴

得佘雪曼、士名叔、三联函。

元月 29 日(2)昙

文史馆李耀云、张××、史××来。写字(许慎、段玉裁纪念馆,研究生院,书签三个——傅璇琮、勋初、夕佳转)。

元月 30 日(3)晴

函任笃行商议莫生稿事。夕佳寄书签。得空军气象学院郑祥理寄对联(南京岔路口空军气象学院 24 楼 8 号,电话 24007 转 242)。看完周伟德稿,还屈兴国。

元月 31 日(4)晴

上午九三来拍照。去社联开会。吴玉兰还书。

2 月

2 月 1 日(5)晴

得黄德宽函。整日去社联开会。

2 月 2 日(6)晴

与芸出买酒。姚松送卡片 3800。

2 月 3 日(日)晴

复黄德宽、王文生。函程一中。

2 月 4 日(1)雨

得舒芜、淡芳、马騄程函,陈翔华函并寄夏老书一册。系党政工代表来探视。全天在社联开会。

2 月 5 日(2)阴

上午在社联开会。得黄裳、林英函,砺锋送来《百科知识》一本,傅璇琮寄《陈与义年谱》一册。患目疾已近一周,下午去工人医院诊治。

2 月 6 日(3)阴

函丛文俊,嘱代觅张辉所需《史通》论文。九三王献民来访。收林英信及《倾盖集》。

2 月 7 日(4)阴

函林英,寄与《文教资料简报》。函中华书局,1. 请定责编;2. 请汇 5000 元预支稿费;3. 请将中华所藏清词目录速寄来;4. 上下限问题,最好开一小会。得易扬信,约参加屈原学会;张国光信,约参加竟陵派学会,故告以病未能。

2 月 8 日(5)阴

访新雷、威克等,不在家。得张国星信及《古典论丛(1)》,又历史系姜平赠《民国史论丛》。

2 月 9 日(6)昙

得武大统战部及彭鹤濂函。

2 月 10 日(日)晴

复武大统战部。

2 月 11 日(1)阴

致小佳。得黄德宽、卞孝萱信。

2 月 12 日(2)晴

江苏古籍出版社陆国斌、薛正兴、王步高来谈编唐宋词鉴赏书事。函杨克平(航挂)。

2 月 13 日(3)晴

函《文遗》史美圣附稿。访志腾。得小佳、曾加秀、萧焜焘(附文)信。空军气象学院×君取其联语稿去。

2 月 14 日(4)晴

与芸出购上衣。得马赫、任笃行信。电台来致礼。汪越来。下午出席省统战部联欢会。

2 月 15 日(5)阴

社科院范恭俭来。文联陈健、俞律来。得王文生寄《观海集》。

2 月 16 日(6)晴

得晴佳、程一中、徐中玉、傅光函。下午去《青春》评奖会。

2月17日(日)雪

陕西师大研究生王红带来黄永年函及书。

2月18日(1)雪

为傅光作书签。陈健代表文联来拜年。

2月19日(2)阴,除夕

得伯伟、樊凡信。

2月20日(3)晴,元旦

中午在天渝家饭。晚在白匋家饭。

2月21日(4)晴

得倪豪士、杨扬函。收到黑龙江安达市人民银行王天白乞幅,此人曾以文见寄,失之,颇滋扰。

2月22日(5)晴

函杨明照。得章子仲、张三夕、彭伯通信。

2月26日(2)阴

发黄裳、史美圣信。得张文勋寄书,三联曹月堂寄《三松堂自序》。

2月27日(3)雨

得坂田新寄来潘重规等著作复印本,澳大函。去市文联开会。

2月28日(4)阴

函王淡芳、章子仲、彭鹤濂、曹月堂。得龚心汉函,为彭伯通询问地址,即复,不见。夜孙望介绍《周末报》编辑吴卫平(吴晋远)来。

3月

3月1日(5)阴

复瑞洁(余购书款4.80元存彼处)、周伟民、马騄程、坂田新、杨扬、张国星、马赫、樊凡、中玉。得克木、吴碧莲信。

3月2日(6)阴,小雨

函三夕。

3月3日(日)阴

以文寄邦炎,并问词事。收林家英磁带、食物,卞孝萱食物。

3月4日(1)阴

函王步高(附致叶嘉莹、缪彦威函)。得于辅仁、杨志尧(二人均系考硕士生者)函,中华寄书两本,吴世昌寄书两本。下午参加校学术委员会全体会议。上午社联王老等二人来。

3月5日(2)晴

得林家英、黄裳、雪曼、傅光信。

3月6日(3)阴

得杨扬信,即复。以谈培养研究生稿寄《当代中国》教育部编辑苏渭昌、赖立(教育部)。得《中国文学家列传》稿费。

3月7日(4)阴

函金启华。下午研究生(博)来谈。得中华函。

3月8日(5)阴雨

得邓长风函。白皓来,托以书带给郝延霖。

3 月 9 日(6)

3 月 10 日(日)雪

复黄裳。得蒋兆鹄函(荆州师专)。

3 月 11 日(1)晴

学生上课。得史美圣(《文遗》稿校样)、王文生、陈邦炎、丛文俊、彭岩石函,苏大 30 元。

3 月 12 日(2)阴

上午清词室开会。下午杨克平来。致史美圣。

3 月 13 日(3)阴

复兆鹄。致张辉、陈翔华。得苏昌辽、黄纪华函。下午评审会。

3 月 14 日(4)阴

函吴碧莲。得吴志达信。

3 月 15 日(5)晴

下午去梅花山。杨克平赴港。陈美林来,未遇。

3 月 16 日(6)阴

得丛文俊、黄裳函。上午去市文协开会。下午系里开会。

3 月 17 日(日)阴

复张文勋、王文生、吴子臧、林佳美、舒芜。

3 月 18 日(1)阴

得叶嘉莹、万业馨、古籍、山东莱阳一中郭强清函。

3月19日(2)阴

得夕佳、马赫函，陈福康寄《历史小说选》。寄中华《学林漫录》校样，《文献》封面样给任笃行。

3月20日(3)阴

得霍松林、陈美林(陈翔华告无闻夫人允抄夏老词目)、吴孟复函。

3月21日(4)晴

夜张、蒋来(博士生来①)。

3月22日(5)晴

函叶嘉莹。

3月23日(6)晴

访孙望。出外购物。函沈锡麟。又函梁尚人部长(附尹黄材料)。

3月24日(日)阴

章子仲来饭。

3月25日(1)阴，小雨

得沈宁生(考研究生)、戴登明(武大学生)、舒芜函。

3月26日(2)阴

晚开会研究录取硕士生。

3月27日(3)阴

得古籍寄《古诗考索》样书13本，陈翔华函(已交清词室)。函舒芜，告知陈致已录取硕士生。

3 月 28 日(4)阴

得缪钺函,小鹿叔寄来印章,叶嘉莹、林辰函。函宋家淇,寄序(自己拿去)。

3 月 29 日(5)晴

得黄裳信(已转严)。寄书给舒芜、黄裳。

3 月 30 日(6)阴转晴

函六叔谢石章。函邓长风告补正汪先生文稿,请邓韶玉买书。得武汉作协邀请函,张璋函(已转严),上海社科院出版社寄《历史小说》印数费50 元。

4 月

4 月 1 日(1)阴

得黄裳、蒋兆鹄信。

4 月 2 日(2)晴

得西北大学傅剑平函。

4 月 3 日(3)晴

下午在校开评审会。晚杨知文来。

4 月 4 日(4)晴

得马兰、钱仲联、黄荣志(投考研究生者)、水浒研究会函。全天开评审会。赵国璋还徐有富讲义。

4 月 5 日(5)小雨

得武大统战部及吴志达函。全天开会。

4月6日(6)

芸病。陈美兰、吴肇荣来，未遇。开会。

4月7日(日)阴昙

芸病。定评会4—7毕。夜浙江古籍出版社王翼奇、赵一生、杨剑虹来。

4月8日(1)晴

得周振甫、程毅中、舒芜、吴文治、蒋德钊函（程、蒋函已转清词室），《量守庐学记》稿。下午郭、许二主任来谈博士点事。《文学报》记者谢海阳代《文汇报》专刊采访《全清词》事。

4月9日(2)阴

陶敏来。函吴志达、章子仲、邓韶玉、上海古籍。以《庐记》寄唐文。得顾学颉、陶道恕、尤振中、任笃行、何芳洲信。

4月10日(3)雨

王立兴来谈开会事。函何芳洲。

4月11日(4)晴

得白萍生、徐中玉、吴调公、河南大学书法学会函。寄款给杨克平（1000元）。上午与陈嘉同工作。

4月12日(5)晴

丁处长来谈新增文科专业事。得钱默存、何申甫、朱金城信。

4月13日(6)晴

得黄裳信，徐师30元，又蛰存、于北山、王运熙信。

4月14日(日)晴

和芸游玄武湖。

4月15日(1)晴

得杨克平、黄裳、朱东润、富寿荪、周振甫、江苏人民出版社、江苏古籍出版社函。下午开新专业论证会。

4月16日(2)晴

以史传稿寄中玉。得四平师院张玉新信,又陈贻焮、青岛教育学院吕长仲、方长啸信。

4月17日(3)晴

函陶道恕,谈吴翠芬稿事。得刘若愚诗函。

4月18日(4)晴

4月19日(5)晴

冯其庸来。莫砺锋取去杜诗讲稿。晚研究生梯队开会。

4月20日(6)多云

得章子仲、刘明澜、傅璇琮、王以铸、聂石樵、云南大理师专、牟世金、上海古籍函。下午去工人医院看病并探视圭璋。

4月21日(日)晴

复傅璇琮、上海古籍、大理师专、王以铸、淮阴师专《活页文史丛刊》。得三夕函。

4月22日(1)晴

得陈大沛(孝章之子)函。止畺上午来谈。

4 月 23 日(2)晴

研究生复试。得林庚、岳洪治、吴碧莲信,又邢亚辉信,缪钺信。复岳洪治告定《选集》100 册。

4 月 24 日(3)晴

得山大研究生佘正松、盐城政协周梦庄、叶嘉莹信。

4 月 25 日(4)阴雨

得陈祖美函,盐城市政协周梦庄寄《海红词》,霍松林寄《社会科学评论》,省社联开会通知。

4 月 26 日(5)阴

得张安治诗信,投考研究生于辅仁信。中午和芸同赴月超宴。

4 月 27 日(6)晴

得周勃函。上午去社联开会。晚请桂哥在家小酌。得唐文、中玉、刘文忠信。

4 月 28 日(日)

去苏州,至 5 月 5 日。

【日记本封底:一九八五年五月苏州作《过六宅头子苾故居》:窈窕词仙去不还,尚留遗宅在人间。年时执手巡檐处,一抹微阳度屋山。】

5 月

5 月 6 日(1)阴

教育部及中华书局三人来视察文献所及清词室。4 月 29 日至 5 月 5 日得张国光、周士琦(余嘉锡外孙)、王淡芳、陈继明、张仲(青岛教育学院)、王勇(新疆)、张瑞洁、刘君惠、江苏古籍、张三夕、贾晋华、曹月堂(三联)、吴志达函,Harvard Journal of Asiatic Studies寄学报,人文出版社寄《中国古典文学论丛》第一辑,林庚寄《问路集》。

5月7日(2)晴

得茂舒、赤峰师专叶沐耕、叶嘉莹信。

5月8日(3)昙

得湖北天门杨茂林函。

5月9日(4)阴

上午去市文联开会。得山东艺术学院科研处函。和许惟贤同去金启华家。

5月10日(5)晴

迎叶嘉莹。

5月11日(6)晴

叶作报告。

5月12日(日)晴

5月13日(1)阴,昨夜雨

叶上午参观《全清词》,下午座谈。得周祖譔信。夜安旗、郁贤皓来。

5月14日(2)阴

古籍王镇远、冯海荣二同志持邦炎函来见。得盐城周梦庄函,郭豫适寄书一本。夜,许、唐、吴、徐来商黄先生会事。

5月15日(3)阴雨

中华《文史知识》陈仲奇、余哲持傅璇琮函来访。上午赴江苏古籍会议。以录音带及字一幅交宏生赠叶嘉莹。

5月16日(4)晴

函复周梦庄、君惠。

5月17日(5)阴

函王勇(新疆)、华敏、山东艺术学院、汤擎民、陈继明、周士琦、郭豫适、小佳。得马騄程信。

5月18日(6)阴

陈海燕(武大老学生,现在湖北大学历史系)来。

5月19日(日)昙

复茂舒、淡芳、周勃(三夕、子仲)、林从龙。李涵来,询祖棻事,赠以二论文集。

5月20日(1)

复陈大沛、瑞洁、刘三富、张安治、倪豪士。函郑云林购书。得曹月堂信。

5月21日(2)晴

下午赴鸡鸣寺游观。

5月22日(3)昙

得子仲寄稿,即转振甫(并附照片10)。得邓小军信。

5月23日(4)昙

上午开南京作协成立大会。下午访叶嘉莹。得刘开扬信。

5 月 24 日(5)晴

中午云远邀饭,同席吴强、白尘、许幸之夫妇(来南京开画展,中央美院任教)等。得曾君儒信(广东兴宁县教育局县志教育分志办公室)。

5 月 25 日(6)晴

史梅来,饷茶一斤。武大教务处张杰来谈黄先生纪念会事,又落实事。得方管信,又雪垠信,邓小军寄论文。

5 月 26 日(日)

写《对话录》,次日由李立朴寄《文学遗产》。夜请客。

5 月 27 日(1)阴雨

得张文勋、南通教育学院金志仁信(附文稿)。

5 月 28 日(2)阴

下午赴省政协开古籍会。宋家淇携李一蕾来。以稿寄《文史知识》(《学诗答问》)。

5 月 29 日(3)晴

与北桦、孙望、夏晨钟夫妇同游琅玡竟日。晚宴请沈锡麟。函宋家淇。

5 月 30 日(4)多云

得刘茂舒函,村上哲见寄《陶枕词稿》,张文勋寄《刘勰的文学史论》。早晨写字(楹联协会、张文勋、地质学校屠海若)。

5 月 31 日(5)昙

得淡芳、振甫信。

6月

6月1日(6)晴

得君惠、许逸民、陈贻焮、毕庶春(丹东师专进修教师)、吴曙明(池州师范)函。

6月2日(日)晴

小海道深结婚。

6月3日(1)晴

得叶嘉莹函。

6月4日(2)阴

致林英。复舒芜。以文稿还金志仁。武大五四年毕业生雷应行(与贺新创、郭锡良、祝敏彻同班),现任苏州教育学院中文系主任,约赴苏州讲学。陆国斌来。

6月5日(3)阴

得格留、杨冠珊信,《文学遗产》收条(A·28问答录)。

6月6日(4)

6月7日(5)

以书寄吴熊和。以词人名氏录寄黄裳、叶嘉莹。

6月8日(6)晴

得毕万忱、陶道恕信,即复。函陈仿粦。

6 月 9 日(日)晴

晚饭在小婉家吃。白萍生来送沈书词稿。

6 月 10 日(1)晴热

函梁世传、陶道恕、陈仿彝、章子仲(寄材料附致刘道玉)、毕万忱(附字幅),以书寄清水、村上。寄出哈佛支票。

6 月 11 日(2)阴

上午看病。得三夕函,陈贻焮寄《自传》,陈中奇、余哲(《文史知识》)函。

6 月 12 日(3)阴

上午郑尚宪答辩。下午苏昌辽来,送裱字画。周晶来。齐鲁书社总编赵丙南、副总编孙言诚。得王淡芳信。

6 月 13 日(4)晴

得《浙江画报》信,并退照片 4 张。得杨克平寄杂志。

6 月 14 日(5)晴

得川大函,关于开宋代文学讨论会事;云南师大江忠欣函。下午与大学生会谈。得刘蘅惠愔寄词并函,三夕寄《〈文心〉征引文录》。

6 月 15 日(6)

复曾枣庄、刘蘅、浙江画报社谢狱。上午赴楹联学会成立会。寄论文 100 本川大。得吴志达函。

6 月 16 日(日)晴

复志达告菜佚事。

6月17日(1)晴

杜甫草堂寄来校样，已校好寄去。得方管函，张国光转来竟陵郭义淦代刻图章一方。

6月18日(2)晴

得周本淳、舒芜函；《江海学刊》寄来十本；张白山书一本，即还寄《古诗考索》一本。寄《江海》给杨扬，寄《苏轼的风格论》给陈贻焮、荒芜、周本淳并附函。给康煜意画题字赠匡老。杨克平夜自常州来电话。

6月19日(3)晴

得黄裳《银鱼集》，即复，并答前书。得匡《孔子评传》。

6月21日(5)晴

得万业馨信。安徽黄山书社（古籍出版社）编辑项纯文同志持吴孟复、黄德宽函来见，赠以《章氏国学讲演录》。

6月22日(6)

得湖南省图书馆信，即转严。

6月23日(日)

携诸儿孙游鸡鸣寺。

6月24日(1)雨

得梁世传信，谈祖棻事。

6月25日(2)阴

以论文寄还扬师。五十年代九三工作人员赵春霖来。万放来代购纸一刀，44元。汪越来，付以稿费200元。

6月26日(3)阴雨

尹志腾报告各事解决情况。王绍曾寄《张元济传》。以书寄坂田新，论文(《苏风格》)寄吉林大学。得黄裳信并书，南通教育学院金志仁信，人民文学出版社张国星赠《金瓶梅》书卡四张。

6月27日(4)昙

函《文汇》索稿。得章子仲函。

6月28日(5)阴

挂号寄出《草堂》稿及答文学所科研处问。许志英来。

6月29日(6)

以照片寄叶嘉莹。得谢狱复信。湖北天门交通局郭义淦托张国光赠一名章，顷又来一信，无事。

【剪报：《文汇读书周报》1985年6月29日谢海阳《〈全清词〉在紧张编纂中——程千帆教授吁请各方大力支持》。】

6月30日(日)阴

函黄裳、张实，复赵盛德。清华大学刘桂生教授(寅老学生)来。武大老同事王焕南来。金启华来，赠《诗经全译》，又华钟彦函及照片。

7月

7月1日(1)阴

得陶道恕、周本淳、杜仲陵、夕佳函，又曾枣庄信。复道恕、仲陵，辞巴蜀聘。得郭义淦寄《钟惺论》。

7月2日(2)阴

7月3日(3)阴

7月4日(4)阴

写匾给陆夫人。晚七时乘飞机去北京开会。

7月5日(5)阴

昆剧院骆君送来画请题。得《草堂》函，收到校稿。在北京开博士点基金会，王瑶、冯其庸、严家炎、程四人。

7月6日(6)昙

上午9:15从北京起飞，下午1:30到南京。

7月7日(日)昙

到天眉家饭，小鲲生日也。

7月8日(1)昙

得子仲信，告以得祖棻自传；江苏高教局信，告拨款三千元；舒芜信；新四军纪念馆信，要写字；吉林大学文论会信；南师大审稿费60元；齐鲁周晶信，要校汪先生稿；雷应行(苏州教育学院)函。

7月9日(2)

复舒芜、雷应行。得陈仿彝函。

7月10日(3)

得邓子勉函，四川大学开会通知，刘三富函。周晶来，携去汪先生稿。蒋寅偕戴伟华(扬师教师)、吴小平(江苏古籍出版社)来。

7月11日(4)

夜陈辽来。

7 月 12 日(5)

写字。

7 月 13 日(6)雨

取中华清词稿，明日寄还收条。改蒋寅稿。题马得画。

7 月 14 日(日)

7 月 15 日(1)晴

川大宋代文学讨论会，9 月 16 日报到，22 日结束。武汉会十月十五日到十八日。得傅璇琮、舒芜信。

7 月 16 日(2)晴热

7 月 17 日(3)阴雨

得王文才寄来《元曲纪事》，《草堂》函收到稿件，《高等教育》约稿。陈美林来，带来夏老《词集》、徐朔方《史汉论稿》。

7 月 18 日(4)昙

得傅璇琮寄《李文饶年谱》。

7 月 19 日(5)晴

复傅璇琮、君惠文才。上饶师专二人来。

7 月 20 日(6)晴

得张国星函。

7 月 21 日(日)昙

日人青山宏来(日本大学助教授)。

7月22日(1)晴

赴连云港。

7月31日(3)晴转雨

傍晚自连云港回。收到下列各信:1. 倪豪士、2. 叶嘉莹、3. 程士名(附画像)、4. 苏昌辽、5. 郝延霖、6. 王淡芳、7. 刘蘅(附书法)、8. 章培恒、9. 村上哲见(附论文)、10. 吴志达、11. 李易(附稿)、12. 尹默夫人。

8月

8月1日(4)晴

函陈美延,索柳如是词。函杨克平、舒芜(寄书评)。

8月2日(5)晴

函复冯裕(问祖棻著作)、六叔,又为解放军杨桂松作字。得《文学报》谢海阳信,寄来《读书周报》载《全清词》消息。

8月3日(6)晴

得林辰、文学所、周晶、舒芜函,又白萍生函,楹联学会。

8月4日(日)晴

天瑜、小宁来。病。

8月5日(1)晴热

得堵述初函,寄黄先生轶事稿(本市广州路77—9号)。

8月6日(2)晴

函黄裳,询柳如是词集。复堵述初。得清华大学思想文化研究所刘桂生教授信,又荒芜信。

8 月 7 日(3)晴热

8 月 8 日(4)晴,阵雨

8 月 9 日(5)晴

得重庆李季能(过去老学生)函。

8 月 10 日(6)昙

上午去看周大璞。海盐县志杨光涛、梅园中学朱元曙(朱偰之子)来问祖棻事。为九三题册,新四军题字(已寄)。函荒芜附诗一帧,陶雄(请代取负离子)。得吴永坤及严信,《文汇》寄来 48 元。

8 月 11 日(日)晴

函万放。周大璞、钟、王、唐等来。晚去强姐家饭。

8 月 12 日(1)晴

全日开黄先生纪念会筹备会。得黄裳、堵述初、郑重(清水茂的学生)、清水茂、周楞伽函。

8 月 13 日(2)阴

上午开会。晚宴。得舒芜、吴海发(附稿)、教育部文科教材办公室函;李庆甲讣告;吴永坤寄来黄先生纪念文,已转出。函复田敬诚。

8 月 14 日(3)阴

函吴海发、舒芜、俞敏、孟伦、曹月堂、赵国璋、杨克平。

8 月 15 日(4)晴

唐伯康来,借去俞平伯《唐宋词选》一本。

8月16日(5)晴

去看孙望。

8月17日(6)晴

8月18日(日)晴

赵国璋来访。

8月19日(1)阴

晨去工人医院看皮肤痣，约九月中旬切除。严迪昌来访。科研处周处长来。得北京西城区北海后门前井胡同15号郑重寄来《太清春词》照相。

8月20日(2)晴

函复清水、村上、刘桂生、林辰、郑重。周之德来(武大中文系60年离校生，湖南娄底地区文联《人间》杂志社)。

8月21日(3)昙

8月22日(4)昙

得君惠信，朱兰客信附黄先生《文选平点》。

8月23日(5)晴

龚任之(外甥)来。

8月24日(6)晴

得永坤信。

8月25日(日)晴

8 月 26 日(1)晴

得蒋寅、陈美延信。横山弘来。鲁国尧来告严学宭要增代表 4 人。

8 月 27 日(2)晴

得俞敏、蛰存信。即复蛰存。晚宴横山弘。

8 月 28 日(3)晴

方壮猷之子方克立(南开大学教授)来访。曾德珪来。得波多野寄来论文。

8 月 29 日(4)晴

得淡芳信,又长沙大学杨资滨(武大学生)信,中玉稿费 62 元。函魏同贤。

8 月 30 日(5)昙

马昌松来。得岳洪治函,知《选集》出版。

8 月 31 日(6)

函杨克平。得曹月堂、吴志达信。

9 月

9 月 1 日(日)雨

函王淡芳(附还文章)、杨克平、周勃、章子仲、施蛰存(要祖棻遗札复印本)、岳洪治、吴志达、曹月堂。

9 月 2 日(1)阴雨

上午开学术委员会。得游寿函,不来参加黄先生纪念会。

9 月 3 日(2)

姚白桦来。得雷应行函。

9月4日(3)

开中层干部会(上午)。吴锦来。

9月5日(4)

以《天游阁》抄本复印寄李一氓。得村上哲见复印文三篇及函。开中层干部会(上午)。

9月9日(1)晴

得郝延霖信(访清词事)。以黄鹤词寄马昌松,以治学方法论集交齐鲁李玉山。王淮冰来电话,转请省委统战部宗教事务局陈秉坤科长介绍明山法师讲佛学。得魏同贤函。

9月10日(2)

教师节开会。清词室开会。得孙文光、相城县委函。

9月11日(3)昙

复孙文光、相城县委。得徐章煌信,告可住湖大。得《社会科学》英文版编辑冯世则函。赵春霖派苏州日语函授中心学生汪凡送来茶叶一包。

9月12日(4)昙

以译稿寄还冯世则,以词说三篇寄王步高,以《湘春夜月》寄蛰存。得四川师院信,周勃信,杨克平致曲校长信。以1500元交许惟贤。高津孝来见。得君惠信。得《草堂》稿费。

9月13日(5)昙

《中国社会科学》杂志社朱成甲来。

9月14日(6)

以杜甫文寄舒芜,以《史通》稿寄赵守俨。函胡忌、蒋天枢(词事)。

9月15日(日)阴转雨

晨六时半赴东站，砺锋同行，7时04分开。寄曹月堂航信。

9月16日(1)雨转晴

夜10时09分抵成都，川大中文系金同志来迎，住棉麻招待所206号。

9月17日(2)阴

上午在川大宋代文学讨论会开幕讲了话。刘彦邦、王文才、王仲镛来。下午大会。

9月18日(3)昙

上午和彦邦夫妇、淡芳游人民公园并小吃。晚赴苏轼学会宴。刘君惠夫妇、杜仲陵父子晚来。上午李国瑜、刘国武来，未遇。

9月19日(4)晴

上午开大会。中午赴巴蜀书社宴。下午参观武侯祠、杜甫草堂。晚彦邦夫妇、文才、濮禾章来访。上午蓝泽荪、杨淑媛来访。

9月20日(5)阴

上午参加川大讨论《全宋文》的会议。芸和泽荪、淑媛进城吃小吃。下午在川大讲学。晚赴成善楷宴。晚武大学生李昌鹭(现在川大副教授)、陈达云(现在成都22中)和刘君惠五研究生来，未遇。

9月21日(6)昙

上午大会闭幕。下午赴乐山，中途游三苏祠，夜七时许到，宿凌云寺拥翠楼。得刘道玉电，吴志达信。三苏祠索对联。

9月22日(日)晴

上午游凌云、乌龙，砺锋、严华陪。下午七时返。川大赠讲课费

30元。

9月23日(1)晴

移居川大东风楼八幢。宴于芙蓉酒家,会者君惠、君恕、国瑜、仲镛、仲玙、异材、国武、文才、幼文、黄福联(步青)福陞兄弟、朱寄尧杨淑媛夫妇、陶道恕、蓝泽荪、李奇梁、川大中文系主任唐正序。

9月24日(2)晴

访孝章夫人。下午在川师大讲。复刘道玉、吴志达。

9月25日(3)雨转阴

中午川大同人宴,杜仲陵、王淡芳、道恕、泽荪、杨淑媛、彦邦、奇梁、钟树梁、梁文俊(郫县)、谭明理。晚寄尧夫妇宴,君惠夫妇及善楷陪。善楷颇谈自己经历。得《社会科学》冯世则函,即复。

9月26日(4)雨

上午八时去青城山及都江堰,同游者淡芳夫妇、彦邦夫妇、道恕夫妇及梁文俊。文俊惠豆瓣。

9月27日(5)晴

上午去草堂参加巴蜀为庆祝张秀老90大寿的会议,遇见刘开扬、屈守元等。会后去看赵幼文及社科院副院长廖天祥。得吴永坤函,即复。函小佳。刘国武来,赠一卷。杨明照来,赠绣被面。《成都晚报》记者来访并拍照。

9月28日(6)昙

赴川师大为研究生讲,即在该校午饭,遇屈守元、饶理中。川师赠绣被二、茶叶一。得舒芜信,告稿收到。

9月29日(日)晴

复舒芜。赴天回镇,道昶夫妇、彦邦夫妇同行。下午五时返。得袁相碗电,刘道玉电,王文生信。夜文才来送月饼。

9月30日(1)晴

去桂湖及宝光寺,同行王文才、君惠夫妇、仲镛。印唐昨晚自渝来,亦同行。新都文物保管所主任冯修齐等接待,并索匾额。

10月

10月1日(2)晴

上午去明照、彦威、成善楷诸家辞行。下午去君惠家晚饭,印唐、文才、仲玙同饭。君惠大女崇兰(即小惠,电力学校教师)、子崇仪(即小临,省社科院经济研究所副所长)、小女丽白及媳婿均在座。克克在重庆。

10月2日(3)晴

上午成善楷、印唐及其二女来访。中午在彦邦家午饭,印唐、刘明、淡芳、道昶等在座。得舒芜、志达函。晚在道昶家饭。去朱寄尧家辞行。送别者明照、善楷、奇梁、道昶夫妇。彦邦送上车。

10月3日(4)晴

离蓉去渝,晚7:20抵达,成善棠、周世国来接,住山城饭店。印唐同车来渝。

10月4日(5)晴

和印唐同游重庆市区,购砚一方赠印唐,购得书十余种。

10月5日(6)晴

和印唐一起去小龙坎、沙坪坝看望尚笏和王沛然,尚80岁,王87岁,均健康。晚登江渝10号轮，住一晚，成善棠和周世国送上船。

10月6日(日)晴

晨7:15船离渝，江上有雾。船上伙食饭硬菜差，只得辅以方便面。晚泊万县。

10月7日(1)晴

晨5时船离万县。9时泊奉节上下客，之后即入三峡。先至瞿塘峡，江面极狭而两岸峭壁耸立。后入巫峡，似不如瞿塘之险，但峡长峰多。最后进入西陵峡，险更不如前两峡。将至宜昌前，过葛洲坝，叹为观止。今日游极乐。

10月8日(2)晴

昨日下午过宜昌，夜过沙市，今晨暂泊城陵矶，过洪湖。江面极宽，波平如镜，两岸一片平整的土地，气势磅礴，与川江迥然不同了。四点整抵武汉，周勃、三夕以及湖北大学校长办公室主任来接，仍寓专家楼。随后中文系主任李悔吾和章子仲来访，约定9—12日的日程。晚武大周大璞、王文生夫妇、吴志达、宗福邦等来访，约定14—17日的日程。

10月9日(3)晴

上午子仲来，商谈写祖棻小传事。三夕、周勃来。下午去华中师大看张舜徽先生，被留住和研究生讲治学，饭后始归。晚著弟妻王丽君，侄女陶丽、陶红、陶晨来访。夜祝敏彻来(新调到湖北大学)。王陆才等来。

10月10日(4)阴有雨

朱祖延来。午中文系宴请。下午给研究生讲课100分钟。晚观看《九歌》。

10月11日(5)阴有雨，下午转晴

上午和研究生导师座谈二小时余。下午休息。张国光来，赠书。晚学校宴请。小佳来谈小珠事甚详。

10 月 12 日(6)晴

上午游黄鹤楼,为写字一幅。中午在老通城吃豆皮,甚佳。在老通城遇见曾卓与刘茂舒。下午五时武汉大学张广明、王庆元来接,移住武大外招。晚武大中文系宴请,在座有何总支书记、张广明、周大璞、王文生夫妇、吴志达、办公室小万、王庆元。

10 月 13 日(日)阴

上午访赵澍宜、刘涤源、韩德培、吴于廑、唐长孺、姚梅镇、毕奂午等。下午访陆宗达、严学窘,严不在家。晚杨翊强来谈。

10 月 14 日(1)阴

上午武汉民族学院中文系陈继明来。《武汉大学学报》编辑主任来访,赠《学报》若干册,付祖棻词稿费 180 元。下午给武大中文系讲课二小时余。晚武大刘道玉校长、副校长、黄副书记来会。杨克平、黄念宁夫妇来会。武大统战部长来谈。张天望来。

10 月 15 日(2)阴

上午开纪念会。中午王文生夫妇约饭。下午参观黄先生遗著、遗墨展览,并与陆、殷等老一起和黄先生家属会面,并写字。下午毕焕午、章子仲、吴志达等来。莼姐长女陈瑾(民族学院中文系讲师)来访。晚应吴于廑、唐长孺、韩德培邀,共饭于外招餐厅。

10 月 16 日(3)阴

晨与芸同访渔村(武大九区)旧居,并摄影一幅。中午饭于志达家,李格非陪。下午去统战部找遗失的书画,找到约二十幅。晚武大中文系请参加会议的老先生,有陆老、开封余老等。

10 月 17 日(4)阴冷

上午给研究生讲课。姚梅镇老师来探望。陶著、陶红来,赠茶具。中午去湖北大学午饭,有陆老、张老等。下午元明清研究生来谈。刘涤源夫妇来,赠茶叶、加应子。晚应武大校长宴。晚周勃、三夕来送。湖大中文系赠以人参和茶叶。

10 月 18 日(5)阴雨

上午 11 时乘江汉 17 号轮离武汉,李成文登船送,还有新党委书记。

10 月 19 日(6)阴

和严学宭交谈,约定南大中文系和华中工学院语言研究所合作:(1) 交换资料;(2) 外国专家来讲学,互通消息;(3) 华工已有电脑,并已储存若干信息,可供南大使用(《现代汉语字典》包括在内)。

船 4:30 抵宁,张辉、史梅、李立朴上船接。芸回家,帆和代表一起去中山陵,晚归。

9/16—10/19 得章培恒、屈守元、周本淳、马昌松、吴孟复、蒋树敏、邓南、周振甫、朱金城、沈锡麟、廖立、成善棠、平田昌司、哈佛燕京社、波多野太郎、福建海峡出版社、黄鹂、杨伯峻、聂石樵、夏承焘家、任笃行、李从军(山大)、汪尧昌、王步高(江苏古籍)及不认识者等函,龚任之(外甥)函。

10 月 20 日(日)阴

去中山陵开会。卞孝萱、郁贤皓来送文献会请帖及书一本。萧涤非博士生李从军来。武大组织部韩某来。

10 月 21 日(1)阴雨

上午和周勋初晤谈。下午郝延龄、刘君惠、杜仲陵来。下午四川大学钟树梁来访。下午开黄侃奖金授奖会。得成都西南电力设计院庞珏(石帚先生之女)寄来其父遗著。

10月22日(2)阴

上午开会。下午陪代表游中华门楼等地。晚至小吃部聚餐。

10月23日(3)阴

上午开会。下午游栖霞。得周策纵函、文,坂田新文章,青山弘文章,富寿荪赠书及信。

10月24日(4)阴

上午开会。

10月25日(5)阴

纪念黄会闭幕。得唐伯康(兰州禄家巷62号)、胡忌、刘彦邦、晴佳信,蛰存信并退稿。晚款待君惠、仲陵家宴。下午吴翠芬来谈。

10月26日(6)阴

上午参加文献学会。下午与杜、刘去看止畺,未遇。祁蔚来。

10月27日(日)阴,中午小雨

以江苏报纸复印寄克平。以《湘春夜月》改稿寄王步高。以《量守庐学记》寄黄鹂(念田女,雪曼媳)。

10月28日(1)雨

得马昌松、舒芜、唐文、苏大(请任博士生答辩人、主持人),又齐治平赠书。黄懋颐来。

10月29日(2)阴

以稿费及《涉江诗》寄周退密、朱光潜,以书及遗札寄子仲。函岳洪治。函林英。

10月30日(3)阴

吉大古籍所王同策(武大历史系56年毕业)来,嘱其谋印清词。复信数十封。

10月31日(4)阴

得陈植锷书,要《考索》。夜河北师院常林炎(顾肇仓弟子)来。

11月

11月1日(5)晴

上午参加文献会闭幕式并聚餐。得河南文学所、山东卢达、张远函,马茂元寄书一本,又得张叙之信。

11月2日(6)晴

孙望夫妇来。山东电视台来录像。

11月3日(日)晴

复张叙之、马茂元(赠书)。与囡观电影。

11月4日(1)晴昙

天眉来饭,小毕同来。下午同去吃蟹包。

11月5日(2)阴

写好字二张,寄谢晓苏、马昌松。夜唐文、王庆元来,商黄先生论文集事。

11月6日(3)

函中玉(要史岩文)、敏泽、璇琮(要许浑材料)。上午开编黄先生论文集小会。中午请诸公在鸡鸣寺饭。得凯凯、仲陵、代芳、山大信,印唐诗。

永芬来。

11 月 7 日(4)阴

陆国斌来,送书数种。

11 月 8 日(5)阴,微雨

得山东大学函,即复。以字寄李国瑜、谢宇衡。以书寄成善楷。下午与研究生谈话。得蛰存信。

11 月 9 日(6)晴

上午袁相碗来。得周退密函。

11 月 10 日(日)晴

为芸作生日,全家及钰哲夫妇来。

11 月 11 日(1)晴

得敏泽、朱季海、上饶师专寄书,周采泉寄诗,苏大寄博士论文。张广明等来。

11 月 12 日(2)晴

张广明来。得马昌松、中玉信,又马录程、赵逵夫(西北师院教师)函及《介庵词》。

11 月 13 日(3)晴

得章子仲函。致文生,寄还罗邦柱论文。苏昌辽来。得念田次女黄曾曙自四川璧山来凤中学来信。

11 月 14 日(4)晴

得复旦博士生陈建华文,敏泽文,陈辽书。

11 月 15 日(5)晴

复黄曾曙、陈辽、蛰存、吴代芳。以书寄田仲一成、王锦厚、周勃、代芳。以文寄敏泽、陈建华。

11 月 16 日(6)晴

得杨扬信,傅璇琮信及《许浑考辩》,岳麓书社信。夜赴伯伟、曹虹宴。

11 月 17 日(日)晴

以《古诗今选》改稿寄陈邦炎。张拱贵、王学奇来。

11 月 18 日(1)晴

得陆家桂文及信,又茂舒、北师大李壮鹰信。

11 月 19—23 日

在济南山大答辩。

11 月 24 日(日)晴

乘机返宁。勋初。

11 月 25 日(1)晴

维森、迪昌来谈。得王文生、王庆元、施蛰存、敏泽、陈迩冬、叶嘉莹、崔叔仙、朱寄尧、周之德、黄建中、北京政协函,又王同策、屠仲方、何申甫、岳洪治、陈辽。

11 月 26 日(2)晴

下午文艺座谈会。得朱光潜夫人奚今吾函,又《祖菜选集》20 册。

11 月 27 日(3)晴

祝圭老寿。得彦邦信。

11 月 28 日(4)晴

王季思夫归来。致岳洪治、屠仲方、何申甫、崔叔仙、敏泽函。蔡厚示寄《诗词拾翠》。程毅中来。

11 月 29 日(5)晴

以人参送季思。清词室宴毅中。

11 月 30 日(6)晴

函张舜徽要丛文俊稿。函平田昌司要江湖派论文。得陈邦炎、陶剑琴、曹月堂、赵则诚(吉林教育学院)函。

12 月

12 月 1 日(日)晴

永坤约胡厚宣午饭,陪。得苏大、张广明信。

12 月 2 日(1)晴

函邦炎、唐文、唐伯康。得吴代芳、周勃、白敦仁、彭鹤濂、卞孝萱、钟来因函。

12 月 3 日(2)晴

晚家宴请唐长孺,卞孝萱陪。得高文寄书,即复,并寄《学记》《文薮》各一册。

12 月 5 日(4)晴转阴

上午去孙望家和章品镇会晤。周勋初、吴新雷等来。

12 月 6 日(5)阴

得唐文、刘道玉、温州蔡世新函,河南大学唐诗研究室寄《全唐诗重篇索引》，浙江温州中原书画社寄来茶叶 2 斤。吴锦、顾复生来。

12 月 7 日(6)阴

收胡华、吴志达函，胡华茶叶。

12 月 8 日(日)阴，夜微雪

12 月 9 日(1)

以苏大博士生评语寄范伯群。复胡华（温州百里西路 101 号中原书画社）、林英、蔡厚示（催《涉江诗》）、小佳（要豆丝）。得夕佳、刘彦邦、何泽翰、杨公骥、陈邦炎、山大中文系、宋琳（华师大）、谢宇衡、曾伯藩函。文史馆员洪任吾先生（住青石街同庆里五号）交来四川文史馆约为《文史杂志》撰稿信。

12 月 10 日(2)阴冷

以对联寄冯修齐。复董治安（李从军评审书）。函《文史知识》询稿件。得淡芳、吕永、河南省社科院函（廖立审查事）。

12 月 11 日(3)晴

得杨公骥博士生论文，廖立著作，高晓声、聂石樵各寄书一本，余绍裔电话。

12 月 12 日(4)晴

以书寄刘业超。以《正声》材料寄子仲。函吕永、杨公骥、李壮鹰、曾伯藩、聂石樵。外办前张主任来谈国际文化交流中心之事。

12 月 13 日(5)晴

得中华寄书一包（《文史通义》《玉台新咏》《类编》）。下午开文科学术会议。

12 月 14 日(6)晴

得迪昌信,为分房事。

12 月 15 日(日)晴

陆家桂来。修灶台。

12 月 16 日(1)

以蒋寅论《屈骚指掌》稿寄张国星。以敦煌词稿寄王步高。将论杜诗稿交印。山东潍坊市寒亭区第一盐场卫生宣彭兴林来访,自学成才,辑宋女子词有出圭老外者。得上饶师专、三夕、山大中文系函,杨明照寄《杂著》一本。

12 月 17 日(2)晴

赴江苏省对外文化交流会理事会议。得李易、张国星、曾伯藩、郝延龄、姚梅镇函。

12 月 18 日(3)阴

以许浑诗注还敏泽。函夕佳。得成善楷、蔡厚示、胡华函,曾伯藩寄奶粉等,湘潭大学寄吕永稿审查。看望曲钦岳。

12 月 19 日(4)晴

得辰宪寄退老书扇,即复。退还湘大寄吕永稿。函刘小峥、夕佳。收曾伯藩寄奶粉、点心。

12 月 20 日(5)

12 月 21 日(6)阴,微雪

得小佳、晴佳、君惠信,雪曼贺年片,三联潘重规稿费 62 元。

12 月 28 日(日)阴

复刘小峥,告不写推荐信。

12 月 23—26 日(1—4)

在苏州参加答辩会,26 日夜九时返。得刘三富赠磁盘许浑集及复印文章若干篇。得黄典诚寄论文并信,黄瑞云寄书并信,林英、刘彦邦、刘业超信,杜仲陵诗,成善楷文(《庄子内篇》)。

12 月 27 日(5)

复刘三富、黄典诚、杜仲陵、成善楷、林从龙。以刘彦邦寄《正声》转寄章子仲。以黄典诚寄文转唐文。

12 月 28 日(6)

吴锦送《汉诗选》来。张宏生将伯伟《诗品》稿寄舒芜。收到《涉江诗》32 册。

12 月 29 日(日)阴

胡忌及美国车淑珊、高辛勇来,赠以书,并托高将赠充和书及为策纵复印件带去。夜胡忌在金陵宴二君,作陪。

12 月 30 日(1)

以《涉江诗》及汪旭老书迹照片寄迩冬。函陈迩冬介绍张宏生。得甘肃定西教育学院赵越寄《松花庵诗余注释》,萧印唐函,《河北师范学院学报》编辑部刘宪章寄《学报》和贺年片。《涉江诗》全部寄到。

1986 年

1 月

1 月 1 日

1 月 2 日(4)晴

得平田、村上贺年片及信,罗邦柱信,王元化寄《文学沉思录》,杨冠珊信,岳洪治信。

1 月 3 日(5)晴

函岳洪治、杨冠珊、罗邦柱。以 220 元寄张银仙买《选集》。

1 月 4 日(6)晴

得子仲、林从龙、曹月堂信。上午及下午均开学位评估会。

1 月 5 日(日)晴寒

以书托刘康带美送周策纵、叶嘉莹。复廖立,辞作序。函任笃行,商校雠学稿事。下午开校友会。

1 月 6 日(1)

1月7日(2)

社联开会一天。

1月8日(3)晴

得牟世金、君惠、三夕信。迪昌来。

1月9日(4)晴

复世金、君惠。以君惠改稿寄唐文。

1月10日(5)晴

上午清词室开会。得林英、陕西人民出版社王平凡信。即复林,又将王信转告村上哲见。收到《浙江画报》十五册。

1月11日(6)晴

上午清词继续开会。得舒芜、周晶(附《寄庵词》)、巴蜀书社、孔寿山信。《江苏高教》王宗支来。寄杨公骥博士论文审查书,寄西北师院胡大浚审查书(附原件),河南社科院廖立审查书(附原件)。以孔寿山文转寄西安唐代文学会。复王宗支,退稿,告以不可发表。复孔寿山、巴蜀。函苏昌辽(审宋家淇稿事)。

1月13日(1)晴

得何满子、董健赠书,黄德宽信及《安大学报》,日本田仲一成函,张三夕函。

1月14日(2)阴

因感冒致心脏不适,未能与学生讲课。人文出版社寄来《祖棻选集》一百本。得李易、唐代文学会、《文史知识》、邓韶玉、王厚雄函,文研所为俞老庆祝会发请柬,温州胡华寄首日封。函复《文史知识》。

1 月 15 日(3)晴

心脏仍感不适,终日静卧。得屈守元函。晚郭、祁来探视。

1 月 16 日(4)晴

上午小婉请医生来诊治。下午尹志腾、姚松、陆平来探视。得陈邦炎函。

1 月 17 日(5)阴,小雨

得高石斋函,平田寄画册一本,李培坤寄《唐都学刊》一本。

1 月 18 日(6)晴

得齐鲁稿费 20 元,又西北师院古籍所路志霄信(清词事)。

1 月 19 日(日)晴

得小佳信。函邓长风询汪先生文集出版事。

1 月 20 日(1)阴

得姚雪垠函,陈迩冬寄书一本。

1 月 21 日(2)阴

复黄裳、吴庚舜、湖北文史馆。得晴佳、天眉函。

1 月 22 日(3)阴

得邓韶玉寄《行卷》10 册,即复。得任笃行函又《李贺索引》,即复。下午党委开会。

1 月 23 日(4)晴

科技档案室包世同、汤道鉴二同志来。吴锦、顾复生来。程毅中来函。

1月24日(5)晴

武大中文系副主任曾庆元来送金瓶及书幅三件(张广明有信)。中午饭于胜利,买雨花二瓶。

1月25日(6)晴

得王滋源信,舒芜、缪钺寄书。

1月26日(日)晴

诸儿来吃烧饼。省委统战部王部长来。宋家淇来。

1月27日(1)晴

得丽一等信,芳洲逝世。得杭生、张舜徽、武大学生王嗣军信,唐伯康信。

1月28日(2)昙

全天在作协开会。晴佳寄豆丝来。

1月29日(3)阴

下午在社联开会。得臧克家、聂石樵等函。

1月30日(4)阴

下午在作协开会。得申午函。

1月31日(5)阴

下午在作协开会。

2月

2月1日(6)晴

得武大研究生朱少清信。为超伯取稿费108元。得哈佛胡嘉阳信。

2 月 2 日(日)晴

函岳洪治询《选集》。函傅璇琮索《漫录》10 辑,寄还汪师稿费收条。得成善棠、三航三处职工王永年(《全清词》事,有七家诗选手抄本)、刘彦邦、湖南省津市第二小学宋绪益(李群玉事)、徐鸿、湖南娄底文联周之德。

2 月 3 日(1)晴转阴

得邓韶玉寄《古书通例》。得仲荦寄还《小言》稿并序。得《浙江画报》函。

2 月 4 日(2)晴

上午省统战部开会。中午赴小鲲结婚宴席。得丛文俊、陈仿彝、戴镏龄、陈迩冬、武大朱迪卓函,张涤华寄书一本,河南社科院寄审稿费300 元。

2 月 5 日(3)阴

得《草堂》三本,王淡芳、邓韶玉、叶嘉莹函。

2 月 6 日(4)晴

南京炼油厂职工医院赵炳茂医生来问研究词律事。发木生、晴佳、雄哥信。得三夕、杨军、杨柄、李易函,马赫寄书一本及函,《中国社会科学》稿费 264 元(和宏生)。《中国社会科学》寄稿费 264 元,以其半与宏生。

陈宗泽,金大生物系毕业,九三工作,现已离休,住政协宿舍,在金大曾选诗课。

2 月 7 日(5)晴

得龚任之广州来信。复戴登明、宋绪益、王淡芳刘彦邦、陈迩冬、张三夕、杨柄、马赫、黄裳、仲荦。得王仲镛、张叙之、陈继明信,湖南师大汉语教研室寄《古汉语论集》《尚书易解》。

省委统战部部长沙人麟、副部长(主管文史馆)王仲岐。

2月8日(6)晴

得新疆大学审稿费60元,《浙江画报》30元。得曾卓复信,任笃行信。

2月9日—12日(3)晴

春节。(初一至初四。)得唐文信,即复。以刘桂生序寄杨军(附还讲稿)。复胡嘉阳、戴镏龄、王永年。得巴蜀书社邓楠信,知该社影印编辑室负责人名周伯谦。

2月13日(4)阴,微雨

以三夕论文评语寄舜徽。

2月14日—16日(5—日)

写中玉文。

2月17日(1)阴,微雨

写牟世金文,即寄出。以《涉江诗》寄陈仿彝。得沈毓、吴庚舜、蔡栋(《湖南日报》文化生活部)函,绿源寄诗集《另一只歌》,寄吕剑书退回。

2月18日(2)晴

得杨军、陶道恕信。

2月19日(3)昙

上午补牙。得李一氓寄《存在集》,齐鲁寄审稿费80元。

2月20日(4)阴

得淡芳信,杜闻贞申诉职称书。

2月21日(5)晴

得璇琮、三夕信。以黄、汪二师稿交姚松整理。

2月22日(6)晴

以《基本功》稿分寄周晶、中玉、国斌。

2月23日(日)晴

威克、丽则、维森来共午餐。晚去尹志腾家。

2月24日(1)晴

得谭任杰、吴孝感、贾晋华函,周一良寄书,安徽寄贾文昭文审查,章子仲寄《故事新编》,卞孝萱函。

2月25日(2)晴

上午文献所开会。得东北师大博士论文审稿费80元。收到刘三富寄计步器及袜子二双。

2月26日(3)晴

裴显生来送书一本。

2月27日(4)晴

得徐中玉、牟世金函,南开大学审稿费30元。发安徽大学贾文昭审查意见。

2月28日(5)晴

发贾晋华、章子仲、舒芜、冯海荣、马兴荣、黄典诚、佟功锡(辽宁)函。寄马兴荣35元购词书。得徐欢欢函,中玉寄书。

3月

3月1日(6)晴

得王绍曾函,《文史知识》寄来校样。上午参加系会议。

3月2日(日)晴

3月3日(1)晴

得杨天堂两函,人文寄《选集》20册,曾德珪函。

3月4日(2)晴

博士生来,布置学习。下午开学术委员会。

3月5日(3)晴

上午补牙。下午永芬来。得舒芜信,缪钺文及信。

3月6日(4)晴

3月7日(5)晴

去梅花山游览。得余顺尧函,黄河游览区开会通知。

3月8日(6)晴

3月9日(日)晴

全天在学校开会。

3月10日(1)晴

得罗继祖寄文,邓迪群(北京石油部)函文,茅盾故居索字,东北师大电报,社会科学出版社寄《清词选》聘书及书两本。全日在学校开会。给沈广仁写推荐函。

3月11日(2)阴

下午在学校开“七五”规划会。发电报给东北师大。裴显生和文艺处同志来。许惟贤借去黄先生日记。

3 月 12 日(3)阴

上午在学校开会。得马兴荣复函。发徐欢欢函。

3 月 13 日(4)

得胡华信。汉生来赠《太炎文录》。

3 月 14 日(5)阴

发王绍曾、余顺尧、胡华复信。得李安纲、贾晋华，吉林大学寄书一本。

3 月 15 日(6)阴

得陈美林、尚笏、君惠、曾耿波(广东)函，谢晓苏寄照片及报纸、函。

3 月 16 日(日)晴

寄书给李安纲、孙玄常。

3 月 17 日(1)雨

寄字给朱祖延。得邓长风、张三夕、华钟彦、章子仲函；大百科寄稿来；上海教育出版社汇款 150 元，转王立兴。复邓长风、华钟彦。寄大百科稿给吴志达。得红妹函及腊八豆。

3 月 18 日(2)阴

作协开会。

3 月 19 日(3)晴

得王以铸信。

3 月 20 日(4)阴

江苏诗词学会开会。得周晶、徐欢欢函。寄书给王以铸、吴锦。函庞硕。

3月21日(5)晴

复周晶函,《文史知识》索样稿。得张充和复信。

3月22日(6)晴

得华钟彦函,即复。又陈祖美函,霍松林寄诗,句容县设计室李宗富寄诗及信。舒芜介绍黄人(摩西)曾孙黄曾达来见,为其先德遗著出版事,为介绍于薛正兴。

3月23日(日)晴

下午钱林森、孙望夫妇来访。

3月24日(1)晴

下午吴白老来访。晚林珂来。

3月25日(2)阴

得吴代芳、吕剑、余顺尧、金志仁函,金有文附内。

3月26日(3)

邓长风来谈汪先生文稿(昨)。得王绍曾、吴志达、云南程德灿函,王达津寄《论文集》。

3月27日(4)阴

得《文史知识》杨牧之函,稿已径寄周晶。参加教委召开的座谈会。

3月28日(6)阴雨

得杨天堂函。

3 月 29 日(日)阴

得杨文翰、胡华函。寄出一批字,均挂号。美国汉学家名单寄欢欢。以《集大成说》寄陈祖美。

3 月 30 日(日)阴

去天眉家。

3 月 31 日(1)晴

得唐学会多伦多函。得严学宭函,即复。

4 月

4 月 3 日—19 日

在洛阳及郑州。

4 月 20 日(日)晴

收到下列各信(离家期间):湖南望城县委文史办、尚笏、樊凡、吴常焘、山西古典文学会、本校孟素卿、《湖南日报》、巴蜀书社(书)、瑞洁、文史馆、《唐代文学研究年鉴》、四川古籍整理出版规划小组、程奇立、马亚中、山大评传组卢达、朱祖延、李安纲、胡华、徐元上(徐哲东之女)、周秦、王达津、任笃行、上海古籍李剑雄函。在政协开会。

4 月 21 日(1)晴

访尹,谈清词事。发黄白丁信(寄字)、刘增智信(寄火车票)。寄还王永宽欠款 200 元。尚笏寄还 11 元。得华中师院审稿费 50 元。史梅寄 10 元及《闲堂文薮》与朱金城。

4 月 22 日(2)晴

政协开会。得高邮县政府函通知开秦观纪念会。姚松、伯阳、凯旋、汪越来。齐鲁赵、周来。曹虹来。

4月23日(3)晴

得梁超然函及照片，岳麓书社寄《幼学琼林》。伯阳、张辉、吴锦来。上午开会。下午会见齐鲁赵、周(赵炳南、周晶)。晚伯阳请宴。以胡晓晖评语寄武大。以诗稿寄杨金亭。函王仁民。

4月24日(4)晴热

寄照片给田翠竹。

4月25日(5)多云

得龚任之函。写《黄河浏览区杂咏》诗寄郑州王仁民。

4月26日(6)阴雨

得《中国社会科学》英语版。上午往访杨明照。下午去南京饭店。

4月27日(日)雨

在政协开会。吉林文史出版社左振坤、王桂兰来访。

4月28日(1)阴

收到成都大学稿费，黄德宽寄《艺术哲学》。寄购书费8元给……

4月29日(2)阴

发林从龙信，聊城师院请代培研究生信。收湖北社科院文学所牟怀川信，请看温庭筠文。寄省政协提案二件，退还文史馆文件。得湖南老年书画会聘函。

4月30日(3)阴

得谭任杰、雪曼函，苏州大学寄吴企明稿审查，上海寄《中国社会史料丛钞》二本。

5 月

5 月 1 日(4)阴雨

天眉全家带菜来聚。下午天眉陪上新街口购衣料。

5 月 2 日(5)阴雨

5 月 3 日(6)晴

得曾枣庄、木生、张叙之函。

5 月 4 日(日)晴

去天渝家午饭。写纪念五四青年诗。

5 月 5 日(1)晴

得朱金城、马騄程、杨恩成、蔡栋(《湖南日报》故乡情编辑)函。

5 月 6 日(2)晴

吉林文史出版社左振坤、王桂兰来。吴企明来。

5 月 7 日(3)晴

参加高教局江苏古籍整理会议。得福建海峡出版社寄《闽版图书评论选》。王载源来。

5 月 8 日(4)晴

得中华要函,云大段耀庆函。

5 月 9 日(5)晴

5 月 10 日(6)晴

得王得一、缪钺信。

5 月 11 日(日)晴

去看强姐。

5 月 12 日(1)晴

得高文、上海古籍二编室、中南民院曾庆全、安徽岳西县古坊中学刘梦芙函,曾寄《壮族文人诗选》。

5 月 13 日(2)阴转晴

和孙望一家暨徐福等同游渤尼国王墓、牛首山、郑和墓、南唐二主坟及祖堂山等地。得徐放寄杜诗译本,汪京函。

5 月 14 日(3)晴

得《文史知识》稿费 40 元,重庆《格律诗选》稿费 8 元,白敦仁信。以论《涉江词》文寄子仲。

5 月 15 日(4)晴

得周勃函,又茶叶一斤。

5 月 16 日(5)晴

5 月 17 日(6)晴

晚宴请卞氏夫妇、周氏夫妇,郭老陪。得晴佳、史德林、张振佩、黄经纬函。

5 月 18 日(日)晴

早早、小宁考外语学校。下午诸儿来饭。

5 月 19 日(1)阴

收中华 40 元,《古典文学知识》93 元。得朱金城寄《兼于阁诗话》及信,张拱贵外甥余熙文章及信。收古籍小组《清词》经费三万元。收韩理洲函及照片。

5 月 20 日(2)晴

5 月 21 日(3)晴

以杜诗论文、联语寄林从龙。以杜诗论文、钱林森文寄毕万忱。得李安纲书,命宏生复。

5 月 22 日(4)

以蒋寅戴碑跋寄傅璇琮。以蒋寅论《文心》文寄《文学遗产》。

5 月 23 日(5)晴

骆文叔耘夫妇来。

5 月 24 日(6)晴

9:30 和芸乘汽车去飞机场。近十一时飞机起飞,天气晴朗,飞机极平稳。12:20 抵京,小海在航空公司接。芸五十二年始还旧国。起飞前得蛰存函,告以黄怀员工装好沈尹老手书词稿,工资 30 元。已嘱史梅寄还。江苏教育出版社寄《大学生作文选》阅卷费并后记稿费 20 元。

酒面匀时真燕婉,荷花开处即江湖。

5 月 25 日(日)阴

上午去舒芜家共进午饭,会见许觉民、冒舒諲及其夫人朱玉(原名吴玉润)。得叶子铭函。复施老函。

5 月 26 日(1)晴

和小海同游颐和园半日,甚快。

5 月 27 日(2)晴

游动物园,见到白熊、犀牛、鸵鸟等稀见的动物。小海不甚识路,走了一些冤枉路,很累。

5 月 28 日(3)晴

游天安门及中山公园,重游旧地,甚快。中午在全聚德吃烤鸭,味美而价亦不甚昂。乘地铁去看姚雪垠,已去武汉,不遇。得舒芜函,邀 30 日与《倾盖》诸公共饭。

5 月 29 日(4)晴

上午在北大看望金克木,谈一小时。下午休息。

5 月 30 日(5)晴热

舒芜、舒諲、陈次园、肇仓、绍良、邵燕祥、王以铸宴余夫妇于松鹤楼,菜极丰腆,每人费 36 元。

5 月 31 日(6)昙

游长城、定陵、水库等,芸登长城之巅。小海、小荣同去。

6 月

6 月 1 日(日)晴

整日在家休息。

6 月 2 日(1)晴热

上午去中华书局谈工作。

6 月 3 日(2)晴

二人同游北海,并在仿膳午饭,下午始归。得曹月堂函。

6 月 4 日(3)晴

携小海同访莼姐、虞添夫妇。在莼姐家午饭,后往友谊商店购物。得叶子铭函。舒芜送来书一本。

6 月 5 日(4)晴

去人文、三联,和叶子铭谈。后游王府井、东风市场,饭于五芳斋。得天眉函。

6 月 6 日(5)晴

去看刘衡如师母,送枸杞一包。得迪昌函。

6 月 7 日(6)晴

上午去琉璃厂,购得毛笔 20 枝,拟赠石禅,又购书数本。下午休息。得陈祖美函。

6 月 8 日(日)晴

去舒芜家晤谈,午饭后始归。

6 月 9 日(1)昙

上午游景山、故宫,在西单午饭。饭后去教委看望季啸风,并开来介绍信三纸。

6 月 10 日(2)晴

上午游紫竹院公园。下午休息。

6 月 11 日(3)晴

上午严、史、张、蒋来。中午宴于海淀全聚德。

6 月 12 日(4)晴

和许逸民通电话,明日开会。下午曹月堂来访。

6月13日(5)昙

上午芸和小海等游颐和园。下午在中华开会并晚餐。

6月14日(6)昙

上午和芸再游动物园,看到黑猩猩、海牛、鳄鱼等。下午和严迪昌、傅璇琮、许逸民同去北大开会并晚餐。

6月15日(日)阴转晴

上午游天坛。下午休息。

6月16日(1)阴

上午去北大看望王瑶,并在王家午餐。下午四时蒋寅带车来接去机场。6:25飞机起飞,8:00抵宁。李立朴、程章灿来接,天眉在家等候。

6月17日(2)晴

6月18日(3)晴

以复旦硕士评语寄培恒。以章子仲、李悔吾评语寄湖大。以唐宋诗歌流派汇报寄陈志尚。函董治安唁仲荦。以《冯梦龙初探》书签寄林英。

6月19日(4)晴

上午开会通过提转提退及讲师名单。

6月20日(5)

下午王庆元、黄建中来。

6月21日(6)雨阴

以古文字论文寄商先生。函王得一,问印章。上午开学位委员会。

6 月 22 日(日)雨

克平约在金陵饭店午饭。以耀先《经典释文》、王伯沆《红楼梦评》及毛笔 23 支赠石禅。

6 月 24 日—29 日

在上海复旦。24 日请维森以曹虹《文选》文交史梅寄舒芜。

6 月 30 日(1)昙

得李悔吾、何肇中函,《文学遗产》开会通知,张三夕函。

7 月

7 月 1 日(2)昙

丙宪夫妇、白汝安夫妇来。

7 月 2 日(3)

得中华函告小传 18 元,邱毅函,曾德珪函。下午赴陈嘉先生追悼会。

7 月 3 日(4)阴

以字寄孔繁初(华师大)。得子仲函。

7 月 4 日(5)雨

上午学校开职称评定会。下午在河海大学开省诗词会筹备会。得中玉函。寄书给邵燕祥、冒舒諲、宋亦英。寄材料给三夕和张振佩。函田翠竹。晚宴丙宪夫妇。

7 月 5 日(6)

上午开学位委员会。函复王仲镛、吴孟复、施蛰存(索印词集)、邱毅。得游寿寄《李德裕年谱》,朱栋霖《曹禺论》,松冈荣志寄《宋之问诗索引》及信,四川奉节人大常委会胡焕章诗文及函,李悔吾寄材料,华中工学院新闻系韩栋寄在二王城照片。复松冈、胡焕章、子仲,函王永芬。复黄寿祺、陈祥耀、杨文翰、黄裳、李文初、夏松淳、曾庆全、王达津。

7 月 8 日(2)晴

得敏泽寄文,湖大询李悔吾评审表。

7 月 9 日(3)晴

得王得一函。

7 月 10 日(4)晴

得唐文函,绍兴寄来茶叶两包。

7 月 11 日(5)晴

上午开评审会。以书字寄林从龙、邓楠。

7 月 12 日(6)昙

审钱南秀稿。晚去小婉家游。

7 月 13 日(日)昙

晨齐鲁于志强送《治学小言》校样来,并赠书两本。中午 1 时许离宁去吉林开会。王得一寄来私章。

7 月 14 日(1)昙

得施蛰存书。发致中华书局函。

7 月 15 日(2)阴

得汤擎民、张振佩、陈祥耀函。徐有富来,送来稿一封。齐鲁取去校样。

7月16日(3)雨

得章子仲及《江海》函。江苏诗词学会杨女士来索诗词或题字。

7月17日(4)雨

7月18日(5)雨

得方管函。领来录放机一部。

7月19日(6)昙

芸在强姐家一整天。

7月20日(日)阵雨

天渝全家来。

7月21日(1)昙

得湖北大学徐校长及朱祖延函,陈植锷、潘菽函,沈元林(不识者)寄稿来。

7月22日(2)雨

去北京东路唁强姊。

7月23日(3)雨,昙

7月24日(4)

许惟贤宴横山弘、竹内诚,余及勋初陪。以《校雠广义》赠横山。得魏心饮诗。

7月25日(5)晴

张国光赠《金批西厢记》。徐鹏赠《文献学讲义》。陈植锷赠宋史论文。

7月26日(6)

威克来晚饭。

7月27日(日)晴热

照身份证相。得十中校长王凡信。看完《古典诗论集要》约780页。

7月28—29日(1—2)晴,酷热

开始整理黄师日记。

7月30日(3)晴酷热

向钰哲遗体告别。得马昌松信,黄鹤诗碑刻成。得汪砚习、邓南、李海潮(送箭头)、杨文翰、杨怀武(要做桂林诗)、张晶(辽宁师大)、周勃、韵文学会、陈祖美函。复周勃、李海潮、陈祖美。

7月31日(4)晴,下午转凉

钰哲追悼会,以病未去。

8月

8月1日(5)晴昙

勋初来谈。补照登记相。

8月2日(6)晴

得程毅中、宋谋玚、朱桦函,《新文学大系》第4集一本(有误,即时托徐有富退还)。函傅璇琮询《史通》,濮禾章询《草堂》稿费。

8月3日(日)阴

8 月 4 日(1)昙

收田翠竹、张国光、高家骅信,《草堂》稿费 126 元。史梅为买瑜伽功录音带。

8 月 5 日(2)昙

收到中华书局函,又托询考研究生事二函。

8 月 6 日(3)昙

复蛰存,收到《湘瑟词》钞本。

8 月 7 日(4)

函任笃行(内附致陈志尚函)。莫书稿寄还。宏生来交二文。得金志仁、聂文郁、周晶信。

8 月 12 日(2)晴

复聂、金信。

8 月 13 日(3)晴

得蛰存、陈祖美、范伯群、宋亦英、陈一新(诗)、唐文、黄鹂、王春南信。发范伯群、唐文、黄鹂、王春南、孙兰廷(内蒙大学)函。

8 月 17 日(日)晴

天眉、天渝一家来午饭。发致施蛰存函(论瞿翁词)。

8 月 19 日(2)晴

得胡焕章函。寄曹月堂五元,托买书。

8 月 20 日(3)雨

校完黄师日记许惟贤钞点部分。陶友红来电话,告砺锋已安到。砺锋、林从龙来信，永州柳宗元纪念馆乞作字题，《名作欣赏》寄稿费 40 元。

8 月 21 日(4)晴

得邵燕祥寄《晨昏集》，《草堂》濮禾章信。以杜诗《慈恩寺》文寄《名作欣赏》，托徐有富代寄。

8 月 22 日(5)晴

得张辉信。致任笃行、邓韶玉信。赴新街口办存款事。

8 月 23 日(6)晴

寄款 20 元与邓韶玉，托买书。

8 月 24 日(日)晴

赴婉新居饭。

8 月 25 日(1)晴

得史美圣约稿信。写字五幅。又得范伯群、贾晋华、李立朴、河南广播台信(附照片 1)。

8 月 28 日(4)晴

下午去尹禄光家，晚饭后归。

8 月 29 日(5)晴

得朱东润、胡嘉阳函，贾晋华寄来钙片与印泥。

8 月 30 日(6)晴

范来。以字寄华钟彦及崇庆陆游祠堂。得文联出版学习信，即复。

8 月 31 日(日)晴

携家人早食于夫子庙。得贾晋华寄印泥、钙片，即复。

9月

9月1日(1)晴

上午清词室人会谈。得陈昌渠书,马瑞芳(山大中文系)寄《蒲松龄传》。写字寄贾晋华,函黄淑贤商房屋事。

9月2日(2)晴

得彦邦信,云十月中东来。

9月3日(3)晴

得南秀美国信,邓韶玉、张文勋、杨扬信。

9月4日(4)

以"春暮思乡曲"寄《光明·文遗》。

9月5日(5)晴

开研究生会,布置学习。

9月6日(6)阴

得曹月堂、王文才、聂文郁信。收邓韶玉寄书,20.43元,欠0.43元。

9月7日(日)阴

函许嘉璐。复杨扬、邓韶玉、王文才。在小婉家晚餐。

9月8日(1)阴

得松冈荣志、张辉、傅光、小佳函。宏生、章灿来擦窗户。《名作欣赏》寄稿费20元。

9月9日(2)阴

得中玉、彦邦函，东润先生寄书。张忱石赠《永乐大典述》。

9月10日(3)

购严辑《全文》。文献所开会。

9月11日(4)

9月12日(5)

得傅光书，陈植锷文，华钟彦、张辉信。为王淡芳书作序，即寄出。复陈植锷、张辉。

9月13日(6)阴

以序挂号寄淡芳。

9月14日(日)阴

访严。夜翠芬夫妇来谈录像事。

9月15日(1)阴

函尹慧珉印材料。

9月16日(2)晴

录像。得吉大寄照片，江西吉水县志办公室曾采堂寄《文天祥籍贯考证》，程毅中、张忱石、白敦仁来书。

9月17日(3)晴

彦邦夫妇夜到。唐文带到君惠赠联。

9月18日(4)晴

陪彦等游夫子庙，食于刘长兴。

9月19日(5)晴

作研究生问题报告。彦邦游中山陵等地。得高校古籍会约在成都开会函。函舒芜寄照片。

9月20日(6)晴

函谢君惠。以稿寄陈祖美、白敦仁二人。宏生来,诲之。匡老来访。彦邦夫妇来午饭。夜,诸儿寿余于留学生食堂,南为主人,彦邦夫妇与。

9月21日(日)

访孙望。

9月22日(1)阴

匡老来久谈。得杨扬信,刘真伦信,陈植锷文。

9月23日(2)晴

上午开系学位会,移交。晚古典梯队开会。得周绍良信。吴新雷送来《文学史》稿一章。

9月24日(3)晴

得淡芳、张辉、马瑞芳函。

9月25日(4)晴

上午参加《孔子评传》讨论会。苏州大学来人要求写严鉴定。

9月26日(5)晴

上午仍参加昨日之会。得陈贻焮函。下午湖南图书馆刘志盛、湘大中文系殷绍基来。殷赠《曾国藩家书》二册,转达彭岩石信。

9月27日(6)阴

徐铭延夫人夏△来。王滋源来。得武汉教育学院魏利华函。

9月30日(2)晴

得金志仁、柳曾符信。收中州稿费367元。

10月

10月1日(3)晴

全家来饭。访志腾谈总结。

10月2日(4)晴

游廖墓、植物园。曲校长来谈何屋事。

10月3日(5)晴昙

得曹辛之、舒芜寄书,陈贻焮、刘彦邦信。

10月5日(日)雨

天眉来,晚饭后去。

10月6日(1)晴

头昏,不适。

10月7日(2)晴

去医院看病,血压不高,早搏。鲁国尧、吴文治、尹禄光等来。

10月8日(3)晴

住南大医院治疗。

10月9日(4)晴

10月10日(5)晴

10 月 11 日(6)晴

得松冈荣志寄来《行卷》日译本。

10 月 12 日(日)晴

录音。复松冈。陈美延来。

10 月 13 日(1)晴

得陈祖美函,欧阳寿荪(江西大学)函。录音磁带交姚松。晚赴祝吴白老寿公宴。

10 月 14 日(2)晴

得董治安函。

10 月 15 日(3)晴

得刘茂舒信。

10 月 16 日(4)晴

复刘茂舒、马昌松、柳曾符、张文勋。函陈祖美。得杨扬、尹慧珉、十中信,廖仲安寄《反刍集》。匡老约谈。梁璆来,未遇。

10 月 17 日(5)雨

出医院。

10 月 18 日(6)

得舒芜寄《周作人概观》。

10 月 19 日(日)晴

复舒芜、廖仲安。函许逸民等。

10 月 20 日(1)晴

张辉、白敦仁来信。社科院文学所近代组(原南大同学)姚柯夫来访。

10 月 21 日(2)晴转阴

电唁徐震堮逝世。松冈复书又寄《行卷》二册。

10 月 22 日(3)

10 月 23 日(4)

10 月 24 日(5)

得郭预衡寄《散文》来,黑龙江人民出版社寄 40 元。得晴佳信,任笃行信。

10 月 25 日(6)阴

得王步高、何申甫函。复谢郭预衡赠书。

10 月 26 日(日)晴

去止畺家。

10 月 27 日(1)晴

得汤高才函及复印祖棻《宋词赏析》中五篇的稿件。

10 月 28 日(2)阴

上午乘机去北京开会。省九三来人探视。得砺锋函,南师大《文史资料简报》寄五元。函汤高才并将稿寄回。王老打电话来。

10 月 29 日(3)晴

鲁国尧来。

10 月 30 日(4)晴

得陈迩冬寄书一本。孙原靖来,曹济平索莫砺锋所写宋文学史稿。

10 月 31 日(5)晴

11 月

11 月 1 日(6)晴

得田仲一成函。省文史馆来电话。

11 月 2 日(日)晴

张充和来,不在家,未见到。

11 月 3 日(1)阴转昙

得陈祖美、巴蜀书社函,武昌华师历史系崔曙庭寄来《古籍论丛》一本。巴蜀书社段总编来看顾先生册页。回访张充和。

11 月 4 日(2)晴

金属家具厂周双成来,送刘汝醴书一本。曾德珪来借床被。

11 月 5 日(3)晴

得张伟光(齐齐哈尔教师进修学院)函,村上哲见寄书一本,齐鲁寄《曲石精藏唐墓志》两本。帆返宁。

11 月 6 日(4)晴

寄刘再复、霍、钱书及黑龙江祖棻材料。

11 月 7 日(5)阴

函陈邦炎、莫砺锋。为莫请张月超推荐书。

11月8日(6)晴

陈祖美来。刘湄村丈之子刘完中来(现在巴塘教英文,通讯处:巴塘文教局转)。

11月9日(日)

11月10日(1)

史梅交汪越260元(《点将录》款),后又还来。

11月11日(2)

蒋寅开题报告。

11月12日(3)

得振甫寄《李商隐集》,汪尧昌书。

11月13日(4)晴

得杨扬信,汪稿费解决。以南唐二主稿寄蔡厚示。曲钦岳来嘱作应酬文字。

11月14日(5)雨

胡守仁子敦伦来(礼)。得西德 Christoph Palm 函。成应酬诗二首,交章荣春。函许嘉璐、周振甫、汪尧昌、苏大、董治安、杨扬,共六封。

11月15日(6)雨

办王安基金博士后事。

11月16日(日)阴

写黄先生日记序。

11 月 17 日(1)晴

发王安基金函。发刘再复荐蒋寅函。得刘文忠函,告《古典文学论丛》发《苏轼风格论》。得陈荣伟(《江汉早报》)函。得史鹏寄《涉江词》九册,即复。

11 月 18 日(2)阴

上午开学位扩大会。复史鹏并寄书价 8 元。函周勃、李剑雄。

11 月 19 日(3)阴

得重庆人民政府文史研究馆江友樵函及字帖。订港台文献 6.86 元。

11 月 20 日(4)

西德克利斯多夫询马嵬驿事。

11 月 21 日(5)

11 月 22 日(6)

得蔡厚示函。开吴白匋先生等 80 寿辰庆祝会。开修订专业介绍会。

11 月 23 日(日)

小婉全家来饭。曾德珪来。

11 月 24 日(1)

开清词室会。今日完成黄公日记校点工作(7.28—11.24)。得董治安、陈邦炎函,荒芜寄来《海内外》一本。发陈祖美、江友樵、陈帆(陈荣伟)、马兴荣函。

11 月 25 日(2)晴

得《文艺理论研究》稿费 115 元(和莫砺锋合写)。社联拿去北京"七五”规划会议文件。函杨克平(潘石禅)、西德人、潘季陶。以《涉江词》寄田翠竹。得周勃函。

11月26日(3)阴

周本淳来。寄布鞋给王瑶。

11月27日(4)阴

下午开校学术委员会。

11月28日(5)阴

和小鲲同购照相机并午餐(小鲲请客)。得唐文函和张辉函。

11月29日(6)晴

函周晶、王滋源、张辉。寄书给宋谋玚。上海古籍李剑雄来。《学报》二蒋来。得苏州大学寄《明清诗文论文集》,《学生语言文学论文集》。

11月30日(日)晴

晚屈兴国来。

12月

12月1日(1)晴

购到赴武汉船票,明日离宁。《当代妇女》编辑部吴建文、邢亚晖来(马鞍山路1号,Tel34141—2735或31607)。严迪昌来。朱家维来。

12月2日(2)晴

十一时三十分乘江汉128号赴武汉。宏生、蒋寅、章灿、史梅送登轮,很顺利,高津孝亦到家中送行。

12 月 4 日(4)晴

九时抵汉口,周勃等来接,仍寓专家楼 2 楼,中文系办公室秘书熊春凤负责接待我们。

12 月 5 日(5)晴

一切均安排妥帖,暖气修好,温暖如春。工作一直未停,从船上到今日已看好屈和宏生文。函陈帆、庆元、陶著。寄出屈兴国和张宏生文。晚校长为我们接风。三夕来。

12 月 6 日(6)晴,大风

赵熙文、王老(简庵先生侄)来访。购书五本。函天眉、丽则。

12 月 7 日(日)昙

看完曹虹文。上午周勃来谈甚久。下午访朱祖延、章子仲。函小佳。

12 月 8 日(1)昙

寄论文给曹虹。开始写《火与雪》。下午上街购青春宝等。李成文来访。

12 月 9 日(2)阴

庆元来访。三夕和小邵来。函中山大学告以不去韵文学会。子仲来谈《涉江诗》中人名(寄游寿悼诗给子仲)。

12 月 10 日(3)晴

陈帆来,要《涉江诗》和《选集》及千帆著作。下午子仲来。晚李悔吾来谈上课事。

12 月 11 日(4)晴

上午上街买水果。下午子仲来。晚周勃来。

12月12日(5)昙

函小婉、勋初。

12月13日(6)阴

函严杰嘱查材料。中文系送来代购桔子。陶著携女、婿来。兴国打长途电话来。

12月14日(日)阴

上午晴佳偕菁菁来,午饭后去,给琼琼五十元。函程一中。

12月15日(1)阴

周伟民、唐玲玲来。得王庆元、吴永坤、尹志腾函,陈帆函。复庆元函。下午程一中、朱祖延、赵熙文、周勃来。校刊二青年来请题字。张国光来。拿药。

12月16日(2)阴雨,冷

复尹志腾函。《火与雪》毕功,计费时八日。郁沅、冯天瑜来访,各赠书一本。得天眉(附小海)函,史梅贺年片。

12月17日(3)

得迪昌函。李悔吾、夏雄彪(教学秘书)来。

12月18日(4)晴

第一次上课,讲两小时,身体尚佳。

12月19日(5)晴

中午三夕来。上午芸去中南商场购物。

12月20日(6)阴

上午授课(诗)。得天眉寄布鞋,又严迪昌第二挂号信。发小婉信,内附致宏生信。

12月21日(日)晴

致尹志腾(内附严要求参加修订顺康信)。致严迪昌。徐校长、李书记来访。致天眉函。

12月22日(1)晴,冬至

致周晶、吴志达函。张叙之来。

12月23日(2)晴

函勋初并寄书。钟祥县长来。得小婉、严杰、周晶函。前副主任周某来。

12月24日(3)阴

函周晶、张宏生(并稿《火与雪》)。寄贺年片给史梅。小佳、木生、吴志达来。

12月25日(4)昙

上午上校雠学课。

12月26日(5)阴

朱祖延、宛志文来,带来殷正林、余行达(四川汶川县阿坝师专)函。

12月27日(6)阴

上午上诗论课。得勋初、宏生、天眉函。送礼给小王等。致宏生、小婉函。

12月28日(日)昙

去陶著家,午饭后回,三女二婿在家。二婿:大(小严,油画)、小(小田），均在钢院。

12 月 29 日(1)昙

得宏生、伯伟、兴国、彦邦函。购书五本。函屈兴国、吴永坤（严参加，不主持）。晚赴朱祖延家筵，有章子仲、周勃、李悔吾在座。

12 月 30 日(2)阴

得曹虹函附伯伟文；丽则转来湖北大学购讲义费收据，胡裕章、社科院文献情报中心、胡钧达、刘彦邦、马兴荣、徐中玉、骆仁静、彭靖、张璋、田翠竹、江友樵、华钟彦、《唐代文学年鉴》编辑部、士名叔、古代文论学会年会筹备组、社科院办公室函，余顺尧贺年片。下午和朱祖延先生同去探望严学窘。函天眉和陈瑾。得蒋寅、吴永坤函。唐玲玲、周伟民来。张国光来，送书三本（内《诗归》二本）、茶叶一听。

12 月 31 日(3)阴

发致蒋寅、吴永坤、张宏生、张伯伟、曹月堂、周勋初、刘彦邦函。得砺锋函；清词室电报，即复。

1987年

1月

元旦大吉

1月1日(4)雨

看完宋元第二章(17日至1日,共53000,费15日)。

1月2日(5)阴冷

得黄淑贤函,徐有富函,严、尹函。开始收到所订报。(第三章开始。)

1月3日(6)

复徐有富。陆耀东、程一中来访,陆赠书一本(《徐志摩评传》)。上午上课。

1月4日(日)阴

函新雷(内附小婉)、孙望、淑贤。改完第三章。

1月5日(1)晴,有雾

开始改第四章。得李剑雄函。王庆元来。

1 月 6 日(2)晴

得勋初函,齐鲁寄书,宋谋玚函。发致舒芜函(内稿与书)。

1 月 7 日(3)晴

赴小佳家午饭。唐富龄来。

1 月 8 日(4)晴暖

寄书张叙之、陈帆。上午上课。

1 月 9 日(5)晴暖

上午去资料室借书。得彦邦、庆元函。程一中和孙惠珠(唐翼明妻)等来。得吴永坤函。

1 月 10 日(6)阴

上午上课。函张辉。得丽则、宏生及沈某函。复丽则。函三夕托其姑船票事。三夕一家来。

1 月 11 日(日)阴

看完第四章,共用 7 日。函小婉。

1 月 12 日(1)晴

得伯伟、宏生函,即复宏生(外国汉学家论古诗事)。看第五章。

1 月 13 日(2)晴

得勋初、宏生(内有稿)、志腾(内有中华函)挂号信,王淡芳函。黄瑞云来访。

1 月 14 日(3)阴

得舒芜、张辉、屈兴国函。函天眉、张辉、兴国、志腾、勋初(挂号)。

1 月 15 日(4)阴

上午上课。

1 月 16 日(5)晴

郭维森寄来贺年片。下午上街,购香烟、饼干等。

1 月 17 日(6)晴转阴

上午上课。得天眉、丽则、迪昌、刘再复、新雷、孙崇恩(济南社科研究所)函。

1 月 18 日(日)阴,小雨

函孙崇恩、殷正林。在何华源家午餐(夫人姓赵),在座有张守正、马克昌。看望了韩德培、刘涤源二公。

1 月 19 日(1)晴

上午陈继明来访。得晓佳函,蒋寅函。三夕偕一友来。朱祖延先生来。

1 月 20 日(2)晴

发致蒋寅(内刘来函)、屈兴国(内致朱家维函)挂号信。得淑贤、张辉、章灿函,王益云寄来挂历(王益云认识友红、砺锋)。陈瑾率女来(夫姓贺)。

1 月 21 日(3)阴

梁光照来。吴志达来。丽则带小燕来,带来万业馨、张宏生、范存忠、黄白丁、《诗刊》社函。改好第五章。

1 月 22 日(4)阴

发余绍裔、范存忠、叶扬诺函。得尹志腾函。写字。

1月23日(5)阴转晴

武大中文系张广明等来看,吴志达陪来。发致天眉、天渝、周晶函。写字。

1月24日(6)晴

得张辉函。陈继明购得青春宝送来。写字。

1月25日(日)晴

湖大校长、书记请晚宴。函吴志达,辞初四宴请。

1月26日(1)晴

写字毕,五日共写33张。子仲送来咸鱼、咸肉。

1月27日(2)

寄字与丛文俊、《诗刊》、陈继明、张叙之、刘彦邦、汪先义、梁光照。得周伟民夫妇、孙望、勋初信。周勃约晚饭。函周勋初。改好伯伟文(《论语》),拟交丽则带给匡老。

1月28日(3)晴

今天除夕,和小婉、小燕共四人同进晚餐。上午四人游黄鹤楼。

1月29日(4)晴

春节。上午校系领导均来拜年。郁沅来。下午陈帆、陈继明来。晚子仲、熙文和童思翼请吃饭。

1月30日(5)晴

著弟全家来。张叙之来。

1月31日(6)阴转多云

得曹月堂、严迪昌函。复曹月堂。函蒋荫楠。看宏生《史记》文。

2 月

2 月 1 日(日)阴

函迪昌。赴志达约午饭,奂午在坐,三夕寻亦至。晴佳、菁菁、凯凯来。芸感冒卧床。

2 月 2 日(1)晴

函马昌松、刘茂舒。改完宏生《史记》文。得钱林森、梁光照函。程一中、张国光来。

2 月 3 日(2)晴

梁光照送船票来。得天眉函。

2 月 4 日(3)晴

陈继明来。

2 月 5 日(4)晴

小婉携小燕晚乘轮回宁。祖延来送。凯凯来。

2 月 6 日(5)晴

晚赴周勃约,朱祖延及其他系主任等在座。刘茂舒夫妇、马昌松来。朱士嘉来。函天眉。

2 月 7 日(6)晴

午赴悔吾约饭。得屈兴国函,舒芜函及书一本。

2 月 8 日(日)晴

赴一中午宴,在座有曾卓、志达。函舒芜(寄对联及与赵洛诗幅)。

2月9日(1)晴

文史馆朱士嘉约午饭，在座有统战部副部长许光度，省政府副秘书长徐允祜，副馆长陈英武、汪功敉，办公室主任汪履中。得周晶函；收到稿费1029.40，扣去购书费98.80，尚余930.60。

2月10日(2)晴，下午阴转雨

陈继明来问学。

2月11日(3)阴

得陶友红、尹、吴函，皆系前所寄迟见者。张叙之偕高教处长来访。

2月12日(4)昙

屈兴国由宁来。开始上课。发致湖北文史馆及秘书长、统战部长函，寄字。屈带来函如下：华钟彦、杭生、王宁（陆先生序）、胡敦伦、马兰、Palm、刘庭驹（福建）、高等教育学会、胡松林（南通）、李易、丽则、朱家维、赵昌平（寄文）、张伟光（齐齐哈尔）。

2月13日(5)阴

发李剑雄（寄陆宗达序文）、王宁、高教学会、陈帆（约游东湖）、勋初、常州市文联潘涵英（询克平地址）。寄还刘庭驹稿。打电报给苏大校领导。

2月14日(6)阴

上午上课。寄字与华钟彦。得彦邦函，《诗刊》复函已收到书联。寄字与胡松林。

2月15日(日)阴

和兴国游黄鹤楼、琴台、晴川阁，在老通城午餐。下午唐富龄来。

2月16日(1)阴雨

陈帆以车接游东湖,兴国同往。兴国回宁。得志腾、迪昌、孙望、宏生、齐鲁函,又曾德珪函。

2月17日(2)阴雨

孙续恩、朱祖延、周勃来。

2月18日(3)阴雨

改完第六章。

2月19日(4)阴雨,冷

上午上课。函孙望。得《社会科学》杂志寄来《回忆和反省》吴译稿,朱士嘉寄药方。周伟民、唐玲玲来。

2月20日(5)阴,雪

中文系请午宴,在座有柳倩夫妇。开始看第七章。

2月21日(6)阴雪

上午上课。函吴于廑,寄药方。得张辉函;天眉、天渝函,内附高正、邓瑞、茅于榕、金志仁留条。

2月22日(日)昙

函张辉,内附致吴组缃函;周勋初,附去高正函;张群华;天眉。

2月23日(1)多云

改完第七章。理发。得舒芜,金志仁、王滋源、杨冠珊、李定一、淮阴文联(丽则转来),春晓函。

2月24日(2)

看完《回忆和反省》译文,并寄回《社会科学》杂志英文编译室谢振清。

得白雉山函。

2月25日(3)阴

连生率凯、琼来。小佳来。齐鲁寄来《治学小言》30本。

2月26日(4)阴

上午上课。得勋初函;天眉函,邓瑞书已拿走,茅于榕曾来访,内附雄哥及小海函。照片洗好。

2月27日(5)晴

寄照片给小佳,底片寄陈帆,题词给杨村,书和照片给黄瑞云,三本书给张辉,三本书给刘再复。得宏生寄文。

2月28日(6)晴

上午上课。寄书给陈瑾、宋谋玚、刘彦邦(内4本)。函张宏生(内附尹函)、李定一、周晶。马同勋来。

3月

3月1日(日)晴

得吴于廑函。

3月2日(1)晴

得张辉、勋初、白雉山函。函勋初、尹禄光。

3月3日(2)晴

得蒋寅函。去陶著家。函舒芜、春晓。

3月4日(3)晴

拜访张舜徽、李修睦先生。李先生要《祖棻选集》。在三夕家午餐,一中、志达也在。一中转来张实函，仍邀去长沙。

3 月 5 日(4)晴

寄字给威克四哥。寄书给毕奂午、姚雪垠。函天眉、光义。

3 月 6 日(5)阴

往访朱祖延。函屈兴国。

3 月 7 日(6)昙

寄刘先生诗稿给皮公亮。

3 月 8 日(日)阴，小雨

在周勃家晚饭。

3 月 9 日(1)阴

得舒芜、姚雪垠函。函丽则、舒芜。

3 月 10 日(2)阴

下午去武大讲课。寄字给武汉音乐学院吴青。得黄淑贤、砺锋函。

3 月 11 日(3)阴

得张实函。去探望姚雪垠。陈帆、张叙之、冯天瑜来。发电报给长沙，告以不去。

3 月 12 日(4)阴

上午上课。函丽则、张实、小佳、陶著。得尹志腾、丽则(小燕)函，并附来邓韶玉、夕佳、梁璆、张启钧、唐代文学会函。

3 月 13 日(5)阴雨

得易扬函及所附公函。函邓韶玉。

3月14日(6)阴

得兴国函，张、易电，伯伟、宋谋玚函。上午上课，讲课任务完毕。李晨文送花瓶。下午游电视塔并晚餐，中文系请客。购书。吴于廑、韩德培、唐长孺，未晤。和杨克平通电话。函易杨。

3月15日(日)晴

程一中、马昌松(送拓片)、张三夕、朱祖延来。三夕要周勋初讲王国维、陈寅恪的讲义。函吴于廑。陶虹来电话约去，辞谢。晚著弟、小虹来送糖。周勃夫妇来送茶、酒、糖。张国光、曾昭岷、周勃夫妇夜来访，并送礼物。

3月16日(1)昙

上午湖大校领导来谈。张叙之来。校刊送茶叶三包。长沙又来电报、电话，谢绝。校领导请晚宴，姚雪垠在座。公安、水浒等三学会送青春宝。中文系送苹果、酒。中文系杨书记送酒。马昌松要《史通笺记》。

3月17日(2)晴

12时乘江申轮返宁，周勃等送，马昌松、梁光照、李晨文上船送。

3月18日(3)晴转阴

下午5:30抵宁，史梅、伯伟、宏生、蒋寅来接。晚饭后朱家维来谈。

3月19日(4)

发信数封，皆不重要。

3月20日(5)

得丛文俊、王绍曾信。屈、吴、尹来谈。朱夜来回话告范函，斥之。

3月21日(6)

以书寄吴于廑、马昌松、李修睦。以明清诗文资料(内有黄晦闻佚诗)

寄钟敬文。夜婉来。周来。

3 月 22 日(日)阴

天渝、丽则全家来玩。打电话与欧部长。

3 月 23 日(1)阴

得张实、陈继明信。

3 月 24 日(2)阴

寄华师大、丛文俊、陆永品、张实等《小言》及信。又复张璋、王绍曾、沈玉成(挂号)、章子仲、梁璆信。得廖仲安信,即复,并寄书。

3 月 25 日(3)阴

寄出大批《小言》。得砺锋、张辉信。函陈迩冬、马小驹、徐放、海笑、王以铸、雷雯。

3 月 26 日(4)阴

得邓韶玉信。下午研究生汇报。

3 月 27 日(5)阴

李国材来。

3 月 28 日(6)阴

钱林森来。《文化要览》约饭。

3 月 29 日(日)阴

函杨克平、陈邦炎、邓韶玉。

3 月 30 日(1)阴

得李正宇、韩理洲、阎昭典信。新雷来。

3月31日(2)

复阅昭典、韩理洲、李正宇。得李安纲寄《姜白石诗注》,又唐玲玲信附王步高信。

4月

4月1日(3)雪

得黄裳、徐中玉函;曹月堂寄《诸神的起源》;贵州民族学院寄来请审稿函,退回。

4月2日(4)晴

得杜仲陵子懋陆、懋圻寄来函、书,周勃、王绍曾函。王文才夫妇及赵念君(赵尧生幼子)来。

4月3日(5)晴

得王运熙、吴青、陈荣伟函,周勃寄来书及照片,姜书阁寄来《骈文史》。晚宴请王文才等,卞孝萱夫妇陪。

4月4日(6)晴

得张振佩、赵昌平、雷雯信。复张振佩、姜书阁、周勃。晚陪文才等赴卞宴。

4月5日(日)雨

下午文才等来看赵尧老的手迹。

4月6日(1)阴

开全校文科会议。得陈邦炎、陈贻焮、朱栋霖、杨海明、罗宗强、重庆师范学院元代文学研究室函。

4 月 7 日(2)昙

得司金銮信,蚌埠安徽财贸学院研究部。

4 月 8 日(3)

文史馆副馆长倪明来。

4 月 9 日(4)晴

收到《唐代文学论丛》8。

4 月 10 日(5)阴,小雨

上海社科院学报林路来。得吴于廑复函。函陈邦炎。

4 月 11 日(6)阴

得马兴荣(附收据)、张华函,科研处函索《古诗考索》。孙望夫妇来未遇,送来文章。中午携天眉在曲园吃饭。

4 月 12 日(日)阴

去小婉家。

4 月 13 日(1)阴

以宏生《史记》文挂号寄毕万忱、马兰。寄还孙老文(《太白楼记》)。函倪明、陈邦炎、唐正序(宏生邀请信事)。以《祖棻选集》寄成都卫生厅张华。得贾晋华函。

4 月 14 日(2)昙

写《湖南日报》蔡栋约文并挂号寄出。

4 月 15 日(3)晴

得中玉函,嘱作文。吴锦来,赠以《史通》,受其排骨。白汝安、辛宪携大宝来。

4月16日(4)晴

函章培恒、徐中玉、刘彦邦。陈继明来。

4月17日(5)晴

永芬来。

4月18日(6)晴

赴南大东方艺术研究中心开幕式。

4月19日(日)晴

朱家维来谈。

4月20日(1)阴

上午赴政协开会。月超来,未晤。得迩冬、上海诗词学会萧挺、李广、章培恒函。蒋寅送来简历。晚赴匡老宴。

4月21日(2)晴

全日在政协开会。函培恒、陆永品(附蒋寅材料)、傅璇琮。得中玉、砺锋、黄天骥函,宋亦英寄来《清明》一本。夜得《社科》编辑部电话。

4月22日(3)晴

得林从龙寄黄河诗拓片二张。王开文嘱题签,即复。以《火与雪》改稿寄《社会科学》。得蔡栋、林从龙函。

4月23日(4)晴

赴政协会议。复蔡栋函。得许觉民、吴在庆、小佳函。

4 月 24 日(5)

复许觉民并寄《闲堂文薮》一册。得赵吕甫、章培恒函。开会。

4 月 25 日(6)阴

得湖南师大谌兆麟寄书,又安徽师大刘学锴寄书。得日本人小筑祐司信,即复。复刘学锴、谌兆麟谢赠书。

4 月 26 日(日)阴雨

下午、晚上参加政协会议及九三政协委员联谊会。上午写字。

4 月 27 日(1)晴

得林东海、张国光、章子仲函。将字寄赵彦均、张国光、殷洪山。复章子仲并寄致潘季陶信、宋亦英《读〈涉江词〉》诗。

4 月 28 日(2)晴

得华师大中文系赵山林约写散文稿信及稿纸。得青海人民出版社李生才信,告寄《联语选萃》及稿费 150 元。得川大曹顺庆寄张宏生邀请信。得徐观之信,交立兴办理。得郑州大学 83 级二班洪琪论《春江花月夜》文。下午高津孝、小筑祐司二生来,赠以菜书。

4 月 29 日(3)

叶嘉莹上课。夜校宴之。

4 月 30 日(4)雨

得刘彦邦信,黄白丁寄诗集。以字寄湖北文史馆王文才。

5 月

5 月 1 日(5)阴雨

上午去小朱家,告知南秀事,未遇,嘱亮亮转告。后去天渝家午餐,王静夫妇在座。宏生送来清水茂代印的清词。

5月2日(6)阴

和勋初同赴上海,因车误,下午五时余始达。周折一日,极为疲劳。

5月3日(日)晴

上午大会开幕。中午会餐。下午去五角场闲游。晚看昆剧《潘金莲》。看好曹虹稿,函中玉并附此稿。

5月4日(1)阴

上午开讨论会。下午去书市,购得书三本。晚上宗福邦来谈。《宋文学史》稿第一、二章,李国章先生带至上海古籍。

5月5日(2)阴

上午去上海古籍出版社,见到陈邦炎、何满子、赵昌平、王镇远、黄屏、李剑雄等,《宋文学史》前两章交王镇远,黄先生日记抄本交李剑雄。后去雄哥家午饭,下午三时回,贾英(复旦古籍研究所办公室,贾植芳女)陪。下午傅、周两先生来谈唐代文学会事。

5月6日(3)阴

上午会议讨论并闭幕。中午会餐。下午去南京西路和淮海路购物,复旦古籍所王文均女士陪。

5月7日(4)阴

上午吴碧莲来接,去看施蛰存、许杰、吴桂卿、钱谷融等先生,在钱家午饭。钱送书一本。下午 4:35 乘车回宁,史梅来接。

5月8日(5)晴

在上海期间,家中得信:许觉民、张华、小筑祐司、刘学锴、余恕诚(安徽师大)、周孟瑜、林宪章函,杨明照研究生论文,莫砺锋寄来明信片一张。复周孟瑜函。齐鲁书社周晶等来。王永芬来,午饭后去。

5月9日(6)晴

上午参加文史馆长寿老人会。汪越来,赠酒、茶二事,带来王得一赠《爱晚诗集》一,另有关《姓典》稿一。张宏生来,带来孙玄常先生赠画一幅。吴汝煜赠书一本。曾伯藩函。

5月10日(日)阴

函南秀。复汪尧昌、曾伯藩、孙玄常、吴在庆、吴汝煜。以书寄林从周师并附函。(以上皆明日交邮。)

5月11日(1)阴

得周绍良、刘再复函,黄裳寄书三本,汇款三笔(《高校古籍通报》、《唐代科举与文学》题签、《中学语文》)。

5月12日(2)雨

得小珠函,曹道衡寄书一本。中央文史馆副馆长吴空来访。函复曹道衡。

5月13日(3)阴

《宋文学史》定稿。整理字画今日启功。得人民文学出版社寄来校样(《苏轼的风格论》),廖仲安、《唐代文学年鉴》函。校样寄还。函霍松林。

5月14日(4)晴

得万万东京信。汤高才、王筱云、钟振振等来。关道雄来。

5月15日(5)晴

5月16日(6)晴

开评黄先生奖金会。得陆永品等书。

5月17日(日)晴

小婉全家、天眉来午饭。夜小鲲来。徐家福来问字义,并谈合并事。

5月18日(1)晴

得王文才函,徐放诗集,《社会科学战线》寄稿费150元(与莫合写)。

5月21日(4)阴,小雨

得张舜徽《清人笔记条辨》,雪曼寄画展通知,中国社会科学院科研局催领款通知。夜宴叶嘉莹,翠芬、白匋、史梅陪。

5月22日(5)晴

复佘雪曼、徐放。以《小言》寄张舜徽。以程章灿稿寄吴孟复。下午去南艺看林路。得周勃信。

5月23日(6)晴

以祖棻照片、手稿照片寄北京东四五条华夏出版社《华夏妇女名人辞典》编写组。看望白寅宪。

5月24日(日)晴热

天渝一家来,玩终日。

5月25日(1)晴热

得田翠竹、刘彦邦、徐中玉、陆永品(文研所)函。中华寄《陈寅恪晚年诗文及其他》。

5月26日(2)阴雨

上午和夜大学毕业生同摄影。蒋寅来。

5 月 27 日(5)阴雨

得胡嘉阳、张实(并附论文)、刘泰焰(四川盐亭县党史工委办公室)函。刘附寄清词若干(陈书《鹃声集》词七首),书一本。周勃寄来茶叶,张国光寄《公安三袁研究》。复张实、周勃、刘泰焰。

5 月 28 日(4)晴

整理字画毕功。

5 月 29 日(5)晴

《全清词》开会。

5 月 30 日(6)晴

下午金大同学会。以《史通》寄钱小云,十发翁扇寄邦炎。函璇琮、万万。得尹信,夜访之。

5 月 31 日(日)晴

端午节。眉、纵、早、燕来午饭。下午去山西路购物。圭璋兄婿来送《词话丛编》及《宋词简编》。宋伯胤,南京博物院研究员、省政协委员,有清词稿本数种允抄示,未办。

6 月

6 月 1 日(1)雨

函复哈佛胡嘉阳。得傅璇琮函。

6 月 2 日(2)阴转晴

七姐、二嫂来。得蛰存信,教委通知,朱寄尧寄旧诗稿,燕山书社寄《宋词鉴赏辞典》,林庚寄《唐诗综论》。函吴锦、朱寄尧、姜书阁、陈庄(四川大学)、吴功正(严杰文)、张实(有文)、林庚。

6月3日(3)晴

齐鲁严茜子送目录学小样来。得《高教研究与探索》稿费32元。

6月4日(4)晴

得敏泽赠书,即复。函张国光,告以不见李悔吾送件。函淮北师院古籍室,告改地址。以《读庄七首》寄璇琮。

6月5日(5)晴热

得张实函,即复。

6月6日(6)阴

寄李悔吾鉴定。看望圭璋。去天渝家。

6月7日(日)阴

下午游山西路。唐文来。

6月8日(1)晴

得吴功正、小佳、唐代文学会函,蔡斌芳寄《欧阳修诗词文选》一本。克平约于金陵午饭,以《曲石墓志》托其赠石禅。

6月9日(2)

6月10日(3)

得江汉石油局段良骥信。

6月11日(4)

夜世平来。

6月12日(5)阴

得砺锋信;又得佘雪曼画册,即交曲校长一份。

6 月 13 日(6)阴

函曹月堂谈黄先生论丛事。复余雪曼。得章子仲函。四川省立成都中学(今二中)老学生谢懿来谈,今年五十八矣,在省设计院,曾任教重庆大学,甚亲热。

6 月 14 日(日)阴

上午左健答辩。得敏泽书,陈贻焮寄诗,又祖棻稿费 995.20。

6 月 15 日(1)晴

函赵炳南、杨牧之。以《社会科学报》稿寄还林路(淮海中路 622 弄 7 号)。

6 月 16 日(2)晴

上午参加陈作霖纪念会。下午和勋初看博士生入学试卷。有富来,《校雠广义·目录编》已校好,拟送济南。

6 月 17 日(3)晴

乘火车赴杭。得张实、《开封日报》李允久、《湖南日报》蒋栋函。

6 月 18 日(4)昙

得小海和周韶九函。芸和丽去看月超。

6 月 19 日(5)阴

得吴孟复函,1985 年《唐代文学年鉴》2 册。

6 月 20 日(6)阴雨

得中玉、一中、陈帆(附报纸)函。社联三同志来。钟敬文诗稿(送来)。

6 月 21 日(日)阴雨

芸和天眉去医院接晓琴回家,并在晓琴家午饭。娃娃极可爱。

6月22日(1)阴

得董源远(不相识者)、曾伯藩函。人民画报社郑光华、刘毅军来谈金陵胜迹画册事。

6月23日(2)阴

自杭返。

6月24日(3)阴

复张实,函周秉钧。以敬文诗转圭璋。得王白坚函,王周策函,《文学遗产》编辑部张奇慧代陈邦炎寄《苍虬阁诗》,王淡芳函,《湖南日报》稿费30元,吉大古籍所寄审批文献学硕士点材料,上饶师专张玉奇寄《文山诗选注》。

6月25日(4)晴

下午去工人医院探视月超。

6月26日(5)晴

上午开江苏省社联常务理事会。以吉大历史文献学专业评估材料寄长春。

6月27日(6)晴

社联会继续开。嘱关道雄代办唁段老花圈事。得陈邦炎、张实函。下午参加研究生院会。得上海古籍寄《古诗今选》两部及葛杰函,《竟陵派……》两本,南师大文献所函请评审赵,系发款233.60元。函吉材大学评审罗继祖事。

6月28日(日)晴

晚访孙望,取回《日本汉诗集》两本。汽车队余炳生派二女送来鲜果。发葛杰、王文才、王白坚、陈邦炎、周韶九、董源远函。寄回南师大文献所评审赵函。

6 月 29 日(1)晴

周衍发来谈。蒋广学、荫楠来。

6 月 30 日(2)晴

以《散文集成》寄中玉。得屈守元函,长沙水利师院寄评张实函,安徽金寨笔架山诗社函,章子仲寄复印件,中华寄书两包。中文系付博士生出批考卷费二人 60 元。寄还张实鉴定。得屈守元复信。

7 月

7 月 1 日(3)晴

开总体规划会。

7 月 2 日(4)雨

同昨。

7 月 3 日(5)雨

得常德二中唐远猷来函,得王文才寄李白集及黄先生诗集,中玉寄《文学方法论集》。

7 月 4 日(6)阴雨

得钟来因、夕佳函,安陆李白纪念馆张昕寄《李白在安陆》一本。

7 月 5 日(日)阴

四家孩子来玩,共 14 人。

7 月 6 日(1)雨

莫砺锋来。长沙明德中学黄政海信,江西陶渊明研究会信,成都陕西街51号李祥林信。夜头昏不适。

7月7日(2)晴

林先生书退回。得汤高才信,吴孝感信。复汤高才、吴孝感、星子陶渊明会、徐新杰、李祥林、黄政海。致林宪章、人民教育出版社。

7月8日(3)雨

下午开评审提流人会。晚宴诸生。得河南中州古籍函;又长沙便河边92号刘家传寄诗,即复。

7月9日(4)昙

得王文才信。芸携小宁出游。

7月10日(5)

兴国来交顺康目,以陈伯弢子人珊函付之。

7月11日(6)

史梅、吴永坤送稿赴京。

7月12日(日)昙

文学史1—9章清讫,343000字。程章灿、成林来。

7月13日(1)阴,小雨

王启美来。得林宪章孙林自强、林庚、张瑞洁、傅正谷(天津文学所)函。

7月14日(2)

复天津傅正谷索稿。以书寄林老师。得曹月堂信并稿,又林庚寄《北云集》(宰平先生诗集)。

7月16日(4)

取上海古籍寄款。

7月17日(5)阴

得潘耀瑔讣告,陈帆寄稿费10元,陈迩冬寄论词小册。

7月18日(6)阴雨

唁潘耀瑔。

7月19日(日)阴雨

赴复心桥午饭,早、婉同去。夜永坤来报告赴京事。

7月20日(1)阴,暴雨

得金志仁(南通教育学院)、周秉钧函。

7月21日(2)阴,闷热

得齐鲁赵丙南函。寄二元与曹月堂买《浦江清日记》。

7月22日(3)阴

致程飞骥、林庚、陈迩冬、傅璇琮、骆文。

7月23日(4)阴

得平田赠书,横山馈果冻。

7月27日(1)晴

得《火与雪》稿费200元,舒芜函及论文集,蒙吉甫寄《鹃声集》,张实、三夕、林从周。

7月28日(2)阴

得庞硕函。

8月

8月1日(6)晴

得张国光、陈人珊信。

8月7日(5)

得李立朴函。

8月8日(6)晴

复程一中、李立朴。函小荣。得中州古籍信,汪书75折。

8月9日(日)晴

天渝来。

8月10日(1)晴

函蛰存询得书套事,又函燕山书社询稿费,函辽阳询治鼻炎。作协薛兵来电话(638274)约游小镇。

8月11日(2)晴

《解放日报》文艺部查志华约来采访,已而不果。

8月13日(4)

达微九九夫妇携子及孙来。王庆元、吴永坤来,带来武大中文系何书记礼物。函苏仲翔索书。得寅宪书,寄款45元。作照照、小莺贺礼,并索书九种。得曹月堂信。刘涤源姨妹黄兴宁携小女唐正进(南工图书情报专业85级)来。大连辽宁师范大学中文系汉语研究室陈榴偕日本加藤国安来谈。

8 月 14 日(5)昙

得施老复函。晚教委夏之翔司长及马樟根来。

8 月 15 日(6)雨

在老白家回访潘达微夫妇,赠飞飞衣服。

8 月 16 日(日)雨转晴

8 月 17 日(1)晴

钟敬文博士生陶思炎来访。得珠海李鹏翥寄书和函。周勃、陈斌(扬中学生)函。

8 月 18 日(2)

复李鹏翥、周勃。威克携孙来饭。夜新疆李院长同高志青来访。

8 月 19 日(3)晴

得蔡厚示信。

8 月 20 日(4)阴

写字寄扬州中学陈斌。函邓韶玉、舒芜。得袁行霈寄论文集,中华寄《元诗选》及《仆尚丞郎表》。

8 月 21 日(5)阴雨

以伯伟写书评寄舒芜(明日)。复白匋、袁行霈(寄文)。

8 月 22 日(6)雨

答日本信州大学教授西冈晴彦问《莺莺传》疑义。

8 月 23 日(日)雨

天渝全家来盘桓一日。

8 月 24 日(1)雨

得四川古代文会请帖。

8 月 25 日(2)上午雨,下午晴

吴永坤来。复钱南秀,附致张充和函。得加藤国安、寅宪函,又郑州文化路 50 号河南省文学会唐玉宏寄《人生与伴侣》杂志一册。夜房颤甚剧。

8 月 26 日—28 日

生病休息。得万业馨、张守义、舒芜、湖南望城县、苏仲翔、西北大学、安徽大学邀开会信。

8 月 29 日(6)雨

复望城政协、寅宪。得马騄程信。

8 月 30 日(日)晴

写字寄安徽臧维熙、西安张岂之,谢绝与会。

8 月 31 日(1)晴

得瑞洁函;又华师王常新托荐至苏州大学,拒之。函王文才,寄蜀中书法目录五纸。

9 月

9 月 1 日(2)晴

得臧维熙信。

9 月 2 日(3)

9 月 3 日(4)

9 月 4 日(5)

得燕山稿费 960 元，又邓韶玉信。

9 月 5 日(6)

以《古诗今选》寄陈辽，以《默识录》卷一稿本寄陈邦炎。

9 月 6 日(日)晴

天渝、美林来。

9 月 7 日(1)

研究生集会。赴中国文化书院南京分院典礼。得臧维熙(山水会议延期)、张晓琦(黑龙江社科院张碧波研究生)、蔡栋(《湖南日报》)函。

9 月 8 日(2)晴

得上海古籍寄来《古诗今选》20 套，先后共 50 套，30 套未付款。天眉、丽则来午饭。周勋初来，研究生费已发下，存周处。和周联名给许副校长写信。给曲校长拟校风、学风题字。

9 月 9 日(3)阴雨

上午乘火车去苏州，参加省作协参观小城镇活动。十二时半抵苏州，寓苏苑饭店，同车有陈瘦竹夫妇、赵瑞蕻夫妇、吴调公、吴奔星暨文联艾煊、叶志诚等人。范伯群等来访。晚苏州市、吴县等领导请宴。

9 月 10 日(4)雨

早餐后登小轮去昆山周庄，是北宋时代开始建镇的，现仍保留了旧建筑。参观了沈厅，乃沈万三之弟所建庄园；迷楼，系南社诗人柳亚子等吟诗聚会处；双桥，又名钥匙桥；桥楼，一座桥四角有四楼；张厅(桥从前门进，船从家中过），即房舍中有小溪流过。在周庄午饭后复行登船，在陈墓镇参观大东砖瓦厂砖瓦博物馆。然后再坐船到吴江县治所在地松陵镇，寓吴江第一招待所。今天听到一民谚："中央忙组阁，地方忙出国，市县忙吃喝，百姓忙赌博。"又听到"文革"时一对联："反反正正，正正反反，反正一样；是是非非，非非是是，是非不分。"横批："一笔糊涂账。"

9月11日(5)雨

晴翻千尺浪，风送万机声。

上午去盛泽镇参观东方丝绸交易市场，两人各购得羊毛衫、背心一件，共57元(毛衣32元，背心25元)。中午在黎里镇午餐，后参观柳亚子纪念堂，写字一幅。后又在同里镇参观退思园，照几张相。晚饭后为吴江县写字数张。

9月12日(6)阴

上午乘汽车去桃源乡，该乡位于吴江最南端，与浙江邻近。该乡乡村企业极发达。在桃源午饭后去桐乡县乌镇茅盾故居参观，然后又回吴江县。晚吴江几位领导宴请，有张县长等。在桃源购毛笔三支，价6.70元。

9月13日(日)晴

上午九时离开吴江县(松陵镇)，乘汽车赴苏州，改乘11:46火车回宁。下午四时抵达，到家约五时。结束了小型参观活动，两人都很疲劳。勋初打电话来。

9月14日(1)晴

9月9日至9月14日来函如下：臧维熙、萧印唐、田敬诚、钟来因、舒芜、马鞍山市府；游寿寄书6本，分致各人；成都电报。下午往访永芬，赠以茯苓饼一盒。晚伯伟夫妇来。晨章灿、巩生来。顾复生来。

9月15日(2)阴

田敬诚寄来审定材料已复函挂号寄回。厦门大学评审材料已写好评语送还人事处。王步高来。章念驰来电话。丽则、天渝来午饭。下午吴新雷先生送来第 13 卷《文学史》稿及书籍、手稿等。孙原靖打电话来约周六去南师。王文才子夜来。

9 月 16 日(3)晴

去夫子庙看萧印唐夫人,购食物数种归。蒋凡同勋初来,赠以《诗选》。

9 月 17 日(4)晴

为张明(86 研究生)写字一张。复游寿、印唐。钟来因来。

9 月 18 日(5)晴

上午和勋初约巩本栋来谈话。

9 月 19 日(6)晴

下午去南师参加文献所评审会并晚餐,送去游寿赠南师图和孙望的书。晚万业馨来。

9 月 20 日(日)晴

小婉一家来午餐。下午休息。

9 月 21 日(1)晴

得程一中函。今日满 74 岁,75 初度。身体不适,只好食粥并休息。

9 月 22 日(2)晴

上午莫砺锋送来文章一篇。上海《文学报》谢海阳来采访"唐宋诗歌流派研究"项目。下孝萱转来聂石樵赠《玉溪生诗醇》。

9 月 23 日(3)晴

日环食。得江苏文艺二信,殊无礼,可恼。得陈邦炎信,寄来弘老《说词》印本及稿本，即复。得《江海学刊》吴功正函。

9月24日—26日

填重点学科表。圭璋新收博士生王兆鹏（湖北大学）来访。

9月27日（日）晴

徐睿本、芾本姐弟持杨伯峻函来。复蔡栋、马录程。复杨伯峻。

9月28日—29日（1—2）

发病，温医来诊，劝住院。社联会不赴。

9月30日（3）晴

得周祖譔信询评职称事（陈茂同）。

10月

10月1日（4）晴

赴天纵、小红筵。得哈佛函。

10月2日（5）晴

在婉儿家盘桓竟日。老尹来。张辉及教委处长来。

10月3日（6）晴

赴天渝家。以四川诸老书件托二张生带赴成都，与文才、彦邦函各一。又致曾枣庄函。

10月4日（日）晴

得复旦博士生李祥年论文审阅及朱东润函，杜朝光函及论文，臧维熙函及开会通知，长沙诗社黄政海函，印唐函。常任侠来访。得马兰信，要题字。

10 月 5 日(1)晴

得丁芒复信,得胡嘉阳自哈佛寄来清人词集(3 日)。

10 月 6 日(2)阴

写字寄马兰。复 Maureen 及胡嘉阳。教委谭骏云来。得马录程、慧慧信。

10 月 7 日(3)晴

中秋,天眉来过节。

10 月 8 日(4)晴

赴中医院看病。早上倪明同志来。得丁芒寄书四种。

10 月 9 日(5)晴

得朱东润、王镇远、金杰仁信。盐城师专学报编辑林坚夜来,赠《咏鸟诗》一册。

10 月 10 日(6)晴

得苏州大学邀任博士答辩评委书,吴志达函。

10 月 11 日(日)晴

10 月 12 日(1)阴

得章子仲函。

10 月 13 日(2)雨

上午赴省中看病。

10月14日(3)雨

上午和系领导一起跟严开会。得社科院通知开“七五”规划会，函复不去。得不具名寄来油印件，已转党委。

10月15日(4)阴

得韩理洲寄《陈子昂评传》，吴志达信及著作二种乞荐。

10月16日(5)阴，小雨

得韩理洲信。下午《南京日报》文艺处长叶庆瑞及陈永昌（记者）来。得曾枣庄信。致刘道玉、曲钦岳信。

10月17日(6)阴

赴军区医院看门诊，准备住院。复韩理洲。得曹月堂寄《浦江清日记》。复社科院科研局函，不出席文学组会议。

10月18日(日)阴，微雨

出取眼镜，购《赋史》等书三册。

10月19日(1)晴

王永芬来。得李立朴、杨金亭信，刘彦邦寄牛肉，王文才信及酒。得湖北大学李悔吾评审费30元。胡守仁来函云，其子欲考博士研究生。

10月20日(2)阴

进军区总医院14区34床治疗。尹志腾来谈。将徐桢老书画嘱章灿送给徐芾本。

10月21日(3)雨

得陕西师大陈中伟函。九三王献民来，取去报刊三纸。

10月22日(4)阴

得高家骅寄来诗稿,田军(安徽全椒)函。

10月23日(5)晴

蒋寅来医院探视,谈甚久。倪明、老朱来院探视。函周晶。

10月24日(6)晴

砺锋、宏生来院探视。徐芾本来探视,赠双宝素二盒。

10月25日(日)阴

文史馆老朱来,仍拟为我转病房。

10月26日(1)晴

得哈佛燕京社复函,《湖南日报》蔡栋函,北京师大陈绂寄《学报》及函,科研处函。

10月27日(2)晴

吴翠芬、王淮冰、孙原靖打电话来。

10月28日(3)晴

得教委聘函,望城访正文函。转23病区22床。

10月29日(4)昙

子仲稿寄还,砺锋、章灿文寄《文学遗产》。复函蔡栋、陈绂及望城访正文。函刘彦邦,附《人名注释》。

10月30日(5)阴雨

得袁行霈函。

10月31日(6)阴

复孙映逵函。得 Frankle 寄来论文目录，北京汤学智电报。

11月

11月1日(日)雨

饶宗颐先生由沪来宁，专门访晤。下午在医院接见。晚由勋初出面请饭，有郭维森、屈兴国在座。宁乡来人为编志书事。

11月2日(1)阴

得刘彦邦函。马鞍山派人来接。复河南焦留春函。吴翠芬来医院谈升等事。

11月3日(2)晴

复函高家骅。函章培恒。南工来电话询问能否参加教委会议。吴锦、袁李来到医院探视。

11月4日(3)晴

得四川刘□□函(已交屈回函)，三联寄书来，国家教委材料两包，齐鲁周晶函及寄回《文论十笺》，武大党委复函。泸州老四等来院探视。

11月5日(4)阴

芸与砺锋来院，带来教委所发材料。

11月6日(5)晴

芸生日，眉、丽、渝来共饭。得《解放日报》查志华函。朱东润博士生评语寄出。

11月7日(6)晴

复查志华函。孙原靖来，将祖棻传《人名注》交她带给止畺核实。郁贤皓来。章灿去医院探视。黄寿祺介绍研究生郭建勋来，未晤。丁敬涵（马一浮的姨侄孙女，安徽合肥省妇联）函及《马一浮先生学赞》。

11 月 8 日（日）晴

今日回家。丽则一家来，欢聚半日。晚又去医院。

11 月 9 日（1）晴

茅家琦来医院。得臧维熙、曾伯藩函。

11 月 10 日（2）晴

蒋寅送稿至医院。《两宋文学史》第十章看完。

11 月 11 日（3）晴

复曾伯藩、臧维熙函。得钱谷融函，杨金亭函。

11 月 12 日（4）阴

教委和参加出版职称评议会的几位教授来医院探视。后芸和他们去总统府参观，文史馆史建华同志为作讲解员。

11 月 13 日（5）晴

将帆与祖棻部分诗词寄杨金亭。作好《为稆园丈遗墨为无闻先生题》诗二首。《后记》送一份给新雷。得教委关于评重点学科的补充通知。有富、砺锋来医院探视。

11 月 14 日（6）晴

教委教材办部分同志来院探视。吴永坤、俞润生来。函钱谷融。

11 月 15 日（日）阴

回家。叶、周二人来谈一上午，身体尚好。得马昌松寄来照片和函。

11月16日(1)晴

函复马昌松。得朱东润、唐文函。唐函即复。

11月17日(2)雨

得施老暨黄天骥函,CLEAR一本(Indiana大学东方语言文化系寄)。

11月18日(3)阴

得金志仁函。刘君惠子刘崇仪来,带来君惠函及茶叶一盒。

11月19日(4)晴

得白匋函。

11月20日(5)晴

得周勃函,邓长风函及汪先生文集校样。下午参加教委有关评重点学科座谈会。在家晚饭后回。砺锋作好杜诗跋,已改完交还。汪先生文集校样交有富校对。

11月21日(6)晴

得刘道玉函,苏州大学王英志函及书《清人诗论研究》。

11月22日(日)晴

回家。小婉一家、天纵共午饭。教委重点学科评议表填好。

11月23日(1)晴

重点学科评议表寄教委,重点学科评议材料退还研究生院。函复周勃、苏大王英志。得詹伯慧函及《詹安泰纪念文集》,钱谷融函。

11月24日(2)晴

王立兴来医院。武大刘涤源来电话。

11 月 25 日(3)晴

得曾伯藩、雷雯、屈义林(附祖棻照片)函,张少康寄书一本。芸往访刘涤源,赠以茶、咖啡二事。

11 月 26 日(4)阴雨

电话告周勋初,十一日去沪。李立朴来访。晚望城县政协张超来。明日拟去医院。

11 月 27 日(5)风雨

天纵来装好煤炉。曾伯藩寄来奶粉两包、麦乳精一罐。函复曾伯藩。屈义林函交丽则复。

11 月 28 日(6)雪

得章子仲函,张文勋寄书一本。

11 月 29 日(日)晴冷

回家休息一天,无人来。写字(题徐无闻所存易实甫对联、文史馆及周道南)。上午和勋初通话。

11 月 30 日(1)晴冷

函复周道南。得吴志达函,谭优学书一本,复旦聘书。徐无闻托题对联送还巩本栋。

12 月

12 月 1 日(2)晴冷

芸和小婉去新街口转存款。

12 月 2 日(3)晴

得湖北大学胡忆肖寄书一本及聘书。

12月3日(4)昙

张宏生来,取去《古诗今选》赠钟陵。得李易函。砺锋送来《被开拓的诗世界》全部稿子。

12月4日(5)昙

得白坚函,即复江苏诗词会;余行达寄《文史杂志》;上海辞书出版社寄《唐诗鉴赏辞典》一本,即赠史梅。

12月5日(6)晴

上午出院回家,龚老及护士长殷勤相送。

12月6日(日)晴

天眉、天纵来共饭。下午去山西路买鞋。

12月7日(1)晴

上午赴接待餐厅为丽则四十生日定宴。去医院汇报住院情况。寄文给《文学遗产》和邓广铭。写《望城文史》笺寄张超。

12月8日(2)晴

得李定一和广州诗社函。"七五"规划项目1987年1万元通知办理,已交姚松办。小婉夫妇来。系三人来探亲,送蜂乳精两盒。得复旦大学王运熙博士生论文,审。李定一寄来花生十包,退还十元。

12月9日(3)晴

上午老尹夫妇和钟陵来。下午郁贤皓送来李白纪念馆礼品。寄给屈义林《武大学报》一本。函复李定一。

12月10日(4)晴

得汤学智、福建人民出版社林玉山函。

12 月 11 日(5)晴转阴

全日在校开职称评审会。

12 月 12 日(6)晴

上午仍开职称评审会。得李易函,书目文献出版社寄《北图珍本丛刊》。即复李易。函王淮冰。吴企明介绍其硕士生邓红梅来谒。

12 月 13 日(日)昙

上午访孙望。

12 月 14 日(1)阴

得徐中玉函。

12 月 15 日(2)晴

上午去新街口购除尘器一台。得唐文函,《学位与研究生教育》稿费 28 元,刘彦邦函。砺锋要《后山居士文集》。

12 月 16 日(3)晴

昨得聂石樵《论〈史记〉》,姚雪垠驳刘再复文书一本。今得上海古籍寄古诗台历一本。

12 月 17 日(4)晴

上午 8:28 去沪参加李祥年答辩,芸、周同行。12:25 抵沪,复旦陈尚君来接。下午往访朱东润先生。晚章培恒、陈允吉来访。

12 月 18 日(5)晴

上午九时参加答辩会。中午午宴,徐鹏参加。下午上海古籍魏同贤、陈邦炎、王震远、赵昌平等来访,赠书两本,交《被开拓的诗世界》稿。晚徐鹏来访。章培恒来访并赠酒一瓶。

12月19日(6)晴暖

去施蛰存先生家送书并取回手抄词本两册,又去寅宪家,午饭后乘公共汽车归。寅宪要去会程之,回去寄介绍信给他。

12月20日(日)晴暖

乘车回宁,晚六时余抵家。复旦赠答辩费45元。

12月21日(1)晴暖

四日来共得函:朱清於、广西师大出版社、张文勋、胡敦伦,余顺尧寄贺年片,巴蜀寄挂历。

12月22日(2)晴暖

得吉大古籍所管成学函及书,陈辽书。汪尧昌函及《寄庵随笔》,陈荣伟函及《老年文汇报》,郑承教寄银耳。

12月23日(3)晴暖

大百科寄稿费(周、吴二人)312.50元,吴稿费100元寄武大。下午往工人医院探视王气中与张月超。晚万业馨夫妇来谈甚久。

12月24日(4)晴暖

得李易、陈祖美函,平田、王超贺年片。函齐鲁总编赵丙南(谢事)。得邓广铭函,村上哲见贺年片,齐鲁、中华及蔡钟翔寄书及函。

12月25日(5)晴暖

函复佘雪曼、姚雪垠、蔡钟翔、陈辽、汪尧昌、郑承教、陈帆。

12月26日(6)晴暖

下午往看视杨知文。晚孩子们来共餐。

12月27日(日)晴暖

与芸同去307参加社联四届代表大会。得小筑祐司贺年片。

12月28日(1)晴暖

继续开会。得小海函。

12月29日—30日(2—3)晴冷

继续开会。

12月31日(4)晴

回家。几日来共收下列函件:函:郑承教、陈辽、董源远、徐培均、刘泰焰、周啸天(并书)。贺年片:汤擎民、胡敦伦、蒋寅、齐森华、饶宗颐、金克木。

日本内阁文库藏徐履忱《耕读草堂诗抄》附词十数阕。徐是顾炎武外甥,徐健庵堂兄。

1988 年

新春大利！

1 月

元月 1 日(5)阴

维森、新雷、汪越来访。函复周啸天、刘泰焰。

元月 2 日(6)晴

函蒋赞初、徐培均、周勃。屈兴国来谈室中事。

元月 3 日(日)阴

函齐森华、徐中玉。得刘茂舒、吴志达、刘彦邦、曹月堂、孙玄常、汤高才函，张三夕、司金銮、潘世秀、吴志达、曹月堂、樊凡贺年片。

咏公务员

何事不可作，偏为公务员。家贫儿作仆，柴贵饼当餐。两脚奔寒暑，六亲断往还。只因棺木贵，不敢上西天。

此诗抗战中流传于成都，祖棻偶为诸公诵之，遂传为棻作，其实非也。陈帆以入纪念文，恐滋后世之惑，故记之。

元月 4 日(1)阴

许惟贤来，谈《论丛》事。函沈玉成、罗宗强、刘彦邦、刘茂舒、唐文、吴志达、王瑶、曹月堂、叶嘉莹。

元月 5 日(2)阴

得唐文、唐异明函,唐异明有照片、贺年片。

元月 6 日(3)晴

下午参加范老追悼会。得省统送挂历一。张宏生、张伯伟来。

元月 7 日(4)阴

函董主任谈严事(按董改稿)。得政协第六届通知书。得赵丙南书,告抽去谢书序。童傅谈科学研究:1. 继承性,2. 探索性,3. 创造性,4. 结果不确定性。去鼓楼医院看卞先生。

元月 8 日(5)晴

尹来谈清词室事,婉言谢之。去医院看尿感。

元月 9 日(6)晴

得霍松林函。

元月 10 日(日)晴

伯伟、曹虹来谈论文事。孙望夫妇来。

元月 11 日(1)阴

得张企罗寄浦江清《清华园日记》,吴志达、邓韶玉函,社联寄照片。

元月 12 日(2)阴

函复张企罗、吴志达。得陈祖美寄《淮海词》一本。

元月 13 日(3)阴

得罗宗强函,同意来参加答辩。

元月 14 日(4)阴

王立兴领日本留学生上野隆三来，带来清水茂的论文。得邓韶玉寄来《古诗考索》十本，王瑶函。复霍松林。函吴志达介绍上野隆三。汇16.5元给邓韶玉付书款。

元月 15 日(5)阴

南京教育学院范君(以前和吴永坤来过)来访，送来张汝舟遗著一本。去社联开会。得李易、徐培均函，霍松林寄诗稿，马騄程寄《江西诗词》，徐培均寄《唐宋词小令精华》，杨克平寄挂历，厦门大学审职称费30元。

元月 16 日(6)小雪

复李易、徐培均。函政协开会请假。得霍松林函及其儿之文。

元月 17 日(日)晴

去小婉家玩了半天，甚欢。

元月 18 日(1)晴

上午参加校统战部召开的会。得子仲及徐培均函。电沈玉成及发陆老唁电。

元月 19 日(2)晴

上午看病，尹禄光夫妇来。莫砺锋来协助办蒋寅答辩事，寄出论文。得魏炯若寄书一本。

元月 20 日(3)晴

以宏生《江湖诗祸考》寄陈邦炎、赵昌平，请转《中华文史论丛》或《学术月刊》。将磁带寄还淮阴市文联。得沈玉成信，刘泰焰信。复刘泰焰、魏炯若。参加玄武区侨联宴，并发息。

元月 21 日(4)阴

七姐夫妇来。学校发 110 元。蒋寅论文寄沈玉成。章灿来。

元月 22 日(5)阴

研究生院通知评审重点学科会议二月五日在北京举行。砺锋、伯伟来。

元月 23 日(6)晴

以章灿《刘勰赋论》寄中玉,请其刊于《文学理论研究》。得王滋源新书《论语译评》,即复王滋源。

元月 24 日(日)阴

各家小孩均来,自己蒸包子吃。邓瑞来。新雷送《文学史》稿来。

元月 25 日(1)昙

得王淡芳、李旦初(山西大学)函,白敦仁寄《学报》,王运熙及其岳父杜兰亭各赠书一本(勋初带来)。以《考索》《今选》寄李旦初。函曹济平询唐老学生答辩日期。函教委研究生司。

元月 26 日(2)昙

将章灿文送思想家研究中心。送礼给尹黄。得钱南秀、施老函,匡亚明文,国家社科(基金会)规划领导小组通知,BBC 节目单。

元月 27 日(3)晴

白雉山信嘱题书签。小佳信寄豆丝。

元月 28 日(4)晴

得厚示信约游武夷,即复。函杨金亭纠印词之误。得志达、陈继明函;小佳寄来豆丝;吴孟复寄书一本;匿名信一封,转郑康;吴奔星附《新诗辞典》通知，即复。

元月 29 日(5)晴

函王瑶、周绍良、纪克。得武大学生谭武函，中文系 84 级。何华辉研究生刘浥阳来。小燕生日，去吃面。复谭武(询祖棻材料)。

元月 30 日(6)穷阴

函木生夫妇。得朱祖延信，又长沙明德中学黄政海信。

元月 31 日(日)晴

徐州师专邵迎武来。

2 月

2 月 1 日(1)晴

得周勃函。

2 月 2 日(2)晴

得刘立介信及稿，即复，将稿寄还。

2 月 3 日(3)晴

函淡芳。得孙党伯寄《郭沫若评传》，武大古籍所寄周大璞《训诂学》，白雉山寄《名人趣事录》。

2 月 4 日(4)晴

得汤高才函，约稿，即复，拒之；周勃寄《考索》；王瑶托寄《大百科》。

2 月 5 日(5)阴

蒋荫南来，伯伟文交蒋。20:25 飞机去北京开会。周勃寄来《考索》

交给姚松，并嘱其汇款并函复。

2 月 6 日(6)晴

得浙江椒江市横河陈街陈梦赉寄《中国历代名医诗选》一本。

2 月 7 日(日)阴，小雪转晴

得政协通知。季廉方来访。

2 月 8 日(1)晴

得梁光照、刘茂舒、杜兰亭、华钟彦、近代史所函，齐鲁寄书两册。

2 月 9 日(2)阴

文史馆电话通知开会。

2 月 10 日(3)阴

得曹月堂、白雉山函，黄山书社约稿，《文学研究参考》87 年 4—12 期。

2 月 11 日(4)阴

从北京归。吴锦来访。

2 月 12 日(5)晴

函梁光照、近代史所王默、华钟彦、陈时风、吕美生、王瑶、陆国斌、高马德。陆彤送马德画来。《学语文》寄稿来。得宁乡县志函。

2 月 13 日(6)阴

得叶嘉莹、章子仲、王淡芳、徐中玉函。王老等及吴文治来，吴送《年表》一本。

2月14日(日)阴

函复《学语文》,稿寄还。尹志腾来。晚发病,吃异搏定二粒,好。戒兴奋。

2月15日(1)晴

得夕佳、小佳、王滋源函。

2月16日(2)雪

除夕。丽则母女来度岁,包饺子。

2月17日(3)晴

元辰。赴强姐家共庆春节,一共19人。下午系领导、王长发、许惟贤、邓瑞、尹黄、周勋初等来。

2月18日(4)晴

上午裴显生全家、七姐夫妇来,白浩带来郝延龄赠葡萄干,七姐送人参蜂王浆、茶叶等数事。中午在天渝家午饭。下午莫氏夫妇来。

2月19日(5)阴

上午孙原靖、徐有富、曲钦岳来。下午祁蔚、宋家淇女来。中午在天纵家饭。得晴佳函。

2月20日(6)阴

王西三来访。

2月21日(日)阴

李书有来。得常任侠信,附汪铭竹相片。

2月22日(1)阴

得吴功正寄书;人文寄《苏风格论》稿费;又君惠信,言顾先生书件事。

夜复任侠、功正、君惠。函刘文忠等，请购《古典论丛》第四册（附 2 元）。

2 月 23 日（2）阴，小雨

社联二同志送来皮包一只、厨具四个。高国藩来访。

2 月 24 日（3）阴

蒋寅来，送糖二包。晚老白、威克等来喝酒。黎明霞来看芸。

2 月 25 日（4）雪

上午去工人医院看病，系前列腺增大。得王瑶函。

2 月 26 日（5）阴

得雄哥寄《红氍毹上》。

2 月 27 日（6）阴

得陈邦炎、邓韶玉、周啸天函。程章灿来。

2 月 28 日（日）雪

函复邓韶玉、周啸天。

2 月 29 日（1）阴

李国瑜托其研究生王君送影印谢无量诗册来。

3 月

3 月 1 日（2）阴

发聂文郁唁电。复邓韶玉、李国瑜。文自成（武大 59 级）来，赠以书三种。得陈美延、胡敦伦、罗宗强、吴功正函。

3月2日(3)晴

函复陈美延。发蒋寅答辩委员会各委员的聘书。得吴志达函。屈兴国来。

3月3日(4)晴

得汪孝文函通知取《曲石诗录》。蒋寅送文来。曹济平送王筱云论文及聘书来。

3月4日(5)昙

《青春》斯群、曹立侃(主编)、陈玉田(副主编)来。《江海》三人来。

3月5日(6)昙

为《江海》题词,即寄出。徐有富来还汪先生稿,即函超伯来取回。周本淳惠所著《唐才子传校正》。关道雄为取得李希泌所赠《曲石诗录》。阅王晓云论文。复周本淳。复李希泌惠《曲石诗录》。得张啸篁之子志浩(湖南日报社)来函约写稿,即复信拒之。

3月6日(日)晴

写好王筱云博士论文评语,即寄曹济平。

3月7日(1)晴

下午去工人医院拿药,兼探视万放、月超。得杨金亭函,王气老、杨军各赠书一本。

3月8日(2)晴

下午往访王永芬。函复杨金亭。

3月9日(3)晴

甘某(重庆《工人报》)购"千帆藏书"石印一方。为金中百年校庆书颂词一纸。得湖南大学校史组函，即复，答无材料。下午去鼓楼医院探视强姐和宋家淇。

3 月 10 日(4)晴

上午蒋寅来。下午在校开职称会。得吴功正函，竟陵文学派寄稿费 50 元。

3 月 11 日(5)阴

蒋寅来谈。

3 月 12 日(6)晴

得君惠函，即复。许总等二人送请柬来。吴新雷来谈，十二、十三章稿交吴。吴锦来，赠烧饼一包。

3 月 13 日(日)昙

唐文来。下午往访砺锋、有富。

3 月 14 日(1)阴雨

下午开会，讨论博士生答辩事。得《诗刊》稿费 30 元，臧云远寄《诗选》一本，顾学颉寄《论文集》，石天宝(湖北宜城)、彭子辉(衡阳)函。徐有富送书来。黄尹来谈房屋事。

3 月 15 日(2)阴，小雪雨

复谢顾学颉、臧云远、杨军、施蛰存赠书。得湖北安陆李白纪念馆张昕函，索题字。

3 月 16 日(3)雪

得王运熙函，社科评奖单，南开大学电告罗宗强不能来参加答辩会。

3月17日(4)昙

上午参加社联发奖会。

3月18日(5)晴

得沈玉成、刘君惠、刘聿鑫、唐富龄函。

3月19日(6)阴

得国家社会科学基金会通知。周勋初、莫砺锋来。

3月20日(日)雨

参加《江海学刊》创刊30年纪念会。

3月21日(1)雨

得国家科学基金会通知，廖仲安、毋庚才（北师院历史系）函，王常新函。即复王、廖。沈玉成、霍松林晚上来访。

3月22日(2)阴

上午蒋寅答辩。

3月23日(3)阴转晴

得何文清、李白纪念馆函。以蒋寅论文评语寄王镇远。倪明来。

3月24日(4)阴

得舒芜、周来祥（及书）、萧印唐函。上午赴南师参加王筱云答辩。下午陈贻焮夫妇来。

3月25日(5)阴

上午在美术馆为文史馆书画展开幕讲话。下午文史馆35周年纪念会。

3 月 26 日(6)晴

得罗继祖函及书一本,即复。复曹辛之、舒芜、周来祥、萧印唐、叶幼明。寄《沈选》与安庆张伟。

3 月 27 日(日)昙

晨携虾兵蟹将在小吃部吃包子。下午由袁李来陪赴吴锦家,吴夫人勇真医生带往鼓楼医院看眼疾。

3 月 28 日(1)雨

得中州古籍出版社寄来 15 元,唐富龄函。上午地质系石油中心黄老师送材料来。

3 月 29 日(2)阴

得吴代芳函,吴功正寄照片,文史馆馆员金尘生函及诗文等,又蔡厚示信。复吴代芳。

3 月 30 日(3)晴

上午开《学报》会议。得江苏人民出版社稿费 20 元。

3 月 31 日(4)晴

上午看病。董健打电话谈《全清词》承包事。曹明(《江海学刊》)来,送以《古诗今选》一套。

“党委有权,政府有钱,人大举手,政协发言。”七大政协委员在一次大会上介绍的民谚。

4 月

4 月 1 日(5)阴

得程之函,杨天堂托江苏古籍出版社马君送来礼物。夜南京政治学院哲学系王荫廷、徐长安来。Tel636123—496(王荫廷家)。王系武大哲学系毕业,徐长安系南大哲学系研究生,均与李华钰相识,由她引来。

4月2日(6)昙

复十二弟。以砺锋论朱熹文道观文寄中玉。

4月3日(日)昙

上午访孙望,送交胡先生诗跋与目录。中午在丽则家饭。

4月4日(1)晴

倪明来谈文史馆事。研究生院汪以初来谈重点学科事,下午开会研究此事。得刘文忠、曾宪德(子仲长子)、程尚明函。

4月5日(2)晴

寄所书题笺给倪明。函复章子仲、刘文忠、程尚明。

4月6日(3)阴

徐有富来,共同研究《版本编》。得蒋寅函;北大寄《全宋诗样稿》;金志仁函寄诗词,即复。

4月7日(4)昙

上海古籍李国章来访。得研究生院送来蒋寅学位证明,即以挂号函寄蒋。

4月8日(5)晴

下午与芸同望姐姐。晚郁贤皓、陶敏来。

4月9日(6)晴

上午往访宋家淇,还其词集(已批过)。得蔡厚示、陈仿彝函。

4 月 10 日(日)晴

去仪征大化纤厂开会。

4 月 11 日(1)阴

得周祖譔、李金松(湖北武穴)函。关道雄送考卷来。南大九三夏树芳(家 Tel2757)、吕慧梅(生化系,科研楼电话 2291)来访。

4 月 12 日(2)昙

复周祖譔、李金松。函蒋寅(附周先生函)。上午在研究生院开重点学科会议。得湖南出版社寄来白匋先生词稿,连同陈仿彝函转给吴老。天眉赠电磨。

4 月 13 日(3)晴

得王镇远函。砺锋来。

4 月 14 日(4)晴

上午去南师大看敦煌卷子。得武夷山请帖(即复),周退密寄诗集,田筱筠函,《甘肃崆峒诗词》。函蔡厚示。

4 月 15 日(5)晴

得胡敦伦、王士让(西北政法学院)函。张秋月来谈,欲相师,拒之。北大王春茂函邀参加《文选》讨论会。

4 月 16 日(6)阴

4 月 17 日(日)阴

天眉、天渝、丽则暨孩子们来午饭。

4 月 18 日(1)晴

下午去鼓楼医院看眼疾。得陈子昂学术讨论会请柬。

4月19日(2)晴

中午请望兄夫妇吃饭。得《文艺理论研究》稿费240元,一半给宏生。崆峒诗社碧玉箫函请题笺。《宋词赏析》4版,赠书五册。

4月20日(3)晴

国际文化交流中心通知新任副秘书长王志渊。得复旦大学评审费15元。尹禄光来谈翻译事。得《杜甫晚年》英译抽印本7份,英语《中国社会科学》一本(两人合一本)。至中美文化中心听曲钦岳报告。

4月21日(4)阴

上午去工人医院看病。得四川博物馆函及奖励证书,王文才函及书,新都函邀参加杨升庵讨论会。函复匡老。

4月22日(5)阴

函复四川博物馆及王文才、张瑞洁、崆峒诗社(附字一幅)。得刘君惠函。作书三幅(小婉代索及崆峒)。

4月23日(6)晴

得杨军、中玉、巩本栋函。

4月24日(日)晴

函中玉,辞审稿。函周勃、君惠。姚北桦、赵国璋来谈红学会事。往访屈兴国。

4月25日(1)晴

得马少波(李慧中)、蒋寅函,黄山书社寄稿费70元。

4月26日(2)阴,小雨

上午和孙望夫妇由姚北桦邀往古林公园观牡丹。得《韵文学刊》稿费

70 元，马少波、李慧中寄《乐耕园诗词》，刘知渐、邓韶玉函，韩理洲赠《王无功文集》。

4 月 27 日(3)阴转晴

复蒋寅、周退密、韩理洲、马少波夫妇。得周振甫、安军（福建）、李金荣（四川）函，张松如寄书一本，上海古籍稿费 130 元（和张宏生合写）。探望月超。徐有富来（《校雠广义·版本编》看完交徐）。

4 月 28 日(4)晴

得月超赠外国批评史，上海古籍代寄缪钺、叶嘉莹《灵谿词说》。函复周振甫、张松如、安军、李金荣、张宏生。吴永坤来。

4 月 29 日(5)晴

周勋初来共同阅卷。茅家琦赠书一本。张伟寄茶一包。张宏生来，赠笑梅人参蜂王二盒。

4 月 30 日(6)晴

上午看病、理发。莫文交小婉送《学报》。晚钱林森来。

5 月

5 月 1 日(日)晴

复刘知渐、王士让（题书签）、省九三。尹禄光、黄淑贤来。

5 月 2 日(1)晴

中午在美林家合家共餐，美林 40 大庆。晚黄纪华来。翟春高送票来。

5 月 3 日(2)晴

吴新雷代索字二幅，交吴。履历表付朱家维。陆彤字画送俞为民信箱。胡、王字社联取去。安徽寄来茶叶四斤，给小婉一斤，王老半斤。邓瑞来赠蜂王浆一盒。下午启程去武夷。

5月4日(3)阴

下午二时许抵邵武，厚示、武夷山管理局邱峰来接，寓招待所。车行21小时，甚为疲倦，因客车设备甚差，伙食尤坏。晚市委办公室主任陈梓堂、接待科长余□兴等洗尘。

5月5日(4)阴雨

上午游沧浪阁、李忠定公祠和民俗馆。下午写字。

5月6日(5)雨转晴

晨六时离邵武，乘汽车去崇安，寓百花岩宾馆。上午诗会开幕。下午游天车架、鹰嘴岩、水帘洞，在水帘洞品茗咏诗，乌龙茶极香。晚宴。

5月7日(6)阴

上午老局长介绍武夷山。下午坐竹筏游九曲，两岸峭壁如削。此行甚乐，亦不疲倦。游毕，无雨，可谓作美矣。

5月8日(日)阴

今日游一线天及虎啸岩。一线天我俩仅至洞中观看，未登山。虎啸岩则既高且陡，幸有石阶并有石栏杆可扶，故二人均得登顶。山中花木繁盛，阵阵轻香，映山红成片。下午在蒋局长家写字，并抽暇往访邱峰同志。晚和福建诗词会理事同开吟诵会。（周笃文、陈祖美、赵玉林索字。）

5月9日(1)雨

天虽雨，仍按计划游天游峰。车停于九曲宾馆。进门后即穿过一洞，过云路、云桥至云窝。然后除我二人外，均攀登天游峰。我俩因昨日已很累，今日又下雨，遂留在下面品茗、午饭，然后沿九曲溪，步入小桃源。一路景色幽美，将入桃源时，过一石桥石门，豁然开朗，一块平原种满桃花，真不愧为小桃源也。据说另一途径乃缘溪而上，更似《桃花源记》中之景，惜路窄小不敢走，但今日游仍甚乐。

【夹纸：丁芒《游九曲溪》：三十六峰争泼绿，溶成九曲碧琉璃。冲滩碎影飞空细，送筏轻歌掠水低。神话弥天开妙悟，遐思得象启玄机。收来十里罗纹纸，写尽胸中半日奇。】

5 月 10 日(2)阴雨

上午在招待所休息。10 时崇安县政府接往崇安县，先参观船棺，后赴宴。下午略休息，即去武夷宫，开座谈会，写字两幅。晚在幔亭山庄参加诗宴，边吃边吟诗，晚十时余始结束，大家依依惜别，抵招待所已十一时。周笃文索美人论中国诗译稿一篇及《涉江集外词》。林从龙索小传。

5 月 11 日(3)阴

晨八时半离白云岭宾馆，乘车赴南平。匆匆午饭后即上车，乘 46 次车回宁。车上遇福建师大教师，让下铺给我们，得以顺利成行。

5 月 12 日(4)晴

下午二时许抵达南京，史梅等来接，平安到家。3—12 日收到下列各件：小海、村上哲见、徐中玉、宁乡图书馆、施蛰存、马騄程、周振甫(二)、张瑞洁、张文勋、马昌松(照片)、蒋寅、周绍良、吴永坤。

5 月 13 日(5)阴

复瑞洁、张文勋、马騄程、马昌松。寄六元书费与蒋寅。得文自成函。太平天国纪念馆二人来。

5 月 14 日(6)阴

5 月 15 日(日)晴

得王瑶函，张国光寄书。天纵、天渝一家来午饭。晚张辉和教委赵某来访，赵为其母薛玉兰索对一付。现代组研究生张红托叶子铭研究生刘德康带来银耳一袋。

5月16日(1)晴

四川博物馆汇款2000元收到。

5月17日(2)晴

上午赴中医院看眼疾，医云已基本痊愈。写字寄周笃文、陈祖美、王全铭、赵玉林。得陆家桂函及书，文自成寄书，陈诗寄诗。

5月18日(3)昙

上下午博士考生口试。沈辰宪来，赠草莓二盒。

5月19日(4)雨

函复陆家桂、张国光。写字寄单景龙、杨光中、郭迅。写字及文章寄村上哲见(14.40元)。村上函转许惟贤。

5月20日(5)雨

吴白匋、金湟子来。屈兴国来谈送《全清词》事。

5月21日(6)阴

王立兴夫妇来。得上海古籍寄书一本(已给小婉)。章灿译文寄周笃文。

5月22日(日)晴

写好《学位与研究生教育》所需之文。中午在小婉家，晚上在天眉家吃饭。

5月23日(1)晴

《学位》又送给汪以初。巩文给《学报》。得中国戏剧家学会通知，有马少波附言。上午赴思想家中心开会。下午开校职称会。吴永坤来。

5 月 24 日(2)晴

徐有富、尹志腾来。得周勃寄茶叶,上海辞书寄《唐宋词鉴赏辞典》。

5 月 25 日(3)晴

函张瑞洁索材料(莫需要)。赴《南京日报》评审楹联会。得林从龙函。

5 月 26 日(4)阴

得北师院毋庚才函及寄件,林从龙函及照片,陈子昂学术讨论会函及照片。即复毋庚才。上午参加图书馆会议。

5 月 27 日(5)昙

写字一幅,寄陈子昂学术讨论会。张明转来上野隆三函要求接见。上午参加金陵大学百周年校庆。刘彦邦托四川校友周孟璞带来酒、花生等礼。

5 月 28 日(6)阴

得王庆生寄书,马少波寄字。上午看病。下午参加在南师大召开的金大文科校友座谈会并晚餐。

5 月 29 日(日)晴

上午天纵、天渝两家均来,午饭后去。

5 月 30 日(1)晴

上午钱林森来。湖南岳麓书院文化研究所副所长陈海波来谈叔祖事。得周勃函,刘茂舒函寄复印件。下午参加中文系纪念三老筹备会。

5月31日(2)雨

上午给郭维森研究生讲话。函复周勃、刘茂舒、刘彦邦。函蒋寅，寄字与诗稿。寄文、诗稿给舒芜。得蒋寅函附照片，黄山书社寄稿费50元。

6月

6月1日(3)晴

上午去军医总院访朱清於，未能看眼。下午吴永坤来。得林从龙寄来《人生与伴侣》四本，陈贻焮寄诗来。瑞洁友佘君来访，将外公遗墨三件请其代给瑞洁，并各赠《古诗今选》一部。函徐中玉。

6月2日(4)晴

上午去军区总院看眼疾。得周笃文函。寄诗《武夷记游》给杨金亭、陈贻焮。

6月3日(5)晴

上午给硕士生讲课。

6月4日(6)晴

得《开封日报》李允久寄来之诗，要求写，不理。为万放购胸腺素药。下午日本留学生上野隆三来访，带来清水茂托赤松纪彦带来之信与书。

九三南大支社主委地质系夏树芳、副(女)生化系吕慧梅。

6月5日(日)晴

小婉全家来午餐。《南京日报》同志取走楹联评选结果。

6月6日(1)晴

屈兴国来。得赵昌平、佘雪曼(告悼亡)函。

6 月 7 日(2)晴热

得叶嘉莹函,即复。王步高来,约主编词鉴赏辞典,拒之。九三来照相。复雪曼。

6 月 8 日(3)晴热

装电扇。整理湖南乡贤书画。刘舒晚问,药取去。十发翁生于同治三年甲子(1864),死于 1932 年壬申,享年 68 岁。

6 月 9 日(4)晴热

得赵炳南函,即转有富。袁李来来送《高教研究与探索》两本,稿费 30 元。函太平天国纪念馆、李允久。

6 月 10 日(5)昙热

整理好祖棻《涉江集外词》,函施蛰存提出几点要求。蒋寅来谈。

6 月 11 日(6)雨

上午开《全清词》承包研究会。得赵昌平寄书两本,圭老寄书一本,朱栋霖寄书一本。

6 月 12 日(日)昙

去迈皋桥庆祝真真周岁。南京电视台汪平送马少波磁带来。得王镇远函。函王镇远、赵昌平。

6 月 13 日(1)昙

汇款 15.62 元与古籍财务科(《宋词赏析》印数费抵《古诗今选》30 部书价,补还此数)。

6 月 14 日(2)昙

江苏作协凤章来访。得徐中玉、陕西师大(《古代爱情诗……辞典》

事)、射洪县政府、姜平、宏生等函。

6月15日(3)阴

得张瑞洁、吴孟复、姚继舜函,三信即复。上午继续和凤章交谈。打唁电悼蒋天枢。

6月16日(4)阴

上午开清词室会议。砺锋带来施老赠两本书。得舒芜函。徐福基要求给予鉴定。

6月17日(5)阴

照片印好,分别寄与朱金城、蔡厚示、丁芒、周笃文。太平天国纪念馆贺采、夏京生送纸来,要求自写。伯伟带周维培来,要求推荐。

6月18日(6)阴

为周维培作荐书。得陈贻焮片,傅璇琮寄《唐才子传校笺》,曾广开寄论文。天纵送新打书橱来。

6月19日(日)阴

小婉全家来午饭,并协助整理房间。吴文治夫妇来并送礼。

6月20日(1)阴

得小佳、淡芳、志达、单景龙(化纤厂)、周笃文函。下午开三老纪念会筹备会。《青春》送评选文来。

6月21日(2)昙

函周笃文,再寄诗稿。校统战部孙、冯(副部长)二人来访。周维培推荐信译好,由砺锋送国际交流科。写好徐福基鉴定。

6月22日(3)阴

武大老学生吉林大学古籍所王同策来访。收到日本寄来的一信,已交党委。函复田军,归还文与奖状,并赠以四本书。周维培论文等归还。社科院取去徐鉴定,赠60元。

6月23日(4)阴

上午开职称评定会。得毋庚才、李玲玲(上海广播电视局,不复)函。职称评议会,出版社长时惠荣赠书数册。一小青年出言无状,斥之。函复小佳妹。

6月24日(5)晴

以周本淳校文献集刊稿交勋初。退还临海市王晚霞托审稿。寄还湖南大学张白影托写格言。蒋庆学、时惠荣来填写出版单位评审表。去强家午饭。上午为吉大研究生讲课。

6月25日(6)晴

函李旦初、毋庚才、吴志达、傅璇琮、王淡芳。评审纪实散文毕。

6月26日(日)昙

下午参加硕士研究生照相和毕业典礼。

6月27日(1)昙

《瞻园记》文写完。得瑞洁、李鼎文函。

6月28日(2)雨

得瑞洁及衡阳王夫之纪念会函。

6月29日(3)雨

去南博参加江南文化书院新闻发布会。复瑞洁函。

6月30日(4)晴

衡阳县志办公室陈少卿(?)来访刘继宣师事,无可奉告(云曾营救高觉敷之子)。长沙华济时(武大61届)持刘庆云介绍信来要方志艺文志材料,复印《文学批评的任务》,并将为代寄长沙八一路湖南省文联陈吾南。贺采来取所书《瞻园记》去。美林夫妇、天眉及诸孙来午饭。

7月

7月1日(5)

硕士毕业生请饭。

7月2日(6)

填工作量表。

7月3日(日)

赴江南文化书院成立会。

7月4日(1)晴热

得李鼎文寄书,即复。托史梅以《江海学刊》寄苏渊雷,以《文学批评的任务》寄陈吾南。国家社会科学基金会(北京100732建内大街五号中国社科院内)寄流派款五千元(连前共25000),交姚松办理。

7月5日(2)晴热

7月6日(3)晴热

得蔡厚示、朱金城、《诗刊》函。

7月7日(4)晴热

看完章灿文。新雷送来《宋文学史》第十章。晚赴南化参加纪实散文竞赛。

7 月 8 日(5)酷热

在南化开会。

7 月 9 日(6)酷热,38.0℃

得舒芜函,附文一纸;黄仲翔送书一本。

7 月 10 日(日)酷热,37.7℃

从南化回,得酬金 100 元、餐具一盒。中午与芸迁居中美文化中心,极为凉爽。

7 月 11 日(1)晴热,36.9℃

得瑞洁、施议对、胡敦伦函。

7 月 12 日(2)晴热,36.2℃

倪明来访。三孩一起来谈,九时方去。

7 月 13 日(3)晴热,36.0℃

函瑞洁、施议对。以宏生《陈起交游考》寄陈翔华。得武夷诗词社函及照片,吴汝煜寄《刘禹锡传论》,刘茂舒寄复印件。三时在中心开会,民意测验。复吴汝煜、刘茂舒,以诗词改定稿寄武夷诗社。

7 月 14 日(4)晴热,35.9℃

开始看《两宋文学史》第十章。

7 月 15 日(5)晴热,36.5℃

晚饭时,天眉和丽则一家来共餐。万业馨来访,并送稿子和西瓜两个。巩本栋来,送汇报。原平送来所裱字画,60 元。

7月16日(6)晴热,36.9℃

得施蛰存、周秦(附诗)函,上海教育出版社寄修证稿费150元(转付王立兴)。

7月17日(日)酷热,38.0℃

抄完《涉江集外词》。

7月18日(1)酷热,38.5℃

天渝、美林来谈甚久。开始抄《文学史》第十章。

7月19日(2)38.5℃

西安陆伟民来函附一稿。

7月20日(3)晴热,37.2℃

得王淡芳、周勃、杨冠珊函,张安治寄书一本,周勃寄茶叶。

7月21日(4)昙,33.8℃

看完《两宋文学史》第十章(第一遍)。

7月22日(5)阴雨,32.2℃

收到湖南艺文志材料费30元,周勃寄文稿。回家吃晚饭。

7月23日(6)晴,34.5℃

复杨冠珊、张安治、周秦、西安陆伟民(退文稿)。章子仲介研究生刘德馨来,为转介于作协。函倪明。得横山弘赠礼物一包(果子冻)。

7月24日(日)阴,34.6℃

发致华钟彦唁电。天纵、小红在此午饭,三女娃在此晚饭。天眉、丽则晚间来谈。

7 月 25 日(1)阴雨,26.9℃

抄完《文学史》第十章第一节,开始抄第二节,千帆开始看第二遍。以《中国文化名城词典》一册赠横山弘,乞许惟贤转交。

7 月 26 日(2)晴,29.5℃

晨出外购药、存款、取信。得王同策函及照片,当代诗词研讨会筹备会开会通知,宫宝安(辽宁楹联学会)、蒋寅、陈吾南、陆国斌、王季思函,程章灿函及文,吴孝感寄《人物》。复陆国斌、李汝伦、张瑞洁。

7 月 27 日(3)阴,27.1℃

将《涉江集外词》稿寄与施老。得叶嘉莹成都函。

7 月 28 日(4)昙,28.3℃

千帆发病,不太重。得通知明日迁回。

7 月 29 日(5)晴,30.4℃

今日迁回寓所,甚感舒适。下午携小燕上街买鞋。函复舒芜、孝感。

7 月 30 日(6)雨,29.1℃

得村上函,辽宁大学宋绪连函,蒋寅寄《文论要诠》,贾晋华寄《初唐诗》,邓韶玉寄购书余款 18.80。

7 月 31 日(日)昙,30.4℃

抄完《宋文学史》第十章第二节。函徐欢欢。

8 月

8 月 1 日(1)晴,30.9℃

得 CLEAR 函,三夕函。

8月2日(2)晴

修好电冰箱。九中陈老师来谈教气功事。

8月3日(3)晴

武大孙党伯来。

8月4日(4)晴

莫砺锋来谈。

8月5日(5)晴

陈老师来教气功。

8月6日(6)昙

得周勃函。徐有富来谈。得吴无闻、谢瑜(福建)、于景祥(辽宁)函。日本学生浅见洋二来谈。

8月7日(日)晴

上午去吴锦家。然后去天眉家吃午饭,天眉生日。早晨小海打长途电话来。

8月8日(1)阴

得辞书出版社、马少波、彭靖函,《社会科学报》稿,《学报》稿费10元。复吴无闻、三夕、蒋寅、于景祥。南师大史邦元等来谈祖棻诗选事。晚邢亚辉夫妇来。苏昌辽送书来。

8月9日(2)晴

抄完《文学史》10章(末页958)。新雷来谈。

8月10日(3)晴

邢亚辉夫许成平来,赠小鸡二。得李鼎文、施蛰存函。

8 月 11 日(4)晴

得蒋寅信,发 Clear 明信片。

8 月 12 日(5)晴

复蒋寅,并寄与闲堂杂文。天渝送衣来。

8 月 13 日(6)晴

威克送田鸡来。天眉来。晚间程一中来谈甚久。

8 月 14 日(日)晴

上午往访孙望。

8 月 15 日(1)晴

得陈祖美、社会科学基金(开会通知)、市委对台办、香港大学(开会通知)、湖南高雪(转李书友)函,《武夷山下》稿费 10 元,舒芜寄书给丽则并函,《文艺理论研究》《文献》各一,陈邦炎寄《唐人绝句鉴赏集》并函。函陈邦炎、社会科学基金办、香港大学。

8 月 16 日(2)晴

访屈兴国,草拟《全清词》承包议定书。得周勃函。

8 月 17 日(3)昙

吴新雷送来《两宋文学史》第 11 章。周勃稿寄回。屈、吴来访。得中华书局函。

8 月 18 日(4)晴

函中华书局(附致李一氓乞作序函)。下午发病。

8 月 19 日(5)闷热

去工人医院看病,文史馆邱月华陪。

8月20日(6)雨

得陈继明函,《词学研究论文集》2册,胡大浚《唐代边塞诗……》,李鼎文书三本,辞书出版社寄稿费284元。

8月21日(日)晴

许惟贤、张叙之来访。南师大唐先生研究生王兆鹏为周勃送三事来(酒、豆豉、咸蛋)。函周绍良(托其请李老写序)、上海辞书出版社。

8月22日(1)昙

得孙叔容、曾伯藩、刘茂舒函。函周绍良乞李一氓序。复李鼎文、胡大浚。

8月23日(2)晴

8月24日(3)晴

古籍高章采来宁,谈汪辟疆先生著作事。晚和董健、周勋初等与高共餐。

8月25日(4)晴转雨

和芸去鼓楼医院看强姐,遇尉淑玲。

8月26日(5)雨

得叶嘉莹函,社科开会通知。即复叶嘉莹、社科院科研局朱渊寿。

8月27日(6)晴

8月28日(日)晴

和芸同去强姐家看《乱世佳人》,上下午各看一集。晚诸孩来谈,至十时,两人均累极。章灿来,带来黄寿祺赠《易经》书一本,并嘱其将李开《释名》和砺锋书评带送《学报》编辑部。

8 月 29 日(1)晴

得唐代文学会开会通知。

8 月 30 日(2)昙

得周勃函。以稿寄还于景祥。

8 月 31 日(3)阴

得瑞洁函,周策纵赠论文两本。

9 月

9 月 1 日(4)阴

《两宋文学史》毕功:13 章 1284 页+风格论 27 页=1311 页,52 万 4 千。瑞洁夫妇来。

9 月 2 日(5)阴雨

把湖南先贤书画 40 件点交瑞洁,宋人诗集抄本(湖馆所藏)交砺锋,《文学史》卷十一、十二、十三交吴新雷。徐有富陪瑞洁去大馆交涉复印方志,顺利。

9 月 3 日(6)阴雨

得白雉山函,王仁民寄旅游书本,陈致寄《文艺学习》一本。函陈邦炎。

9 月 4 日(日)昙

中午请瑞洁夫妇在留学生食堂饭,小婉一家四人作陪。

9 月 5 日(1)昙

得施议对函,尹老夫妇来。

9 月 6 日(2)晴

9 月 7 日(3)晴

9 月 8 日(4)阴

瑞洁夫妇晚饭后离宁。卞孝萱来谈。

9 月 9 日(5)阴雨

韩培信等领导同志来贺教师节。得周绍良、霍松林函。

9 月 10 日(6)阴

得中华书局函,Nienhauser 寄 CLEAR Ⅶ。函施蛰存、钱仲联、饶宗颐、蒋寅。函中华书局,未寄。刘舒来托推荐事。

9 月 11 日(日)晴

上午去丽则家和天眉等一起午餐。下午去金陵饭店,和杨克平共餐。杨存款付讫(111 元)。

9 月 12 日(1)晴

上午和勋初与本届研究生首次会面。留学生部小柴(3042)打电话来,约和日本留学生和田英信会面,因即将去北京,回宁后再联系。得周一良、陈邦炎、陈翔华函。文协来人取走刘舒推荐书。

9 月 13 日(2)阴

屈兴国来谈。丽则来午饭。

9月14日(3)小雨

乘机去北京开"七五"规划会。江苏古籍送通知来。

9月15日(4)雨

在京开会。

9月16日(5)晴

得萧印唐函,陈荣伟函及报,杨慎庵学术讨论会通知,梁圣嵩(武大毕业生)函。

【剪报:《文汇报》1988年4月16日许君伟《两个程十发之谜》。】

9月17日(6)晴

白氏夫妇来访。在京夜发病,去医院治疗。

9月18日(日)晴

由京乘飞机回宁。中午睡一觉后已愈。晚和诸儿在接待餐厅共餐,天眉请客。

9月19日(1)晴

发长电向唐代文学学会年会致贺(由唐宋诗歌流派报)。函李一氓,再次请其作序。出差费请史梅报。吴新雷送《宋文学史》稿来。得施老函,不作序。

9月20日(2)晴

日本留学生和田英信由留学生部柴蘋领来谈。徐有富来,送来版本学稿。曾、姚二生来,赠之以书。张宏生来,即嘱其寄钱(100元)与函给印唐。又函陈帆。得文自成、张三夕、武夷蒋局长函;高文寄来《唐文选》两本,一本送周勋初。

9 月 21 日(3)晴

函复蒋步荣、文自成,辞作序题笺。晚众儿暨强姐全来会餐,为天眉饯行,照相一卷。是日又为帆 76 初度。

9 月 22 日(4)阴,小雨

宏生、章灿来作清洁。召姚生来,训斥之,以其写日文履历(要求写自传)用日本正朔也。函高石斋,谢赠《唐文选》。

9 月 23 日(5)阴雨

芸去天纵家参加给天眉饯行宴,一人在家召小婉来共饭。得吴志达函。

9 月 24 日(6)昙

得杨翊强函及杂志,蔡钟翔(人民大学)寄批评史,陶文台寄《烹饪研究》,林庚寄博士论文。天眉今晨赴沪转美国。

9 月 25 日(日)晴

中秋。午赴婉儿家过节。晨天纵送鱼来。复翊强、陶文台及周某(索《涉江诗》,告以无)。

9 月 26 日(1)晴

得周一良、章子仲、张瑞洁函。徐有富送来全部《版本》稿。晚程章灿带教育学院一女士(南大毕业)来借书。

9 月 27 日(2)晴

晨许惟贤来。下午天渝来,取回款另存。

9 月 28 日(3)晴

得李一氓函,不作序,将此函及中华函复印。天眉来电话,已平安抵美。天渝来，送来雄哥函，及致吴白老函。

9 月 29 日(4)阴

七姐夫妇来，访吴白老，交雄信。

“大象屁股推不动，老虎屁股摸不得，猴子屁股坐不定。”——三屁

9 月 30 日(5)晴

得张辉、《文学遗产》函。七姐夫妇携欢欢、孙望夫妇来。下午发病，房颤，服药后历二时始渐愈。

10 月

10 月 1 日国庆节(6)阴

函钱仲联、饶宗颐、傅璇琮、《文学遗产》。天渝约午饭，因病不能去。

10 月 2 日(日)昙

函王镇远。

10 月 3 日(1)阴

得周绍良、沈锡麟、钱仲联、夕佳、《江西诗词》、萧印唐、张九龄学术讨论会函，开封邮件(寄来《五四以来诗词选》共 20 本)。

10 月 4 日(2)阴

去医院看病，照心电图，比前较差，医嘱住院治疗。白匋为雄作推荐书，已寄上海。吴翠芬来。

10 月 5 日(3)阴雨

林庚研究生评议书已寄林庚收。函钱仲联。曾广开带中州出版社贾某来，要求主编文献词典，拒之。

10月6日(4)晴

下午、晚间两次发病。吴新雷送《两宋文学史》第13章来,看完。《文学史》全部完成,大悦。新雷所借书亦均还来。钱仲联寄《全清词》序来,即复。

10月7日(5)昙

今日入工人医院治疗。

10月8日(6)晴

得王步高函,即复,辞作前言。莫砺锋至医院探望。杨光中来探望。钱仲联序复印后寄中华。

10月9日(日)晴

芸来院竟日。函饶宗颐。晚郁贤皓来。

10月10日(1)

干部履历表填好。得臧克家、杨翊强函,邓绍基寄《杜诗别解》。嘱章灿送衣物至医院。付宏生旅费100元。

10月11日(2)昙

巩本栋陪芸拔牙。得河南大学刘增杰寄《中国解放区文学史》。尹禄光寄成绩单来。

10月12日(3)昙

屈氏夫妇来医院探视,谈清词室事。宏生赴沪送《文学史》稿。

10月13日(4)昙

得天眉函,甚详。复邓绍基、刘增杰。丽则去医院探视。芸去天渝家。

10 月 14 日(5)昙

得徐放赠《陆游诗今译》，上海辞书出版社《唐宋词赏析辞典》两本，《安徽师大学报》编辑部寄稿请审。

10 月 15 日(6)阴

复安师大，寄还论文。陈书禄手续办好，要求复试，嘱其等周先生回。收到文史馆简报、政协老人节登高请帖等。

10 月 16 日(日)阴雨

陈书录去医院，口试，巩本栋记录，安排好课程。《日本汉诗》印好。吴锦、顾复生来院未找到。小妹夫妇夜访，携去印章一方、印泥一盒。

10 月 17 日(1)阴雨

函复臧克家、春秋出版社。函天眉。陈书录口试表交关道雄。得傅璇琮函，田宗侠函(转《学报》)，文自成寄来龟苓膏两瓶。宏生送《文学史》稿回。

10 月 18 日(2)晴

得饶宗颐寄来《全清词》序，张振佩讣告。尹禄光夫妇来访。砺锋函复傅璇琮。

10 月 19 日(3)晴

发致贵州大学唁电。《南京日报》寄来楹联审查费 100 元。

10 月 20 日(4)晴

芸去天渝家竟日。

10 月 21 日(5)昙

得瑞洁、《文学遗产》、四川师大蔡锦芳、广东中华诗词学会暨李汝伦函。钱玄赠《校勘学》一本。

10 月 22 日(6)昙

函张瑞洁、饶宗颐、李汝伦、陶文鹏、钱小云。

10 月 23 日(日)雨

函邓韶玉,请改杜诗评注并加武夷诗。复蔡锦芳。

10 月 24 日(1)阴

函李定一,并汇去 20 元。得钟来因、蒋寅、中华书局、日人相川政行函,山西寄《元好问研究文集》15 本(程 10、沈 5),哲学系杨俊光呼吁书。和刘舒电话谈话。

10 月 25 日(2)晴

钱、饶序文抄件已送二蒋。将饶序原件及抄件寄中华,内补钱序一张。饶、钱序复印件交屈兴国。宋词来电话问候。

10 月 26 日(3)晴

刘君惠之子崇仪来访,并赠酒、茶二色。

10 月 27 日(4)晴

芸上街购赠君惠和地质学校女教师礼,并在天渝家吃饭。

10 月 28 日(5)晴

得《扬子晚报》支德裕函,吴企明赠《癸辛杂识》。

10 月 29 日(6)晴

得吴志达寄文二篇,王友三函,唐代文学会寄会长证书。江苏出版社薛平来求字,印《中国名人学者字书诗格言》。

10月30日(日)晴

今日回家过星期日。周勋初来谈。吴、王夫妇带安徽大学臧维熙来。为郭先生写书笺,为《扬子晚报》支德裕及江苏出版社书。

10月31日(1)晴

得邓长风、张瑞洁函。寄字给支德裕。函林从龙请再寄郑州拓片。得山西稿费(《元好问》)137元,《词学》稿费16元。

11月

11月1日(2)晴

得饶宗颐函,又寄来序复印件一份;曾伯藩、刘文思函;小海函及生日卡。芸至天纵家午饭,带回《版本》稿第三章。宁健赠鱼、虾。

11月2日(3)晴

蒋荫南来函,《全清词》序明年第1期登。刘文思函交伯伟等阅后还。马积高致章灿函,今日章灿送来,拟交周勋初阅后转《学报》。

11月3日(4)晴

函复曾伯藩,告以病未阅此函。

11月4日(5)晴

砺锋来通知明日有日本友人去医院访。汪越来访。《老年》杂志来电话通知要用丽则文《我的父亲》。

11月5日(6)晴

得雄函。函屈兴国。得眉函。

11月6日(日)晴

芸生日,全家团聚,在小吃部午餐。凌晨,天眉、小海打长途来祝寿。

帆回家。

11月7日(1)晴

复徐放,收到《陆游诗今译》。得张辉、文自成、支德裕函。七姐夫妇来。复文自成、雄哥。

11月8日(2)晴

函天眉、小海。请史梅将礼物用包裹寄刘君惠。得山西《元好问集》祖棻稿费72.00元,印唐函,湖北纺织品进出口公司(武汉江汉北路)萧维曼寄词集,齐鲁寄《清人选评词集三种》二本。

11月9日(3)晴

万业馨来谈。文史馆来电话问候。倪明、老史去医院。

11月10日(4)晴

王永芬来访。函邓韶玉。

11月11日(5)晴

得北大邓广铭函,陈伯海寄《唐诗学引论》,王达津寄《古典文学研究丛稿》。

11月12日(6)晴

得李定一函。复王达律。

11月13日(日)晴

函邓广铭。回家过星期日。有富、伯伟夫妇、邓瑞、小婉夫妇来。天纵、小鲲装好火炉。

11月14日(1)晴

函复陈伯海、萧维曼。得上海古籍词学研究论文集稿费48元(收执寄回),蒋寅、曾伯藩函,臧克家寄旧体诗稿,包裹两个(花生)。廿一中老学生李正银来访。

11月15日(2)晴

张舜徽路过南京,拟去医院探访,后由芸去徐复家会面。

11月16日(3)晴

函尹禄光。得朱祖延、杨翊强函,林从龙寄碑拓片一,巴蜀寄《李贺诗歌赏析集》,CLEAR July 1986。王启美来访。杨天堂至医院。

11月17日(4)阴转晴

芸去天渝家。天纵晚间来送笋干一包。九三送来省代会文件。曹虹取去其论及帆致舒芜函。

11月18日(5)晴

上海古籍寄来对联台历。老尹送巩本栋文来。臧老、刘舒打电话问候。刘舒去医院。函复李定一、杨翊强、朱祖延、蒋寅。函陈邦炎,问《诗世界》事。

11月19日(6)昙

得丛文俊、邓韶玉函,海峡出版社题笺费50元通知。

11月20日(日)晴

小鲲夫妇带真真来玩。天纵送图来。《版本》卷完成。汪先义带子汪利民来。王启美来。

11月21日(1)晴

芸去鼓楼医院看望黄淑贤,赠以苹果,回报高级杏仁一包。

11月22日(2)晴

得福建海峡出版社题字费50.00元，山东李鸿明寄书法函，吉大研究生裔红卉函，傅璇琮函。中央文史馆□馆长去医院致候。

11月23日(3)晴

得舒芜代曹辛之寄《曲公印存》一本，高增德函。

11月24日(4)晴

复曹辛之。芸去天渝家。砺锋、章灿去医院。郑康、徐复、屈兴国去医院。

11月25日(5)晴

许惟贤去医院，托其办去港事。

11月26日(6)晴

函丛文俊、傅璇琮、高增德。改《关于编辑系列职称意见》稿，交姚松复印。

11月27日(日)晴

回家休息。王启美、郭维森、张伯伟来访。近诗交小张转倪明。

11月28日(1)晴

得瑞洁函及寄周作人著作三本。函屈兴国，关于江西先贤墨宝事。

11月29日(2)晴

芸在天纵家午饭。函杨克平、张瑞洁。砺锋来取《文史知识》。

11月30日(3)晴

姚松、许结、伯伟、章灿等来医院探视。许惟贤送来去港开会需填之表格。

12月

12月1日(4)晴

函高仲华、裔红卉。

12月2日(5)晴

汪越来。得岳麓书院函及捐赠文物证书,《苏州大学学报》编辑部茅宗祥函及小样。寄订《人民政协报》收据给政协行政处会计室报销。

12月3日(6)昙

得周勃函。

12月4日(日)晴

今晨出院。宋家淇、王启美来访。晚饭后丽则、威克来,九时方走。

12月5日(1)晴

函邓韶玉。函复周勃。得蒋寅、《唐代文学研究》编委会函,《江苏社科优秀成果评奖》资料汇编。

12月6日(2)晴

得陈贻焮寄《杜甫评传》中、下册,四川德阳古歆函,张清华《王维年谱》。作协刘平等二人来,约任评奖委员。赵国璋来,带来夏溶所赠徐铭延著作一本。

12月7日(3)昙

复古歆、陈贻焮、张清华。王立兴来。

12月8日(4)阴

上午去医院填写体格检查表。函赵丙南。得钱仲联、黄鹤楼杨晓东函。将出国开会申请表等件送科研处交流科。

12月9日(5)晴

复钱仲联、杨晓东。得《文学遗产》稿费207元,与张宏生合写;陈葆经(全椒)、蔡栋(《湖南日报》)函。

12月10日(6)晴

寄字一幅给《湖南日报》。砺锋来。章灿、伯伟送论文稿来。

12月11日(日)晴

小婉全家来,包饺子聚会。宋词来访。

12月12日(1)晴

得杨翊强函,李一氓电报,苏州某馆员家属函即转倪明,傅璇琮函。得电话,小海11日生一子。

12月13日(2)晴

复电李一氓、中华书局。复函傅璇琮。得周勃函,钱谷融寄《丛刊》三本。

12月14日(3)晴

得于一平、侯占虎函。寄出《日本汉诗选》五本(一本挂号47,二本56)。购磁盘四。函赵丙南,请代购《金瓶梅》。

12月15日(4)昙

下午去孙望家。为丽则所撰文添加一段。

12月16日(5)晴

得辽宁蒋重跃函请题辞,张志春寄书,张舜徽寄《张居正集》,瑞洁寄

《查太莱夫人的情人》。函复蒋重跃为题字。得山大电报殷公逝世，不胜悲痛，嘱丽则前往吊唁。寄书十九本。复瑞洁。

12 月 17 日(6)晴

得徐中玉寄《现代意识与文化传统》一本，《陕西地方志》编纂委员会(诗词组刘迈)函请写诗一幅。朱家维、勋初来谈。晚许志英来谈。

12 月 18 日(日)阴

书西安杂题诗一首，寄西安刘迈。寄字给李倩文、李洪明、卢兴国。函蒋寅，寄书签。天渝全家来玩竟日。

12 月 19 日(1)晴

得张新民(振佩子)、高达、杨晓东函，赵丙南函。

12 月 20 日(2)阴

得中玉函寄文。为中文系撰吊殷老挽联：

> 儒林家法，文苑风流，擅一代高名，绩学自堪传后世；
>
> 蜀道艰难，岱云缭绕，有三千弟子，讲帷同恸失宗师。

丽则去济南，吊唁殷老。

12 月 21 日(3)昙

下午两人去山西路购烧饼而归。屈兴国来。

12 月 22 日(4)阴

得武汉成才自修大学函，拟转载我所撰《忆黄季刚老师》；群华贺年片。王永芬来。

12 月 23 日(5)阴

复武汉自修大学，同意转载。得陈迩冬函附明清词；舒芜函；邓韶玉寄宋词及函，谈《宋文学史》事；张安治贺年片。吴新雷来谈《宋文学史》事。

12 月 24 日(6)阴，小雨

得教委古籍杂志两本；周勋初转来邓韶玉函，已阅。复陈迩冬、于一平、高达。舒芜函转曾虹阅。

12 月 25 日(日)阴

得天眉函及照片，即复。晚天纵来，看信及照片。

12 月 26 日(1)阴

应中玉命，作小文一篇。得傅璇琮、王淡芳函。丽则从济南归。发贺年片 6 张。

12 月 27 日(2)阴

小文寄中玉。复淡芳，并寄书六本。得君惠、子仲、三夕函。

12 月 28 日(3)阴

得周笃文、萧维曼函。周笃文赠联：

德老锡大年，正则文章开学派；

名流绍门业，玉田父子本词仙。

万业馨与老王来。

12 月 29 日(4)阴

得贾晋华、陈致贺年片。原平送裱字来。

12 月 30 日(5)阴

得白匋函，章灿贺年片，黄淑贤函。小鲲来借千元，给他妈妈买冰箱。

12月31日(6)阴,小雨

得夕佳、陈贻焮、李鸿明(济南)、张玉奇函,佘雪曼、杨翊强、于景祥、王士让贺年片。王淮冰、范恭俭、赵杰来,以挂历相赠。

1989 年

1 月

1 月 1 日(日)阴

元旦日。孩子们全来聚餐,极为热闹,强姐亦来。郭维森、吴新雷来。

1 月 2 日(1)阴

函雄、夕佳。复曹月堂。

1 月 3 日(2)阴

得王文才、李倩文、刘三富函。齐鲁寄《元曲四大家名剧选》,上海教育寄港版《古代文学英华》。齐鲁寄挂历。

1 月 4 日(3)阴

得小佳、李凤山(赣州中学)函,李希贤书两本。上午去访白匋先生。姚北桦下午来,未遇。

1 月 5 日(4)昙转晴

致李希贤。复小佳。得张舜徽赠《通史》,朱金城赠《白居易研究》。张有书,即复。

1 月 6 日(5)阴,小雨

得唐异明函。嘱砺锋代去吴文治家问候,并赠以一挂历。

1 月 7 日(6)阴

复唐异明明片。

1 月 8 日(日)阴

往访七姐夫妇,送挂历。

1 月 9 日(1)阴

得中玉函,周笃文函并附林林、林岫名片及书法。函赵丙南、吴锦。

1 月 10 日(2)阴雨

下午参加南大出版社召开的座谈会。

1 月 11 日(3)阴

得蒋孔阳寄书一本,孙钦善寄写《全宋诗》序的材料,周笃文寄 15 元购书。

1 月 12 日(4)阴

参加江苏诗词会评奖会。得黄裳寄《当代杂文选粹·黄裳之卷》。周笃文寄来之款寄回,并寄去《汉诗选》二本。函复蒋孔阳。

1 月 13 日(5)晴

得钱南秀函。周先生与四博士生下午来开会。匡老来谈思想家评传事。倪明来介绍办公室副主任韩文忠。

1 月 14 日(6)晴

1月15日(日)晴

丽则率小燕来玩一日。

1月16日(1)阴

天渝、小大纲来晚饭。大纲复习功课。伯伟夫妻来谈工作事。

1月17日(2)阴

得萧焜焘、霍松林、孙党伯函。

1月18日(3)雨

得赵丙南函,《中华诗词年鉴》编辑部通知。萧焜焘函转吴白匋。

1月19日(4)雨

得香港大学寄来邀请芸之函及登记表。下午参加南大、南艺联合的签字仪式。

1月20日(5)阴

香港大学邀请函复印后给科研处,登记表寄香大。得天眉函及林晖照片,他们生活很好,林晖胖而可爱;小佳寄来豆丝一大包。《南京报》记者来访。

1月21日(6)阴

函复孙党伯、小佳、黄裳。打电话给许总,请其办理孙党伯事。得张叙之、杨翊强、《中国社会科学》杂志社函。社科院文研所张锡厚推荐提升函及材料还高国藩,周勋初文亦还。

1月22日(日)雨

整日细雨,无人来访。

1 月 23 日(1)晴

得刘彦邦函。周勋初来谈清词室奖金事。下午蒋寅来谈良久。

1 月 24 日(2)昙

屈兴国来谈。得王淡芳函。寄二妹各 100 元。函天眉、小海。得社科院寄稿费 43 元,贾文昭寄书 2 本。校统战部长来拜年,赠蜂王浆 4 盒。

1 月 25 日(3)阴

函孙党伯,嘱寄印闻材料费。得吴白匋函。《全清词》分配方案寄送系行政。《南京日报》记者取去稿件。九三省委来人拜年,赠蜂乳二盒。

1 月 26 日(4)晴

上午参加江苏诗词学会授奖会,得荣誉奖。文史馆来送礼(二盒蜂王浆、水果)。臧云远赠书一本,杨海明赠《词史》一本。分学年奖金。

1 月 27 日(5)晴

得贾文昭函,又沛县李居坦寄词 30 首。

1 月 28 日(6)晴

宏生等三人来作卫生。市文联来人送水果。得林林函。

1 月 29 日(日)

1 月 30 日(1)

王立兴生妇来。为改姚柯夫撰《陈中凡文集前言》。

1 月 31 日(2)

函陆国斌及上海教育出版社索稿酬(陆函内附黄裳及林林论《汉诗选评》函)。得马瑞芳《学海见闻录》,吴孟复 80 自寿诗。得齐鲁 20 元,尹书题签酬也。芸赴公安局询赴港事。

2月

2月1日(3)晴

宏生假千元购彩电。

2月2日(4)晴

得陈贻焮诗,陈建勇(福建)诗,姚继舜函。函《学报》二蒋。天渝来,带鸡、酒等数事。

2月3日(5)晴

苏昌辽来叙谈。匡老送点心。得傅璇琮、唐富龄及谨谨蕙蕙函。江苏古籍送南极仙翁屏一条。

2月4日(6)晴

得松林、黄裳信。又刘泰焰询《全清词》出版事,不拟复之。

2月5日(日)阴

寄霍松林、倪明、杨翊强、贾文昭信各一封。

2月6日(1)阴

函杨海明、王文才、王淡芳、马瑞芳、钱南秀。谈凤梁来介绍常州中医杜揆生。中午在天纵家会餐。屈袁夫妇来。

2月7日(2)阴,小雨

中午在天渝家会餐。七姐来,未遇。

2月8日(3)阴

函傅璇琮,并寄《学报》。得陈继明、瑞洁、晴佳函,孙党伯函,刘持生夫人(西安西北大学外语系汪湛白)寄刘持生诗集。

2 月 9 日(4)晴

函复陈继明、汪湛白、程晴佳。得周伟民、陈翔华、林林函。小鲲夫妇带真真来。

2 月 10 日(5)晴

凌萍萍、汪越、莫砺锋来,凌带礼。天渝一家来。

2 月 11 日(6)晴

丽则率二女来。吴文治夫妻来。

2 月 12 日(日)晴

上午二人去看徐复。

2 月 13 日(1)

得中玉函。孙望介绍缪镇藩之子缪含来,适遇于途中。藩群赠《郑和下西洋》。

2 月 14 日(2)晴转阴

函王元化、邓韶玉。尹老夫妇来访,赠阿胶酒一瓶、粉丝一包,还报封缸二瓶。

2 月 15 日(3)阴,小雨

上午看病,丽则来午饭。

2 月 16 日(4)小雨

复瑞洁。寄 10 元交文献研究会会费。得国家社科基金会公函(关于唐宋诗歌流派),林岫函。

2月17日(5)小雨

得王文才函(王并寄书两本),陈辽寄复印件,《文献》。晚尉淑玲来访,赠素秋书一本。

2月18日(6)

函王文才、刘君惠(昨写今寄)。

2月19日(日)阴

曾广开来,带来何法周赠书一本。七姐夫妇来,带来一包冬菇,还赠白云边一瓶。晚伯伟夫妇来谈。

2月20日(1)阴

得王元化、波多野太郎、晴佳函。上午参加思想家中心活动。

2月21日(2)雪

得傅璇琮函。函复何法周。《全宋诗序》完成并寄傅璇琮。姚松来,共同商写“唐宋诗流派”给社科之报告及账目。巩本栋来电报请假。

2月22日(3)雪

得国家教委文件,同意赴港开会。函上海教育出版社。丽则来午餐,带来馓子一盒。史梅送粽子四枚。

2月23日(4)阴,小雪

得汪湛白函,即复。章灿送论文来。

2月24日(5)阴,雪

文史馆常州馆员曹大铁和倪明来访,并赠礼数事。得浙江临海市函,拟在临海开唐代文学会。

2 月 25 日(6)阴转多云

蒋寅来,托其将《版本编》送齐鲁。函天眉。

2 月 26 日(日)晴

老白送麻油及油票来。函国际文化交流中心及省作协。

2 月 27 日(1)晴昙

得上海教育出版社稿费 693.12(三份),瑞洁、曾伯藩、贾传棠(中州出版社)、陆国斌、邓韶玉、村上哲见、上野隆三函,齐鲁寄来给凌萍萍的书。

3 月

3 月 1 日(2)小雨

史梅往省外办办理赴港护照。寄字一幅给贾传棠。

3 月 2 日(3)阴

得瑞洁寄来腊肉包裹,即复;又巴蜀寄《清真词释》。陈茂同(厦大)寄《历史职官沿革史》。

3 月 3 日(4)阴雨

和史梅同往省外协办取护照,并交由江苏人民交流中心办签证。国家教委出版职称办×先生来访,赠一公文箱。

3 月 4 日(5)阴转昙

把《宋诗选》寄还河南中州梁平甫。吴新雷送来邓韶玉函,阅。下午市文联开会。

3 月 5 日(日)晴

得陈茂同(361005)、傅璇琮函,即复。得蒋寅函。

3月6日(1)晴

得淡芳、香港大学诉包函。寄文献学会会费得收据。文献所姚松等将赠送之杂志取去。

3月7日(2)晴

王永芬来访。得傅璇琮函,齐鲁寄来书30本。复淡芳。

3月8日(3)晴

和丽则、史梅同去吃烤鸭。得天眉函及林晖照片,国家教委社科基金会课题计划。

3月9日(4)晴

下午4研究生来开会(新)。

3月10日(5)晴

得赵丙南函,即复。研究生(毕业)开会。以书件交史梅转万业馨。

3月11日(6)晴

得吴孟复书;天津大学研究生乔以钢函,并附舒芜函。宋伯胤乞作字。

3月12日(日)晴

小婉全家来午餐。回访王启美。

3月13日(1)阴,小雨

得周祖譔函,即寄去《英华》港版。复乔以钢。

3月14日(2)阴

得璇琮函,陈翔华函。写字一幅送宋伯胤,由史梅带去。得《校雠学·目录编》样书十本。

3月15日(3)晴

上午开三老纪念会筹备会。写祝《文献》创刊十周年文，并连同《目录编》一本寄陈翔华。

3月16日(4)晴

研究生院拨重点学科一万元（史梅、许志英通知）。得赵丙南函，转姚松办理。访孙望，赠以《目录编》一本。晚桂林广西师大某先生来，带来赵盛德所赠《〈文心雕龙〉美学思想论稿》一本。

3月17日(5)阴

永芬来，赠《红楼梦》书（胡适）一本。

3月18日(6)阴

得《诗刊》稿费56元。得君惠函，谈印顾翁书迹事；屈守元寄所著《文选讲稿》，又向宗鲁遗著《说苑》。以《广义叙录》改稿寄赵丙南。张三夕请其表兄赵先明（江汉17号轮船员）送来豆丝一大包。

3月19日(日)阴，小雨

得天眉函暨林晖照片，市文联为刘舒评审费50元。复屈守元。晚腹痛。

3月20日(1)阴转晴

下午找周先生、姚松及四博士生讨论经费问题。凌萍萍来取书，赠花一盆。

3月21日(2)晴

去南大医院看中医，服药后有效。

3 月 22 日(3)阴

发房颤,请徐医生来看,主张住院。朱家维、许志英来探望,朱往工人医院联系。金湟子率女、外孙来访。函港大告以不赴会。

3 月 23 日(4)雨

又住进工人医院。高达来访。

3 月 24 日(5)阴

上午做 B 超。下午芸和砺锋去医院。芸去徐复家告以不去香港。

3 月 25 日(6)阴转晴

霍焕明去医院探望。芸往访高达,请她带三本沈尹默先生书法影印本去港送高、藩、赵。

3 月 26 日(日)晴

病略愈。芸竟日在医院陪伴。

3 月 27 日(1)晴

天渝来取油,并嘱其代购饼干来。周先生取去书三本,准备赠法学者。

3 月 28 日(2)晴

得赵丙南函。又送《目录编》一本给法学者。

3 月 29 日(3)晴

得波多野太郎函,宁波大学赵潇函。

3 月 30 日(4)阴,小雨

史梅去医院探望。复宁波大学赵潇。

3 月 31 日(5)晴

得平田昌司函,周衍发等赠林则徐书一本,四川大学曹顺庆通知 11 月份为杨明照祝寿(610061)。

4 月

4 月 1 日(6)阴,小雨

老白去医院探望。肠胃病已愈,可以进普食。

4 月 2 日(日)雨

张叙之从武汉来,去医院探望。芸去天渝家午饭,饭后去医院。天纵、天渝去上海。

4 月 3 日(1)阴

得湖北大学涂怀珵函。得悉张月超自杀消息。

4 月 4 日(2)昙

函复涂怀珵。吴新雷去医院探望。张叙之夜访,赠以《目录编》一本。

4 月 5 日(3)昙

得郝延龄、蔡钟翔、文自成、骆承烈、河南大学函暨书等,高文函。芸去静园处慰问。

4 月 6 日(4)晴

函复郝延霖、文自成、骆承烈。得陈翔华、苏州大学中文系(请答辩)函。

4 月 7 日(5)昙

得天眉电话。函复高石斋、苏大中文系。

4月8日(6)晴

宋家淇追悼会，不能参加，送花圈悼唁。霍焕明来探望。

4月9日(日)晴

芸竟日在医院陪。小婉夫妇上午来。李崇槐和静园兄弟姐妹来医院。

4月10日(1)晴

作钡餐，章灿陪。作家凤章来访，送还杂志数本。余绍裔、蒋广学为《学报》事去医院探望。

4月11日(2)阴

得王文才函及《杨慎学谱》；历史文献研究会开会通知；省政协开会通知，已打电话统战部请假。

4月12日(3)阴

请史梅报销王文才代印清词资料并将款寄还。将送高文书四本请周勋初带往开封。

4月13日(4)雨

宏生送毕业论文至医院。

4月14日(5)阴，微雨

得古代文论开会通知，天眉来函和胖林晖照片。

4月15日(6)昙

胡杭生妹胡绿漪来访。周祖譔去医院访。得杨翊强函；湖北高校语文研究会聘书；王文才寄《半箧秋词》钞本复印件，已交史梅登记。

4 月 16 日(日)晴

丽则一家去医院,全家游清凉山吃素菜。湖北大学倪进来医院,带来郁沅、周勃函,邀往武汉参加博士点设置论证会。赵、姚晚来访,赵送《江苏艺文志》样稿。

4 月 17 日(1)晴

得印唐、陈翔华、骆承烈函。函天眉。

4 月 18 日(2)晴

由医院回家,甚悦。

大倒做报告,中倒睡大觉,小倒戴手铐。

4 月 19 日(3)晴

得张国光、李悔吾电报。函复周勃、王文才、张舜徽。印唐之子来访,带来茶叶两小包,报以饼干一包、鲮鱼一听。七姐、老白及白皓均来,请白皓带书、茶叶给郝。

4 月 20 日(4)阴

得黄瑞云电报,请往武汉参加硕士点评审会,已复电因病不能去。郑尚宪来访,带来吴白匋赠翔冬先生诗集。徐有富来谈《校雠广义》事。得张舜徽先生赠书三本,已函复。

4 月 21 日(5)阴

浙江师院陈耀东来访。得余冠英寄《古代文学杂论》,张国光寄《水浒争鸣》。

4 月 22 日(6)阴

函余冠英、饶宗颐。

4月23日(日)雨

天纵率二女来午饭。

4月24日(1)晴

得郝延霖函(转叶),上海社科院《中国当代文化精英录》编纂处函。高达来,带来高明函及与潘重规所送书。

4月25日(2)晴

上午发病,仍为房颤。卞孝萱来,送扬州一友人刻石章一枚。

4月26日(3)晴

得张辉函。晚威克送茶叶来。叶子铭电话告以评审研究生点事。

4月27日(4)晴

函郝延霖。屈兴国和江西博物馆(刘)人来。

4月28日(5)雨

上午周勋初、许志英、朱家维来谈《全清词》事。下午九三省委小王来访。得马騄程函。

4月29日(6)小雨

上午去工人医院看病。得蒋寅、王淡芳函。巩本栋来谈。

4月30日(日)小雨

5月

5月1日(1)雨

天渝一家带菜来午饭,强姐亦来。天纵由安徽归,赠茶叶等物。郭维森来谈公事。周勋初来谈公事。

5 月 2 日(2)阴

得山大马瑞芳函,四川张秀熟寄诗集,中山大学寄《长生殿》论文集,王绍曾函及杂志。

5 月 3 日(3)阴

函复马瑞芳、王绍曾。

5 月 4 日(4)昙

去工人医院看病。得小佳函。函复王淡芳、马騄程。

5 月 5 日(5)阴

填上海社科院及教委所发名人录表。史梅请其表姐夫李惠义医生来看病。

5 月 6 日(6)晴

齐鲁汇来稿费 2672 元,与徐有富分,应得 1240 元。得雄哥来函。

5 月 7 日(日)晴

函中华诗词年鉴编辑部。章灿来。

5 月 8 日(1)阴

得赵吕甫函。服李医生药后病有好转,已能出外散步。唁夏晨中花圈。

5 月 9 日(2)昙

复赵吕甫。蒋荫楠来谈《学报》事,并赠蜂皇浆。收《目录编》1240 元。

得巩本栋函，张辉函，全国哲学社会科学重点项目成果简介，邓长风函。天纵往文物商店估古瓷器价，700元。得天眉、小海函。

5月10日(3)雨

函复张辉、邓长风。函王元化谈答辩时间事。得蒋寅函。周勋初、吴新雷来。

5月11日(4)阴

佘雪曼学生王孝华来访问佘事。

5月12日(5)晴

复蒋寅，并附致王镇远函，告以《大历诗风》列入文献所专刊。

5月13日(6)晴

永芬来谈。

5月14日(日)晴

周道纯(徐有富同班，在省工会工作)与徐同来，属题陈从周画竹长卷。得巴蜀书社寄来30元。

5月15日(1)晴

函雄哥、蒋寅。得瑞洁及陆耀东寄论文集。周勋初来谈《全清词》事。

5月16日(2)昙

函天眉、小佳、瑞洁、陆耀东。

5月17日(3)昙

许永璋赠书，复函致谢。屈兴国来，为其写一鉴定。

5 月 18 日(4)晴

新华社记者来访。政协文史办孙士正(不识)来访,赠《春天的摇篮》一册。函孙士正,回答其问题。

5 月 19 日(5)昙

王庆元介绍其生马朝军来,赠以《小言》一本。王启美、杨嘉永来。下午去鼓楼广场,回来发房颤约四小时。

5 月 20 日(6)昙

得赵逵夫(西北师院)函。

5 月 21 日(日)晴

得浙江师范大学陈耀东函,即复。去学校大门口听有关形势广播。丽则家中修房子,来玩半天。

5 月 22 日(1)小雨

晚万放、刘舒夫妇来谈甚久。

5 月 23 日(2)昙

得邓长风信谈汪先生书事,即转周勋初。得张辉、王淡芳信。

5 月 24 日(3)昙转雨

晨房颤。得王元化函,转周勋初;赵逵夫函。

5 月 25 日(4)晴

得《学报》稿费 55 元,饶宗颐稿费 50 元代保存。天纵送糯米与继电器来。

5 月 26 日(5)昙

得赵逵夫寄转严书,不拟代转。复赵书。尹禄光带来张宏生稿。得周勃寄来茶叶。

5月27日(6)昙

王兆鹏、王筱云来请写申请科研经费鉴定书,各赠以《治学小言》一本。张瑞洁来函,仍嘱暑后赴湘。寄书联给张辉、王凡、周瑶玺、冯苓植等。

5月28日(日)昙

刘泰焰来,赠以《古诗今选》及照片。为王筱云申请科研项目写鉴定书。复周勃。

5月29日(1)晴

晨发房颤。得蔡钟翔、齐鲁(寄来提货单)函。王兆鹏、王晓云来拿走推荐书,请王兆鹏带两盒茶叶分送唐、孙二老。苏昌辽来,将邹老给苏之信转勋初、新雷。

5月30日(2)晴

提货单交徐有富。老白、七姐来。得黄永年评语,转勋初。

5月31日(3)晴

得赵吕甫函,已转许惟贤。王晓云打电话来介绍省中医研究所张婉文。得上海古籍寄汪先生文集稿费436元。

6月

6月1日(4)晴

小佳出差过南京,来盘桓一日。下午发房颤。

6月2日(5)晴

得张辉及国家教委给上海古籍公函的抄件,《两宋文学史》作为教材已解决；韩理洲寄《陈子昂研究》一本，即复。

6月3日(6)昙

得王绍曾、李安纲函。复韩理洲。函王镇远(《文学史》《诗世界》事)。得龚任之、和田英信函。

6月4日(日)雨

威克、天纵来帮助装电扇。伯伟来谈时事。本栋打电话来。小鲲电话来通知天眉抵纽约后已有信来。

6月5日(1)

小鲲来，为其所书折扇携走。小海打长途来。

6月6日(2)阴

天渝来。小虹代购灵宝护心丹送来。

6月7日(3)晴热，夜雨

小鲲送书来，帮修电插座。孙原靖来谈，送孙望评语来。莫砺锋来谈。伯伟打长途来，夫妇已返抵南通。章灿夫妇来，拟请假回南通。继舜、广开打电话请假回家。老白、七姐晚来谈。美林来。

6月8日(4)阴

本栋来请假回家。周勋初来谈答辩等事。得山东大学龚克昌寄来评语。

6月9日(5)昙

得蒋寅函。汪越率子送《文集》来，6本。下午发房颤。伯伟打长途来。

6月10日(6)雨

函蒋寅。

6月11日(日)昙

早早、小燕来午饭。晚蒋寅来。

6月12日(1)昙

得裔红卉寄论文及函。章培恒今晚到。明日张宏生进行答辩,砺锋已将诸事办妥。南通电话已打通,伯伟等三生即将归来。

6月13日(2)阴,闷热

晨往招待所看望章培恒,并去校医院照心电图,尚可。下午宏生答辩,参加。《目录编》已运到。得邓韶玉、曾广开、巩本栋函,清水茂论文集,统战部履历表填写。

6月14日(3)阴

上午曹虹答辩,下午章灿答辩,均参加。晚宴请各位答辩委员。得杨公骥讣告,甚感悲痛。

6月15日(4)大雨竟日

上午伯伟答辩,往参加。函李炳海,吊唁公骥逝世。《骈字类编》索引第九册毕。

6月16日(5)小雨

填好统战部履历表。得许总送有关杜诗之书。

6月17日(6)雨转阴

访高尔泰。

6 月 18 日(日)阴

复王淡芳、龚任之。昨夜迄今芸头痛,卧。朱广华妻汤镇华在省中医院特约门诊部(门诊部主任),朱广华医教科科长。天纵、天渝来。

6 月 19 日(1)昙

陪芸去神经医院看病。汪越送《文集》20 本来。

6 月 20 日(2)晴

得邓韶玉、郝延霖函,蒋寅寄书三本。函淑贤、老尹。

6 月 21 日(3)昙

得王镇远函,即告新雷。

6 月 22 日(4)晴

得牟世金讣,即电唁(天纵发)。天纵送虾及蛋来。章灿把书寄出,邮费约 12 元。系发奖金 305 元。芸患眩晕,丽则来做饭。

6 月 23 日(5)晴

芸眩晕,王医生来看。南大毕业生沈文冲(省电视台)来问传记文学,邢亚辉同来。沈赠景泰蓝筷子,邢赠西瓜。勋初来,致陈书录代培费 200 元。陈书录来,以赠赵国璋、徐复书交与代致。天渝夫妇、小红来视芸疾。

6 月 24 日(6)晴

芸去医院压耳针。晚高尔泰夫妇由赵宪章陪同来访。天纵来视疾。

6 月 25 日(日)晴

全日无事。

6 月 26 日(1)昙

姚松衔周勋初命送来陈书录文及书一本。砺锋来借书。小宁来视疾。

6月27日(2)竟日雨

改好周先生送来陈书录文一篇,即还周。函复杨翊强。林雪梅来借书。四女孩来。

6月28日(3)昙

得金志仁、长沙明德中学黄政海(410008,长沙诗社)函,日本高级进修生成田静香(女)材料。函天眉。复黄政海。

6月29日(4)晴

赵国璋来。蒋寅来,即日回京,带去书若干本。

6月30日(5)晴

得日本访问学者相川政行函,拟来访,即转许惟贤;和田英信函,知其已返日本,函转许。

7月

7月1日(6)昙,室内最高温度28.5℃(里屋、外屋约高一度)

购一小汽车送袁玲之儿刘飞。得黄裳函,彭鹤濂诗,李廉寄照片(和早早合影)。

7月2日(日)晴,28.0℃

天渝夫妇来午餐。得周勃函。

7月3日(1)昙,28.0℃

上午去徐复家,为南师大购汪先生文集事。得周勃寄《古代应用文》一书,已为章灿借去;晴佳函;辽宁社科院寄《社会科学辑刊》两本,一本赠章灿。复晴佳,嘱其不必来宁。小发病,主要是早搏。邢亚辉偕一女记者杜利人来照相,各赠以《古诗今选》一套。小鲲来修电插座。

7 月 4 日(2)昙,27.0℃

得王运熙、张辉函,收到所寄书;王淡芳函。章灿论文最后数十页已看完交还。周勋初来谈《全清词》事。得苏昌辽函及诗。

7 月 5 日(3)雨,25.5℃

竟日大雨,无事可记。早早送来下列各件:姚继舜、吴白老(谈胡老师诗集事)、周本淳、戴镏龄函,巴蜀寄蔡厚示编《二主词》,政协寄书两本。早早考试得 598 分,金中录取指日可望矣。

7 月 6 日(4)小雨,25.0℃

得罗宗强函。函复吴白老、戴镏龄。

7 月 7 日(5)小雨,25.0℃

砺锋来,取去日留学生指导费 81.0 元。伯伟来,借书数册,明日回南通。取药。

7 月 8 日(6)大雨,26.0℃

得社会科学基金会公函。许惟贤来,谈日本留学生事。早早送西瓜来。

7 月 9 日(日)阴,27.0℃

中午丽则来午餐。今日乃我们结婚十周年纪念,菜肴颇丰。下午天纵来谈。凌晨小发房颤。

7 月 10 日(1)阴,29.0℃

写《读庄》数首,寄赠罗宗强。得巴蜀书社寄稿费 97.5 元(和宏生二人),杨翊强函及包裹(五味姜),王淡芳、施蛰存、贾晋华、蒋寅函,社科院文学所通知开会函。复文研所科研处,告不能赴北京八月之会。并函刘再复推荐莫砺锋(已告勋初)。天渝来,送来代购各物。

7月11日(2)昙,30.5℃

得三夕、贾文昭函。王永芬、郑尚宪来访。

7月12日(3)阴,29.0℃

为贾文昭写书签并直幅一条寄出。王永芬来报告早早录取无问题。晚宁健、小红送鱼来。

7月13日(4)阴,29.0℃

周勋初来谈《全清词》事,宏生稿费托周代交。

7月14日(5)晴,31.0℃

得顾学颉寄《元曲释词》卷三。收到社科“七五”基金会函,拨给唐宋诗款流派最后一笔款五千元,交勋初办理。托小红购沙棘等药(暂付200元)。

7月15日(6)晴,32.0℃,开始报高温

得姜书阁函,对《目录编》提数意见。袁李来打电话谈屈事。外办方炳南打电话来,联系相川政行来访事,已函宏生嘱其协助接待。安徽师大研究生刘生良来访,已分在陕西师大函授部工作。

7月16日(日)晴,32.0℃

函姜书阁。丽则、小燕来共进午餐。

7月17日(1)晴,32.5℃

得谭优学、张舜徽函。文史馆史建华来求书。

7月18日(2)晴,32.5℃

函江西省博物馆(挂号),宏生代发。苏光平送来天眉托其代购之金项链,已电晓琴来拿。许惟贤打电话来云,相川政行改于十月间来。

7 月 19 日(3)晴,33.0℃

得罗宗强函及画,成善楷讣告,太白学会函嘱写小传等。史梅来,将奉赠李惠义之字交史梅送去裱,送其夫人之衣料亦交史。函天眉。下午小发房颤。

7 月 20 日(4)晴,33.0℃

得王淡芳函。函四川大学中文系唐正序,吊唁成善楷。晚迁居中美文化中心避高温。函李白纪念馆退还表格。

7 月 21 日(5)阴

函王淡芳。

7 月 22 日(6)阴

去丽则家,得照片二张,又洗一张,准备寄天眉。小虹送西瓜来,又送来沙棘 10 盒、生脉饮 5 盒,生脉饮未收钱。章灿送饭菜票来。晚丽则一家来玩,并送来黑白电视机。早早收到录取通知。

7 月 23 日(日)晴

下午回家取来各种药及食品。晚天纵、丽则等来谈。

7 月 24 日(1)昙

得蒋寅、钱锺书、马騄程、沈玉成、陈翔华函,柳宗元讨论会开会通知(已复函辞)。函汪越,嘱其寄《文集》给马騄程。小发房颤,时间较长。

7 月 25 日(2)阴,小阵雨

晚威克来。

7 月 26 日(3)昙

上街购物。砺锋来,其妹赠肉松一包。卞孝萱来,谈《中华大典》事,已请其代为拒绝。

7月27日(4)昙,28.0℃

上午回家取物后,中心通知今日需回家。下午招威克来送东西还家,后天渝夫妇来,即一同回家。得辽宁教育学会寄来书一本。

7月28日(5)阴,27.0℃

周勋初来商议《全清词》事。函蒋寅,可将《梁肃年谱》寄来。史梅送药来。

7月29日(6)阴,27.0℃

丽则来午饭,谈游苏州事。得吴代芳函。

7月30日(日)阴,小雨转大雨,28.0℃

复吴代芳。上十竹斋购毛笔。下午发房颤。

7月31日(1)晴,29.0℃

和勋初通电话谈清词室事。

8月

8月1日(2)晴,30.0℃

得陈贻焮、王文才、黄山书社于志斌函。天纵来,馈虾。

8月2日(3)晴,29.0℃

威克、早早来为我们擦玻璃窗,在此午饭。下午天渝一家来,在此晚餐。后天纵亦来,商议强姐生日事。史梅借给我们两本书。

8月3日(4)昙,28.0℃

函许逸民(交勋初阅)、于志斌,又寄书缪钺。得《名篇赏析集成》上下二本，(100026)中国文联出版公司寄。函陶雄。复蛰存，告以要《集外词》十册。

8 月 4 日(5)阴，大风大雨，27.0℃

函邓韶玉，询问《杜诗》《宋文学史》进行情况。得东北师大古籍社寄《古籍整理研究学刊》。台风在川沙登陆，影响及于南京。

8 月 5 日(6)阴雨，27.0℃

吴新雷打电话来谈《宋文学史》事。

8 月 6 日(日)雨转晴，28.5℃

周勋初来，重写致许逸民函，明日交勋初。下午发房颤。

8 月 7 日(1)昙，29.0℃

得小佳函，即复。

8 月 8 日(2)昙转晴，30.0℃

得文研所孟繁林复函，武汉老龄科学研究所寄关于黄侃研究会工作汇报，施蛰存寄《词学》。

8 月 9 日(3)晴，30.5℃

老尹夫妇来访，赠以自制葡萄汁。高纪言、卞孝萱来谈《中华大典》事，拒绝任主编。天渝一家带菜来共聚晚餐。

8 月 10 日(4)晴，31.0℃

函孝萱，请转达有关《中华大典》事。得施蛰存、朱祖延、鲁国尧函。中华书局编辑马蓉寄余恕诚、刘学锴之《李义山诗集解》，即复谢余、刘，并寄《序跋辑存》。

8月11日(5)晴,高温32.0℃

率小婉全家游瞻园,得拓片三张,后又游夫子庙。归后极累,洗澡午睡后恢复。晚饭时发病,比上次稍轻。

8月12日(6)晴,高温33.0℃

得雄哥函。

8月13日(日)晴转雨,31.0℃

寄三张拓片给瑞洁转岳麓书院。下午2:30至3:00大暴风雨。章灿夫妇来。

8月14日(1)昙,30.0℃

今日开学。得蒋寅、邓韶玉、毕万忱(托说通过项目)函,文研所通知"七五"规划会推迟进行,金克木寄书一本。复毕万忱、邓韶玉。寄汪先生文集给清水茂。伯伟夫妇来。

8月15日(2)昙,30.0℃

上午去银行办理储蓄事。勋初来,谈《全清词》事。函李老辞《全清词》事(交周)。得刘彦邦致丽则函,陈翔华寄夏老纪念集。函邓韶玉(附二元)请代购刘弘度《微睇室说词》径寄刘彦邦。晚七姐来,谈其六哥将来探亲事,谈久,遂发房颤。

8月16日(3)昙,30.0℃

函刘彦邦,请代购药。得天眉函,适大纲来,嘱其代给天渝等观看。

8月17日(4)晴,29.0℃

得王淡芳、孙钦善、张少康函。天渝夫妇来。

8月18日(5)晴,29.0℃

为早早写扇面。为唐玲玲夫妇、文史馆史建华等写条幅,唐者径寄,文史馆者待取。

8 月 19 日(6)阴有阵雨,29.0℃

8 月 20 日(日)阴,28.0℃

史建华来,取去两幅字。

8 月 21 日(1)阴,28.0℃

晨发房颤。芸与天渝去省中找朱广华,约定周五上午去省中请唐蜀华院长看病,由汤医生介绍。萧印唐二女效农、学苏由四川来,为其母房产事,赠蜂王浆两盒。砺锋来,赠精米一包。宏生来。得缪钺、袁行霈、季廉方、周寅宾、中华诗词年鉴编辑部函,诸祖耿讣告。天纵来,代购沙拉调料四瓶,转赠其一瓶。

8 月 22 日(2)阴转昙,27.5℃

函天眉、季廉方。得上海古籍寄来解放前《古代文论论文选》两本,内收帆一文;村上哲见寄来有关李清照文一篇,并介绍进修生成田静香来攻读博士;殷焕先、罗志霖(万安俊)、《文学评论》、曾保泉(北京文研所)、何文玉(安徽维尼纶厂)函。

8 月 23 日(3)晴,27.0℃

复殷焕先、罗志霖。函江西博物馆(挂号)。率早早去金陵中学,介绍旧日读书时的处所。小宁送代购之物来。章灿还过去所借 100 元。伯伟夫妇来。姚松来。

8 月 24 日(4)昙,阵雨,28.0℃

得杨翊强、吴志达函。姚松送来证明函签字(有关卞)。

8 月 25 日(5)晴,29.0℃

函复杨翊强、吴志达。晨去中医院看病,后至新街口取文联出版社稿费 48.55 元。在天渝家午饭休息后回家。

8 月 26 日(6)晴转阴,29.5℃

晨沈文冲来,送来其撰写的我的年谱。得黄瑞云函。函文联出版社,寄回收据并询问祖棻稿费事。

8 月 27 日(日)昙转阴,30.0℃

沈文冲来录像,本栋适来,亦参加录像。写三幅字,一赠本栋,二赠文冲。小婉夫妇来午餐,甚欢。函瑞云、淡芳(附胡翔冬先生诗)。

8 月 28 日(1)阴,阵雨,29.0℃

本栋和阎广林来,已函詹伯慧推荐。得邓韶玉、季廉方、瑞洁、甘毓琦函。

8 月 29 日(2)阴转晴,28.0℃

复甘毓琦(告上古售菉书)、邓韶玉。以阎广林材料寄詹伯慧,以曹虹《陆机赋论》寄中玉。宏生来借 150 元(学英语)。河海大学石城诗社王运洪来,转送李子建《水上吟》一本。

8 月 30 日(3)晴,28.5℃

上午十时在江苏国际文化交流中心会见捷克汉学家何德理博士和何德佳夫人(Dr. V. a Z. Hrdlickovi 和 Mme Věnceslava Hrdlickova),座中有田原、戈宝权、吴调公。此夫妇皆通汉语,研究王安石。主人袁晖,王志渊为中心副秘书长。午餐后归。天渝、小宁送收录机来。伯伟夫妇来,送博士点介绍来。

8 月 31 日(4)阴,28.5℃

中午丽则、小宁、小燕俱来共餐,如秋风扫落叶,菜肴全空,因事先未做准备。王兆鹏来,借黄季刚先生诗集一册,即嘱其将书送往江苏国际文化交流中心。将邓韶玉函转给新雷阅。史梅代报销药费，计共 180 余元。

9 月

9 月 1 日(5)阴转晴，29.0℃

程陶历险记：上午去省中医院看病，拟在中心对面搭乘 13 路车，抵站时无一人候车，过来一人说："在这里等不到车。"说罢便去，亦未暇细问，后见 13 路车自云南路转向西行，始悟 13 路上午改道。又未假思索即向后行，未几，又悟即使走到上海路口车仍不得经过。乃又返向北京西路，几经问讯，始乘上乘，盖该站根本无牌。到医院已较迟，取得药后已十一时。又去新街口购物，拟寻一清静小店食馄饨等，并资休息，竟不可得，只好勉强食水饺二碗，乘 16 路归。从珠江路步行回家，二人皆已狼狈不堪，此后决不可再蹈覆辙。

得辽宁社科院赠包一只，拟转赠小鲲。夜临睡时发房颤，幸不重。

9 月 2 日(6)昙转阴，28.5℃

上午和周先生在家中共同召见巩、姚、曾、陈四生。周先生转来松浦友久寄来照片两张。闻争功之说，甚可鄙也。函北京第二实验小学，祝贺母校校庆。得《湖南日报》寄来纪念刊一本。

9 月 3 日(日)晴，27.0℃

上午姚继舜偕王绍曾研究生王承略来问学，此生颇佳，但历时一小时，颇累。大纲、早早来饭。王启美来。

9 月 4 日(1)阴雨，25.0℃

天气转凉，秋雨淅淅，已穿上毛衣。得黄建新（宁夏大学）、刘彦邦、吴功正函，黄托人带来枸杞一包。王长发赴日本讲学，来告别，并赠北京月饼一盒。

9月5日(2)阴转昙,25.0℃

函黄建新并寄字一条。写"腾飞"二字交工会章明,庆祝建国40周年。得王同策寄来书一包(《苏颂文集》)。查失8月26日湖南来挂号信一封。刘彦邦包裹收到,命早早取之。函谢王同策。函蒋寅询舒芜书已否送去。嘱章灿将两人著作送戈宝权,他还赠两本。成田静香来进修事,已嘱章灿协助。

9月6日(3)晴,25.5℃

快函瑞洁。三夕托陕西师大研究生束有春带信来,并介绍接见,谈约一小时。吴新雷带其女来。七姐来告老六明日到。得王同策、王淡芳函。

9月7日(4)昙,26.0℃

辛宪夫妇、寅宪及甲宪夫妇和其女沈峨来,晚在接待餐厅宴请他们,小婉、威克在座,互赠礼物。文史馆老史来,赠礼四色。王家杰送小石榴树来。

9月8日(5)昙,27.0℃

日本留学生成田静香由章灿陪同前来,略谈。得江西博物馆函,十月前来宁。

9月9日(6)昙,27.0℃

得于景祥(辽宁教育学院)函及贺教师节卡。上午参加省市领导召开的座谈会。复于景祥,并附字及照片各一。函复江西博物馆(挂号)。函刘彦邦附复印件(挂号)。张宏生还所借150元。

9月10日(日)昙,27.5℃

中午与孩子们公宴强姐,祝其80大寿。晚沈甲宪回请,两次酬应,二人皆甚累。甲宪又赠200美元,回赠以人参及景泰蓝筷子。

9 月 11 日(1)晴,28.0℃

张宏生来借书。下午发房颤。

9 月 12 日(2)晴,28.0℃

上午参加江苏省出版局有关《中华大典》座谈会,得《李审言文集》一套。砺锋、有富来。有富送来书一本,取去汪先生文集一本。徐中玉嘱其研究生吴炫带来信一封。得岳麓书院函,文研所开会通知。吴志达叔吴剑伟(住堂子街 46 号 404 室)来探望,带礼两色。吴志达表妹包玲君在作家班。

9 月 13 日(3)晴,27.0℃

上午继续在江苏出版社开座谈会。函袁行霈(挂号)、雄哥。送《祖棻选集》给黄进德。孙望送《吕亮耕诗选》一本。四川荣昌县罗志霖函,请题笺,不答,以"治学学"之名不通也。

9 月 14 日(4)阴雨,25.0℃

今日中秋节,因连日荤食太多,未准备过节。下午天纵送来虾与鸡腿,遂炸虾,聊作节日菜肴。民革孙蓉送托其代购之磁炼来。

9 月 15 日(5)阴,26.0℃

上午去省中医院看病。得赵吕甫挂号信,附稿(少咸先生答董同龢问);本校出版社出版《江苏省高等学校教授录》。

9 月 16 日(6)大雨,25.5℃

徐有富来,谈《校雠广义》事。周勋初来,谈唐代文学年会名单。巩本栋来,送其履历。为市文联写字一幅,嘱本栋送去。

9 月 17 日(日)昙,25.0℃

函舒芜(挂号)。

9月18日(1)晴,26.0℃

函上饶师专校办,询问夕佳情况。下午去银行取钱(文联出版社寄祖棻稿费来),并购物,直去直回,未多留连,尚不累。

9月19日(2)晴,26.0℃

函舒芜,告以稿费收到。函文联出版社,寄去稿费收据。会噉夫妇出来旅游,今日到南京,请其在接待餐厅晚餐,小婉夫妇陪。得瑞洁函,拓片岳麓均已收到;刘绪焱(不识此人)寄来《天白诗稿》,不答。得黄瑞云、杨翊强、周伟民函;岳麓书社杨坚(不识)函称已聘为顾问,并已将书(《船山全书》)寄来;赵盛德寄书一本;高津孝寄书一本。小婉得《全陵百纪》一本,拟再买四本。

9月20日(3)小雨,23.0℃

周勃寄来100元,想系稿费。得王淡芳函,黄裳寄《前尘梦影新录》一本。夕佳来函,告以今春在昆明大病一场,现已病痊回上饶。小珠生一女。

9月21日(4)阴,22.0℃

是日余诞辰,晚上丽则来共餐。省社联赵宁乐、刘华俊来询《省志·社会科学志》事。函复黄裳。得《学报》小结,看后交还校长办公室。得雄哥函。

9月22日(5)晴,24.0℃

函天眉、高津孝(寄书一幅)。为台州郑虔祠书杜诗一幅,甚累。得岳麓书院寄来《船山全书》。陈贻焮寄来论诗歌的论文集。

9月23日(6)晴,26.0℃

下午发房颤,较轻。函复陈贻焮。

9 月 24 日(日)昙,27.0℃

函复杨坚(内附字一幅)。挂号函上海古籍、王镇远等(《诗世界》事)。大纲来午饭。本栋来谈论文事。周勃寄来茶叶二盒。

9 月 25 日(1)晴热,28.0℃

得聂石樵夫妇、舒芜、徐中玉、中华书局编辑部、蒋荫南、古继堂(文学所)、天眉函。章诚忘及其内侄柳曾符来访,谈相川访华事。

9 月 26 日(2)晴热,29.0℃

得沈寅宪函(附照片)。陶友红来谈图书馆一般情况。函复中华书局(挂号,《全清词》署名事)、古继堂。

9 月 27 日(3)阴,24.0℃

得叶嘉莹函及《中国词学的现代观》一本,小海寄来联合国明信片一张。拟《程千帆诗论选集》目录及选书的想法,召伯伟来共商,并嘱其写前言。

9 月 28 日(4)阴,24.0℃

晨中央技专学生李辛凯(原名李玉莹)来访,谈一小时余,现任西安纺织学院服装系教授。七姐夫妇来,馈鳊鱼二、苹果六。汪越来。章灿来代擦窗。得李一氓挂号信。陈邦炎寄《赏析》五本,第四次印刷之样书也。蒋寅寄《李祁诗集》并附函。

9 月 29 日(5)阴,26.0℃

函陈致询《集成》样书。函中州出版社询《文论家评传》样书及稿费。函村上哲见附字一幅。

9 月 30 日(6)晴,24.0℃

得江西博物馆函,董丽红、胡丹二人四日来宁,即日需返南昌,托代购火车票；浙江《中国当代诗词选》来函约稿，不理。李一氓函转交周勋初。天纵来，从福建、广东归，带来桂圆等物。

10月

10月1日(日)晴

中午丽则大宴家人，共17人，冷餐会形式，菜极多，虽17人亦未能尽之。上下午天纵、天渝夫妇分别来谈。晚芸与欧家人同去南大操场看放焰火，帆未去。

10月2日(1)晴

得岳麓书院函，因余体弱，不强求前去讲学；陶爽函，谈其弟妹等事甚详。

10月3日(2)晴

晚章灿夫妇来，赠以文具、食具各数事。得王绍曾、淡芳函。

10月4日(3)昙

晨江西省博物馆董、胡二人来，询知主任名刘品三，因车票尚未拿到，约晚间再来点交展品。下午董、胡来办手续，巩本栋、程章灿二人送之上火车。

10月5日(4)晴

王淡芳寄来布鞋收到。屈义林寄诗并请为其集题签。陈辽寄《刘鹗与〈老残游记〉》，其新作也。《诗论选集》材料复印成。下午一时半发房颤，服药后(地高辛服了一粒)三刻钟即基本止住。

10月6日(5)晴

陈书禄来汇报学习情况。康育义来请作对联，拒之。告以有校友书画，拟捐赠。

10 月 7 日(6)晴

复王绍曾(挂号)，告以不能与会及录音，附去祝贺大会题字一幅。复屈义林，附题笺一纸。复陈辽。宏生来，送讲稿。伯伟夫妇来谈约半小时，主要是谈做学问及做人。

10 月 8 日(日)晴

本栋来，谈作论文事。吴文治打电话来谈，可考虑接受本栋去教育学院，又告本栋准备材料送去。复王淡芳，已收到布鞋。函王仲镛，关于王之涣诗的异文事。

10 月 9 日(1)昙

今日发工资，工资增加一级 45 元，此为解放后第一次。

10 月 10 日(2)晴

晨去建设银行办理储蓄事。南大出版社时惠荣送《鉴赏辞典》二本、润笔 100 元。王兆鹏送来《张元幹年谱》一本。得袁行霈函，刘彦邦函及包裹(内花生、木耳)。天渝来探视。

10 月 11 日(3)晴

市作协发来表格已填好挂号寄去，内附五元会费。得萧印唐函。函天眉、陶爽。小鲲来送 40W 日光灯管 2，代购打火枪一。

10 月 12 日(4)晴

为管雄先生八十大寿撰写寿对，交伯伟。寄 20 元给刘彦邦。函天眉。得相川函及书，函系用日文写，交章灿译。

10 月 13 日(5)晴

晨赴接待餐厅早餐，后去医院看病。函复瑞洁、彦邦、印唐(内附丽则文）。晚杨克平打电话来，约明日晤面，并请为秋白故居题字。晚小鲲来，送来天眉等照片及天眉致小鲲函，看起来一时不得回。勋初、贤皓来。

10月14日(6)晴

上午为秋白故居题写字一幅。有富来，商议申请教委古籍补助事。得郭预衡函；苏州大学范志新函，拟作《谈艺录》笺注。中午应克平邀去金陵饭店饭，请其带赠重规、高明各书三本（汪先生文集、《古诗考索》、《史通笺记》）。带回克平赠咖啡、饼干、裤连袜等物及台湾出版书三本，拟分赠徐复、许惟贤、万业馨（克平赠）。座中有孙颔，索字于予。中午小发病，幸带有药，即服，未大发。回来后仍有早搏，睡良久始愈。

10月15日(日)阴雨

上午威克来帮拆擦电扇，在此午饭。下午天纵、早早来，晚上吃牛肉面后回家。托天纵代办美金储蓄事。

10月16日(1)昙，大风

得王镇远、陈辽、侯井天（山东党史资料征集研究委员会，在编《散宜生诗句解》）函。函复范志新。石章一方赠伯伟，台灯赠章灿。

10月17日(2)晴

得陈致函，《福建诗词》九本。屈等三人破门取走资料，劝之无效，已由校系处理。

10月18日(3)多去转阴

邢亚辉来，谈甚久，送来照片四张，皆好。砺锋谈，拟约同门编一论文集，为予祝八十寿。上午写字送柳曾符、杨克平，已寄出。赠孙颔者拟明口带与省统战部同志转。天纵来送鸡蛋与存单。许志英来谈处理《全清词》事。系开主任会讨论清词事，并作出决定，董健参加。

10 月 19 日(4)晴

写致校长函,谈《全清词》事及准备辞去此项目之理由。天渝来,送来芸之毛衣及早早衣服,在此午饭,丽则亦共饭。姚松来,清算各项科研项目的账。

10 月 20 日(5)晴

上午夏树芳送来临海市郑广文纪念馆复函。得江苏文艺出版社函,为《留在世上的一句话》约稿;古吴轩出版社朱耀祖、谭以文函,为《现代书斋室名印赏》约稿;中州古籍出版社复函(无钱发稿费)。今天取中药。包忠文赠书一本。下午邢亚辉来,请余谈自己生平,并录音。

10 月 21 日(6)晴

得柳曾符函及照片两张。函周颖请寄《散宜生诗》增订本。学校已发通报严斥三君子。函古吴轩出版社,送斋名印章二。

10 月 22 日(日)昙

晨请诸孩在接待餐厅吃包子。晚在丽则家晚饭,吃炒粉等。钟兴正来函借书,复以无此书。张伯伟送《程千帆诗论选集》后记来。函中州古籍出版社,请寄书来。得柳曾符函。

10 月 23 日(1)晴

上午相川来访,赠三折伞一柄,报以字一幅。张伯伟后记看完,交还伯伟。砺锋来。陈书录来,传达沈玉成欲来访。丽则来午饭,喝鸡汤。晚三夕、砺锋、有富同来访,谈约一小时,甚悦,约明晚共聚晚餐。

10 月 24 日(2)昙

老尹夫妇来访,馈啤酒、小枣,以眼镜答之。倪明来,托写书笺。为三夕文集题书笺。得屈义林、王绍曾函及《周易研究》;日人田仲一成寄《中国乡村祭祀剧》一本;《贵州师大学报》一本,内载有关于张振佩事。下午沈玉成、刘乃昌来访，沈女索字。晚在接待餐厅请三夕、有富、砺锋吃饭，甚欢。

10 月 25 日(3)晴

得临海市人委函及照片，苏州大学范志新函，王仲镛函(解决了引《拜经楼诗话》问题)。张伯伟来。得印唐书一幅。董健来代表党委慰问。

10 月 26 日(4)阴

上午写字。函沈玉成，寄书一幅给小宁；田仲一成，寄书一幅。为文史馆写书画展览题笺，候取。为伯伟写两幅，准备为《选集》插页。为天纵索一系证明函，便购《金瓶梅》。徐有富来，谈其本身工作事。

10 月 27 日(5)阴

上午顾志华、张三夕来。得中文系发桔子 40 斤，拟分与诸儿共食之；群华、嘉真函，并 100 美元支票一，系给小鲲等诸儿。中午留学生部请相川，由我做主人，座中有尉天池等人。伯伟来，取去需复印之各件。

10 月 28 日(6)阴转晴

得关道雄函。天渝来，把群华寄来之支票取去办理存款手续，带去桔子一包。召本栋来，送桔子一袋给其侄，另一袋嘱其带送尹老夫妇。

10 月 29 日(日)晴

石学鸿来访，赠近人词集三种。芸去勋初家，赠祁先生洋参数枝。得周勃函。天纵送烤鸡来。

10 月 30 日(1)昙

许结从四川开会回来，带来王文才赠酒一瓶。得张代寄《顾千里研究》一本；彦邦函；傅璇琮函并寄回《闲堂文录》稿，备在此复印后再寄去。

10月31日(2)晴

致周颖函退回,已重发。整理各种序跋散文,拟放在《诗论选集》后。

11月

11月1日(3)晴

复侯井天(附字、影聂函、舒芜函)。复仲镛。寄群华。致陈书农。

11月2日(4)阴

帆编《诗论选集》毕。芸拔牙一。勋初来访,谈甚久,赠芸一盒阿胶。序跋散文稿寄中华(《闲堂文录》)。

齐鲁总编孙言诚。

11月3日(5)阴

复李一氓。清理清词室同人来信。沈文冲来,以个人传记材料12篇借之。新雷告邓韶玉来函事,云《诗世界》已发排,《宋文学史》将交常熟。山西大学董冰竹携二女研究生过访,赠《李贺研究》一册。万业馨、老王来访,谈甚久。

11月4日(6)雨

勋初来,商议发信给李一氓,由周发。得龚任之函及照片。吴新雷送来邓韶玉函。北京张秉戍寄来25元。函于辅仁,请其本月15日左右来。

11月5日(日)雨

今日诸孩来为我二老祝寿,天纵一家(宁健加班未来)、天渝、丽则举家皆来。中午在接待餐厅吃饭,价廉物美。下午又来家中聚谈,甚欢。王立兴吴翠芬夫妇来,发一顿牢骚走。

11月6日(1)阴转雨

清晨天眉、小海打长途来祝寿,告以天眉暂不归,接我们去美旅游,如身体能继续好下去，明后年也可能去。芸想念天眉、小海，很想去。得蒋寅、沈玉成函；南京机电学校陈林函，请教一问题，即复；北大古文献研究所寄《古籍整理与研究》一本。得天眉函及照片 2 张。卞孝萱送来为扬州张汉怡题书复印件及照片 2 张。

11 月 7 日(2)雨

函蒋寅、龚任之。寄汪先生文集给《文学遗产》。下午七姐率白皓夫妇来，丽则夫妇亦来会，赠婚仪 100 元。小鲲来，带来水果及小红枣。

11 月 8 日(3)阴，小雨

装好铁门。得子仲函。

11 月 9 日(4)晴转昙

得霍松林寄《唐音阁吟稿》及函，朱先泽(湖南岳阳市一中语文组)。外文系某君来问严复文章。

11 月 10 日(5)晴

陶敏来，赠以《广义》一册。复朱先泽。函汪越索先师文集。樊骏同许志英来。

11 月 11 日(6)阴

曹虹送来一篇有关谢灵运诗的文章。本栋送来论文提纲。威克来拆纱门。

11 月 12 日(日)雨

陆耀东来访。晚曹虹来谈。

11 月 13 日(1)阴

函浙江省博物馆，联系拟捐献书画事(挂号)。上午蒋寅来，谈论甚欢,既久,中午辄发房颤,幸十分钟即愈。汪越又送来汪先生文集20本。

11月14日(2)昙

周勋初来谈,沈有信给周,将来南大,带来王运熙等赠《批评史》一本。得江西博物馆函,墨盒愿收。美林、大纲送煤球400来。天纵来装炉子。新雷来电话云,《两宋文学史》即将付排。

11月15日(3)晴

函霍松林、王运熙、顾学颉、江西博物馆。得三夕函,云备受骚扰,不能为《广义》书评,请顾志华代作之。葛晓音寄赠《八代诗史》,即复谢。宏生、章灿来做清洁。《文史知识》编辑某君来,马少波婿也。下午李成文从上海来,馈咖啡150克。

11月16日(4)晴

京剧院石玉昆送来《马少波剧作研究》一本。柳士镇送来《世说新语选译》一本,并请与大学生见面谈话。《骈字类编》第十册索引毕功。夜黄念宁来访,自武大来开物理学会。王兆鹏来交章子仲托其所带祖棻资料。

11月17日(5)晴

函复章子仲。得傅光寄诗话一本、《文献》一本。晚巩本栋偕瘦竹研究生来,想去武汉工作,请函介。曹虹夫妇来谈。下午二人游湖南路、山西路,已久不出游矣,感觉尚好。

11月18日(6)晴

石学鸿来,带唐老推荐仇某为文史馆员函,已转倪明。下午和古典教研室同仁往管老家祝寿。晚钱谷融来访。函天眉。

11月19日(日)晴

去招待所看望钱夫人、杨女士,并邀明晚在南芳园便酌。

11 月 20 日(1)晴

巩本栋、赵康太、阎广明来找工作,为本栋写一推荐函给詹伯慧,请阎广明带去,并送人参一枝与詹母。得于辅仁函,暂不能来,因此将《诗论选》稿托伯伟寄往山西。晚在南芳园宴钱夫妇,叶夫妇作陪。得杨翊强函。

11 月 21 日(2)晴

丽则、天渝、小鲲皆来午饭,吃昨夜剩菜,谈颇久,甚欢。小鲲夜校毕业,赠以餐具一套,大喜。下午沈锡麟来访,谈清词事,想入非非,即告志英、勋初。老白夫妇来,馈南丰橘、苹果。

11 月 22 日(3)晴

为赵康太作一荐信与陶德麟、何国瑞。得侯井文函。伯伟代订报刊,共 83.80 元,稿已寄于。

11 月 23 日(4)晴

下午沈锡麟来谈。上午蒋寅来。张伯伟送两稿来。得《文献》寄纪念文稿费 20 元。

11 月 24 日(5)晴

得马积高、侯井天、浙江省博物馆函(同意收,具体事项以后商洽)。康育义来谈校友书画事。下午金中请江苏省电视台来录像。寄稿费收据给《文献》。

11 月 25 日(6)晴

11 月 26 日(日)晴

下午去小婉家小坐。晚曹虹夫妇来。

11 月 27 日(1)阴,大风

得文联出版社陈致寄《名篇集成》一部,旅游出版社张秉戍寄《山水诗歌鉴赏辞典》(已复)。得北大葛晓音函。寄苍虬老人法书与邦炎。

11 月 28 日(2)晴

整理好校友书画目录,交与康育义。得山东大学曲世川函。《名篇集成》赠与史梅。

11 月 29 日(3)晴

老尹夫妇来,赠兰陵美酒一瓶,回报以锅巴、花生各一包及袋装茶叶一小盒。又以古代白话小说两本赠老尹法友。临海市送来桔子两篓,冬笋、虾米若干。桔子拟分赠各孩、各生及亲友。姚松来谈明清□□经费事,并填表。

11 月 30 日(4)晴

上午去校医院看病,照心电图,情况尚好。新雷示邓韶玉函,争取二书明年出版。

12 月

12 月 1 日(5)晴

12 月 2 日(6)晴

得马录程函;巴蜀寄稿费(南唐二主词)65.5 元,疑重复或项目有误。复曲世川,附巩生材料。

12 月 3 日(日)晴

上午去美术馆看文史馆书画展,然后在天渝家吃午饭。下午归,不觉很累,盖身体较前为好也。

12 月 4 日(1)晴

得王步高函，即复；江西博物馆(二女同志)函，即复；又得杜兰亭寄诗。

12 月 5 日(2)晴

晨二人去老广东吃早茶，花色甚少。后又去湖南路、山西路游逛，并不觉累。小婉来午饭，吃叉烧包，甚悦。康育义来谈捐赠书画事。得张秉戍函，索稿。复函嘱其抄祖棻七绝诗，不拟写稿。

12 月 6 日(3)雾转晴

上午朱家维、任天石来谈即将办退休事，并说拟返聘。欣然同意退休，不拟接受返聘。得吕亮耕子吕宗林寄其父诗集。得赵吕甫函，询其父《等韵答问别录》一文是否已推荐。下午陈书录来，将赵少老文托其交徐复，看是否能介绍某杂志刊出。

12 月 7 日(4)阴

函复赵吕甫。得顾学颉、吴志达函。孙原靖来，谈汪辟疆先生文集事(拿去文集一本)，并托其关心赵少咸老先生文事。得蒋寅信，交勋初处理。得赵康太信。

12 月 8 日(5)晴

下午董健、朱家维、许志英等来谈《全清词》事。小鲲来，换煤气灶气压塞，赠其毕业礼物带去。

12 月 9 日(6)晴

得陶德麟、中州古籍出版社函。下午开会研究重点学科问题，有周、郭、莫参加。中午丽则、天渝来午饭。送学校的书画中，丽则想保留汪先生的《涉江作词图》及祖棻手书词稿册页，已将目录中此两项删去。

12 月 10 日(日)晴

函刘彦邦、王淡芳、吴志达、程一中、杨翊强、吕宗林、杜兰亭、天眉。

今日丽则生日，二人去山西路购烤鸡、扒鸡及蛋糕去祝寿。丽则准备一火锅吃涮羊肉，皆大悦。下午回来又洗澡，虽累，只发早搏，未发房颤，可见身体已大有好转。小鲲来，送来天眉信，小海已上班，亦为之欢欣。

12 月 11 日(1)晴

函赵丙南孙言诚、蔡厚示、邓韶玉、任笃行周晶、山西人民出版社总编室。寄《福建诗词》给杜兰亭。

12 月 12 日(2)阴

上午为严杰题笺，为《南京大学报》题词，为天渝友人写字。于辅仁致伯伟函，云稿已收到，明年可出版。下午赴银行。

12 月 13 日(3)阴

许志英来谈，坚持要返聘，argue 甚久，无效，事后甚为懊恼。

12 月 14 日(4)阴

曲钦岳来探望，看过我致校系领导函后，盛赞继续培养五个博士的想法。芸去看天渝，未看到，和美林谈片刻。

12 月 15 日(5)晴

上午去省中医院看病，步行往返，居然尚可。因感冒下午未起床。王庆元来访。周勃派其研究生陈达流来探视，并将他们合著的《永恒的困扰》目录送来，想出版。天纵来。美林打电话谈天渝病情。新雷打电话来云，《宋文学史》已送印刷厂排版。《南京日报》今日载捐款、捐书画等事。

12 月 16 日(6)晴

得臧克家函，请写毛诗赏析文。天渝去鼓楼医院看病后来，言无鼻癌可能，始放心。得李立朴寄来挂历一。为巩本栋作书致清水茂索资料。函复克家。函元化为莫编译文集事。函政协，不参加视察。

12月17日(日)晴

芸寄贺年片给 Taos,并函雄。

12月18日(1)昙

得詹伯慧函,陈贻焮贺年片,南京社联函(填专家学者名录表),忻州师专函约元好问纪念专刊稿。

12月19日(2)晴

得马茂元讣。闻王昭琛亦逝于上海,其爱女不知所在,可伤也。均唁之。得三夕函,女韵所画鸭;蒋寅函;何国瑞函。

12月20日(3)阴

得贾晋华贺年函,蔡厚示贺年函,甘肃庆阳林业学校张军函。寄贺年片给陈贻焮。

12月21日(4)阴

得康育义函及柳州图书馆刘汉忠函。武汉来电告田一文去世。昨今两日作《浣溪沙》二首,悼王昭琛。

12月22日(5)冬至,阴,小雨

复刘汉忠。得佘雪曼、关道雄、陈美延等贺年片,欧阳代发寄书一本(《一捧雪》)。

12月23日(6)夜雪晨止,阴

天渝来饭,赠以热水袋。唐文来,赠以《校雠广义》、汪先生文集。是日,齐奥伏法。

12月24日(日)阴

去天纵家午饭,带去隔壁卤菜店之牛肉及卤鸭,不佳。

12月25日(1)阴

得任笃行、周晶、杜兰亭(附诗)、于景祥(附贺年片)函,江浦丁跃生函(已复,不能看稿),庞文华、刘婉、管仁福、杨翊强贺年片。复于景祥。徐有富来谈,属其复任笃行,又赠以《顾千里研究》。钱林森送《中外文学因缘》及题笺费30元来。

12月26日(2)昙

挂号函江西省博物馆。以悼王词寄冠英、谷融。得缪彦威寄《序跋辑存》。复欧阳代发。

12月27日(3)晴

复彦威,寄悼王词。璇琮、运熙、宗强由勋初陪同来访。

12月28日(4)阴,小雨

得黄典诚函,为陈茂同《历代职官沿革史》一书事;周伟民唐玲玲贺年片。下午参加十竹斋举办的胡小石先生书法艺术讨论会。

12月29日(5)阴转昙

得村上哲见贺年片;群华夫妇贺年片,信及支票系致天纵、天渝,转付。得尹志腾致朱家维、许志英、千帆函,不理。

只有社会主义才能救中国,只有中国才能救社会主义。

长沙大火后,乡人赠张治中:横批:张皇失措。联语:治绩云何,两大政策一把火;中心安忍,三颗人头廿万元。

12月30日(6)阴转晴

得《中国韵文学刊》稿费32元;陈邦炎函;金志仁函;社科院曹道衡博士生论文,请作专家审核;黎如霞函转广东同学会会讯。蒋光旭来谈,并赠挂历一。鲁国尧来拜年。天渝来。得于辅仁函,刘聿鑫函,陈瑾函。《南京大学报》载我欣然退休等事。有富来电,《校雠广义·目录编》被学校评为教材二等奖，省评为科技成果奖。

12 月 31 日(日)

函复于辅仁、陈邦炎。为曹道衡博士生毛庆审博士论文，不够博士水平，虽所长亦不为之吹嘘，表拟五日寄发。中午去丽则家吃饭，天纵亦同去。

八十年代过去了，个人是过得不错的，但是……

1990年

九十年代生活流水账簿。

1月

元旦大吉大利!

1月1日(1)阴

今天在天渝家游耍竟日。下午偷空往访王永芬,知未君日内结婚,颇为老友宽慰。丽则夫妇也在天渝家玩一天,丢两孩在家,早早与小燕颇有独立性。连日在子女家吃饭,又贪食,但竟不觉太累。

1月2日(2)晴

今日略感冒不舒适,少食。填写三项科研(《全清词》、唐宋、明清)情况表,填后交姚松。砺锋昨全家来拜年,未遇,留莫杞画一张,较去年进步很大。今天砺锋又来谈公事。许惟贤打电话来拜年,并报告其腿伤已较痊,能扶杖屋内走动。

1月3日(3)晴

上午哲学系教师杨峻光来纠缠一阵,要我看其稿,不理,搁置一阵再还。函天眉、陈贻焮。得刘茂舒、夕佳、晴佳、王淡芳函;监利县朱桦函,已忘记其人，不复；吴志达、曾伯藩、湖大欧阳贺年片；龚任之函及贺年片。小鲲来换插线板。周先生来谈发奖金事。

1月4日(4)晴

往访孙望，已半年多未见矣。

1月5日(5)昙

得到年终奖金314元(唐宋诗歌流派系里忘报，归下学期合并)，童庆炳寄书两种及函，王邦建寄《郴州诗词》一本及函，刘乃昌函，董冰竹寄贺年片及照片，寺尾刚贺年片。小红来代取款后又送西洋参来，购得西洋参200克，260元，代周夫人购200克。今日全天感不适，心部痛，心跳90—100，但未发房颤或早搏。

1月6日(6)

寄晴佳、小佳二妹各100元。函复刘茂舒、童庆炳、刘乃昌。毛庆论文评审表寄还社科院。嘱史梅将清词室尾款320元存建行定活两便。电山大催巩本栋事。得刘泰焰函，询《全清词》，即复；《南京大学报》付题辞费10元。原靖来电话云，古籍书店可购汪先生文集50本，已转告江越。

1月7日(日)晴转阴

1月8日(1)阴，夜微雨

函舒芜。得周祖譔函，催题笺，即题好寄北京人文；天眉函，走了近一个月，疑已遗失，今日始到；朱士嘉讣告，享年八十五；齐鲁函，拒收宏生稿；瑞洁贺年片。为周祖譔题“隋唐五代文论选”书签寄人文编辑陈建根，又复周。江西省博物馆寄来墨盒价款100元。

1月9日(2)阴雨

函邓韶玉，询诗价，又《诗世界》增改事。

1月10日(3)阴

得胡丹信,询捐赠文物名字,即复;长沙诗人协会寄诗集二册,内收拙作四首。系发木耳、虾米及糯米粉,年货也。民革夏老由天渝陪同前来,为天眉事也,赠橘及苹果若干。社联三人来,坚邀15日往开理事会,并赠梨及橘子各一包。

1月11日(4)阴,间有小雨

天渝去省医院取心血康送来。十竹斋送来照片及诗笺若干。

1月12日(5)阴

上午王启美来闲谈。张宏生、程章灿来谈很久,又以勺、铲等物赠章灿。下午王永芬来,谈未君结婚事,并赠喜糖及酒。得中州出版社寄《古代文论家评传》,浙江教育出版社寄《古文鉴赏大辞典》两本(一本已转关道雄夫人朱邦蔚),《江海诗词》两本,唐富龄等函(另寄《中国文学辞典》和题笺费),缪钺函(附词),周来祥函(已转朱家维)。

1月13日(6)晴

得岳麓书社喻岳衡函,请为其所编书作前言,拒之;唐富龄寄来题笺费100元。

1月14日(日)阴

上午威克、小婉、小燕来,威克帮修炉具。中午一起在天府吃川味小吃。

1月15日(1)小雪

上午去社联参加理事会年会,坐片刻即返。得山大回电,因编制限制不能聘巩本栋;巴蜀书社寄王仲镛《唐诗纪事校笺》;社科院文学所审论文费20元。省社联咨询部舒小娟索祖棻作品。

1月16日(2)昙

函复巴蜀与王仲镛。晚万王夫妻来访，并赠香木挂历一，即挂于外室。

1月17日(3)寒，晴转阴

函傅璇琮索《唐才子传笺》。以王仲镛《唐诗纪事校笺》交章灿作书评。函雄哥。得舒芜函；聊城师院古籍所李庆立、孙慎之函，报个人情况；南大图书馆赠期刊目录一厚本。

1月18日(4)阴

上午校办与《人民画报》来拍与周先生两人合照，系为南大出一专刊。得中玉、蒋寅、晴佳函，新雷转来邓韶玉函。函朱正，寄聂老诗集，并请代购周作人著作。

1月19日(5)昙转阴

函中玉、周来祥。九三学社来人送橘子、苹果，并拟写有关我赠书画及捐奖学金之报道。省作协来人送请柬，约23日在丁山宾馆茶会。本巩来，拟21日回徐州。得农大土化系宗良纲函请题书笺，吕宗林寄贺年片。

1月20日(6)昙转阴

得唐富龄等寄来《文学辞典》一本。为南农大宗良纲题篆刻选笺，并寄去。小婉在此午饭，大吃菜苔。天纵来，送新大米、皮蛋、鸡蛋等。

1月21日(日)晴

孩子们来包饺子吃，美林为技术指导，极为热闹。上午参加省委召开的党外人士座谈会。臧云远打电话来，他家里的电话……下午沈文冲来，送海蜇三包，提出几个写传记的问题。

1月22日(1)晴

函谢唐富龄等。得岳麓书社挂号信，嘱为喻岳衡编王孟诗集作前言，前已拒之，不复。得安徽图书馆李星信，嘱为吴孟复诗文集作序，即复书拒之。晚早搏，不厉害，后辄止。

1 月 23 日(2)晴

下午两人同往丁山宾馆参加省作协举办的迎春茶会，并洗澡，晚饭后始回。得小佳函。

1 月 24 日(3)昙

得清水茂信及《史学杂志》(巩生所需)，陈贻焮函，徐放贺年片，姚继舜信贺春节。史建华来，送水果、蜂蜜及挂历。吴锦来探望，赠香肠两盒。省统战部二同志来探望，赠 200 元。鲁国尧来访，谈音韵。天纵、小虹来，送年货多种。许惟贤打电话来。

1 月 25 日(4)夜小雪，阴

天渝来午饭，商新年聚会事。万放打电话来。函复陈贻焮。

1 月 26 日(5)阴

除夕。早早、小燕来同饮宴，以丽儿夫妇去安徽也。复钱谷融信。谷融来信寄示悼昭琛文。

1 月 27 日(6)春节，阴

中午去天渝家饭。早、燕亦随往，饭后即返。上午欧磊、卞孝萱来拜年，卞赠桂元晶两瓶。下午曲、董两校长及党委两书记来拜年，并赠绢花一束。郭维森、吴新雷、莫生一家来拜年。天眉、小海、小毕打长途电话来拜年，并坚请我们今年内赴美探亲。得白匋函。

1 月 28 日(日)阴

复白匋、贻焮函。中午在留学生食堂聚餐，全家十八个人(包括强姐、杨阿姨)同庆春节，甚乐。饭后又来闲谈，孩子们玩牌，四时余始散。陈书禄来拜年。上午周勋初来讨论关于宣传重点学科事。郁贤皓来拜年，谈唐代文学等事。

1月29日(1)阴

中午去天纵家饭。前在吴江曾为《南京日报》记者（主编“星期天”）陈永昌君写字一幅，陈今日来补章，并赠洋河二小瓶。得天眉信。又陈继明、韩兢信，即复。韩乃宁夏自治区图书馆长，欲予为其所藏拙著签名，允之。有早搏。

1月30日(2)阴，大雪

张镜园打电话来问候。杨知文打电话来拜年。凌萍萍来，送花一盆，并谈谢伯阳家事甚详，谢妻虐待其婆母，可恨可恶。

1月31日(3)昙

书寿联一幅，赠林庚，寄请陈贻焮转致。寄《福建诗词》一本给陈贻焮。

2月

2月1日(4)晴

雪后极寒，虽晴朗而雪不融。路滑不敢外出，整日蜗居斗室，亦无人来访，只天渝打电话来询问有无需要。下午某人送来苏州医学院萧飒托致《姑苏吟》一册，有何芳洲遗作在内，芳洲词中有题《宋词赏析》《浣溪沙》一首。

2月2日(5)阴

复萧飒。命早早寄出稽滞各函件。得河南人民出版社徐豫生寄《汉语新诗韵》（尚未到）及函，刘茂舒函，上海古籍出版函询《唐代进士行卷与文学》及《宋词赏析》原稿是否退回，邓韶玉函寄《诗世界》小样，香港五南出版公司寄来书讯及图书目录，叶嘉莹、杨冠珊贺年函，游寿致白匋(已转白匋)及余函，四川大学、北京大学函请参加 1991 年有关宋代文化国际会议。

2 月 3 日(6)阴，昨夜中雪

与芸共校《闲堂诗存》，共 1288 行(句)，折合 64400 字，199 首。天纵、天渝、大纲来，谈大纲升学事。苏大范先生为其徐祯卿《谈艺录》注出版事来谈，齐鲁书社恐不易接受。小婉夫妇返校。

2 月 4 日(日)晴，立春

诗稿三校毕，写致韶玉函。又附致陈邦炎信(刘茂舒函附去)。周勋初来嘱阅其《唐诗辞典》附文稿。老白夫妇来，赠食物数种，报以泸州特曲。晚十时许发房颤，约一小时余愈，距前次发房颤已两个月另二十天。下午史梅来，赠花生两包。

2 月 5 日(1)晴

改周先生送来之稿，因身体不适，感到很累。得周来祥函，欲南大先作承诺，盖不可能也。莫砺锋校完《诗世界》稿，送来，就其所提问题，查校。小鲲来改装电铃。

2 月 6 日(2)阴

重校《杜诗镜铨批钞》部分。张宏生来取去校样。得湘潭大学电报彭靖去世，电唁。得中都书画社函请任纪念孔子宰中都书画家作品集选编委员，并请给以作品。

2 月 7 日(3)阴

蒋寅来谈。函潘达微，托打听体育院校招生情况。芸去任美锷家，打听去美探亲情况。章灿夫妇晚间来访，赠麻糕、脆饼两大包。

2月8日(4)阴

今天上午很热闹。天纵来，借去600元，拟寄天津，因其伯母去世。遂在此吃油饭。张宏生送《诗世界》校样来，又校出错误数十处，这样庶几可以错误不多矣。蒋寅来，和宏生同去约章灿、伯伟等共聚。臧云远老来坐一会儿。下午去省委参加有关中央文件（多党合作）的座谈会，未发言（来不及）。函天眉。

2月9日(5)阴

上午又校完一次《杜诗镜铨批钞》，后寄出。又去校医院看病取药，有小房颤，盖数日来忙于校对，劳累所致。得夕佳、杭生各一函；白雉山及河南人民出版社函，均为未用题笺事，另寄来《汉语新诗韵》一本。统战部打电话来，明天省委招开座谈会，要求去参加，因病已回绝。晚伯伟、曹虹来，赠八宝饭一包。

2月10日(6)阴

复白雉山。马先阵馆长及徐有富等来，取去捐赠校友书画38件。勋初来，与谈文献所订计划事。芸去山西路及西桥。今日身体稍佳，仍未工作。得政协于本月20开会通知，托卞老请假。

2月11日(日)晴

晨为玄武区政府及夏瑧瑛各写字一幅，去天渝家午饭，即送交天渝。午饭有脚板薯，芸未尝食，味有似马铃薯。天气晴朗，阳光普照，遂步行归，亦不觉太累。晚王兆鹏来，带来三夕所赠豆丝及周勃所赠茶、酒，并索字一幅。

2月12日(1)晴

上午老尹夫妇来，赠英国寄来 Irish Lenin 挂布一幅。得朱正函（书另寄），曾广开请假函，陈超寄诗集一本，湖南图书馆《湖南资料手册》编辑部函请填表，李汝伦函索《读〈倾盖集〉所见》一文。嘱程章灿往看董健（带桂圆晶两罐）。

2 月 13 日(2)阴沉终日，微雨

下午无事，与芸共读《论语·公冶长篇》及《雍也篇》，深觉孔学之平正通达，终身玩索不尽也。连日心脏不适，今日好转，问题在全然不能过劳。

2 月 14 日(3)阴转昙

得唐富龄函；福建中华诗词学会函邀稿；朱正寄周作人著作三种及其他书两本；信封为我驻旧金山总领事馆的函，内剪报复印件两纸，一为《星岛日报》，一为《世界日报》，已交党委（欧磊转）；校办函请为世界文化委员会三个奖提候选人名单。校统战部一青年干部取去 14 号文件。周勋初来，取去已改好稿，又送来两份。函谢三夕、周勃。函唐富龄、朱正。夜小鲲来，取去看过小说多种。

2 月 15 日(4)阴

函陈超谢惠诗集。函介眉、叶嘉莹、重禹。得陈贻焮函，周梦庄寄《水云楼词疏证》一本，九三寄稿费 20 元。

2 月 16 日(5)阴

与芸去中医院诊，来回皆极顺利。汤粉英云，入梅前可续服中药，梅季则恐药变质也。倪明来告：1. 新聘馆员通过 8 人，许永璋、苏昌辽在内；2. 馆员工资调整至平均 120 元；3. 中央文史馆拟印书画册，甲种百幅，乙种二百余幅，亦盛事也。徐有富来，出示任笃行信，并商《版本》插图。

2 月 17 日(6)阴

得白雉山信。徐有富来商定《版本编》插图，即寄任笃行。复李汝伦。

2 月 18 日(日)阴(略晴片刻)

赴江苏古籍《中华大典》编辑会，遇章培恒、李国章、黄进德、吴企明等。饭于玄武湖白苑，席中有鱼多味。

2月19(1)阴

得白匋复信，不拟为介眉所举人介绍。

2月20日(2)阴

得潘达微复信，大纲事不成，附子洁媳黄永琴结婚照片。装铁门纱。天渝来。以张伯伟诗话稿寄陈翔华。莫砺锋来转交陈永正寄《岭南五家诗词钞》。

2月21日(3)阴

丽则取药，午饭。

2月22日(4)阴

史建华来。张宏生来。新雷示邓韶玉来信。得杨翊强寄来五味姜。

2月23日(5)阴，小雨

函翊强、彦邦。复陈永正谢惠诗集。中华书局约译《古文观止》数篇，拒之。古代文论学会索10元，当会刊14、15期之费用，即寄去。

2月24日(6)阴(中午前后晴)

丽则来午饭，带来李定一函及其诗与文，又李汝伦诗集。

2月25日(日)晴转昙

寄十元与华师大文论学会预定14、15辑会刊。函邓韶玉属其寄初校样，托购《〈秋兴〉集说》。

2月26日(1)晴转昙

得中国作协创联部函，附本人简历，已改正寄还；陈邦炎函（关于刘茂舒事),已转刘,另寄来文一篇。

2 月 27 日(2)阴

复李定一。得金大历史系老同学黄席君函,举正汪先生文集句读之误一事,即复谢。得《草堂》89 年 3、4 期各一册。得中国艺术研究院《全宋诗序》稿费收据(100 元)。

2 月 28 日(3)阴,间有小雨

得四川文艺出版社寄来傅光编词话中短文一篇,稿费 63.20 元;江西一中学生函请代购词数种,复函拒之。丽则托人购得 851 营养液一瓶,价 28 元,拟三月一日开始服用,并嘱威克再购 10 瓶。

3 月

3 月 1 日(4)阴,小雨

本日始服 851,每日百克。得笠征(刘三富)函,发由国内,云三月八日将率友来访。晚六时半发早搏,每分钟多至近 30,服药后约一小时后渐愈。

3 月 2 日(5)阴

得蒋寅信并照片四。得《中国文化》、《大后方文学书系·诗集》上下册。芸晨食糍粑,不适,呕吐,服胃药卧床,午后渐愈。天眉来信。

3 月 3 日(6)阴

复重庆出版社。复蒋寅。取药,照心脏图,医云房颤已愈。

3 月 4 日(日)阴

天纵来,前借 600 元已还,托代印信封。小婉夫妇来,购来 851 十瓶。均在此午饭,甚热闹。得《文学报》谢海阳函,约稿,拒之。邓瑞来访,赠洋参糖一小盒。小鲲来赠以《美语会话》一本。

3月5日(1)晴

得《中国文化》稿费100元;徐中玉来函约稿;浙江教育出版社函,即复;曹亦冰函告《校雠广义·版本编》批准资助6000元,即复,交有富发出,附得奖状复印本二纸。夜十时一刻卧床发房颤,服药后入睡愈。

3月6日(2)晴

晨理发,价廉而艺佳,前所未知。得舒芜信;唐富龄信;凌师母赴;邢亚辉信;又海盐县志棻传,即改订寄返。

3月7日(3)晴

午宴妻女媳,祝三八节也。写一短文寄中玉。得周勃、陆国斌函。陆要求确定小令之篇。孙蓉来,带来夏老赠人参及乐口福。

3月8日(4)晴

天渝来,去省中取药。张宏生来谈教文学史事。函复陆国斌。天纵来,告以印刷所不好印信封。

3月9日(5)晴

邓韶玉寄来代购叶嘉莹《〈秋兴八首〉集说》,折扣后5.14元。又告今年四五月间可排出《宋文学史》清样,可喜。顾复生来请推荐李灵年升教授,允之。赴校医院治目疾。函天眉、群华。

3月10日(6)晴

顾复生来取李灵年推荐书。写字三幅,一为白雉山,已寄出;一为王兆鹏,已交顾带去;一为史建华所托,暂存。改好程章灿写王仲镛书评,即挂号寄巴蜀。晚印唐婿陈孝乡(萧效农之夫)来探望,送茶叶与蜂王浆等。

3 月 11 日(日)晴

为政协人作字二幅。史建华托写之字皆写就。复邓韶玉,附去所垫书款。丽则夫妇来午饭。小姐妹在家招待同学。天纵送刀鱼来,留其午饭。下午过伯伟,又看惟贤,不在。

3 月 12 日(1)晴

晨为丽则所托刘源写字一幅,已交丽则。得三夕函,知小邵已调华师,甚慰(托写字二);翊强函;黄苏夫人郑瑞英寄来黄苏遗著,即分致诸公;长沙符笑波函询考博士生事,即复嘱其询问研究生处。

3 月 13 日(2)阴,夜雨

为三夕友书字两幅,并函复之。复郑瑞英。

3 月 14 日(3)阴

得杨坚(岳麓《船山遗书》编辑)函告已寄出第九册。得天眉函附刘琬函告讲学普大事,仆病未能也。伯伟夜来,告蒋寅事。

3 月 15 日(4)

邢亚辉来,定星期六上午来录音。以关道雄稿费 155.33 元交丽则转邦蔚。得望城格塘乡山塘中学(410204)丁翕云君来函,附诗六首,即复。

3 月 16 日(5)阴

周本淳陪曾枣庄来,赠曾汪先生文集及《目录编》各一部。得王仲镛函附赵尧生文。得王瑶夫人杜琇函嘱为纪念文字。得重庆出版社《抗战时期大后方诗集》二巨册。

3 月 17 日(6)晴

以汪先生集寄仲镛。得长沙杨坚寄《船山遗书》第 9 册。邢亚辉来录音,并馈水果、银耳。

3月18日(日)晴

头昏。大纲来午饭。下午早早、燕燕来玩,晚饭后去。

3月19日(1)晴

看病,云眼已好,头昏亦无妨。得《岷峨诗稿》15期二册,内有我寄君惠、孝章诗并君惠答诗。得孙望函介绍单汝鹏来访(尚未来,先容耳),又白雉山函谢写字。天渝来谈大纲升学事。

3月20日(2)晴

得严北溟讣告,因不识,未电唁。下午二人去山西路购物。

3月21日(3)晴

完成纪念王昭琛文,即寄钱理群。得台湾《国文天地》一本暨该书主编连文萍函约稿;又刘彦邦函,另寄包裹一;吴新雷转来邓韶玉函。刘寄来的包裹已收到,内花生、牛肉干、肉松、香肠。又收到夕佳寄来莲子及豆豉。

3月22日(4)阴有阵雨

函笠征(刘三富)、叶嘉莹、潘重规、高明及邓韶玉(交新雷发)。洪妹及庞硕妹丈自北京回南通过宁,约在接待餐厅便饭,40元。

3月23日(5)阴,夜雨

得雄哥函,又蒋寅函,北京100026农业部文印室王小梅转来鲁淇所寄内蒙古大学教授鲁歌所撰《可斋诗词选》一册。陈美林来谈,赠《儒林外史》新批本一册。

3月24日(6)阴,小雨

复蒋寅。得张明函。小婉来吃莲子羹。

3月25日(日)阴,微雨

复张明。叶嘉莹之侄言材在日本北九州大学任教,夜来访,赠以《日本汉诗选译》。

3月26日(1)阴

以小说四种交新雷转致新华印刷厂蔡师傅。复张明信寄出。

3月27日(2)阴

得中华函嘱译《送董邵南序》《岳阳楼记》二文,七月交卷,允之。即函傅璇琮。

3月28日(3)阴

完成《送董邵南序》译文。小鲲来。

3月29日(4)阴转昙

周衍发来看望,无事。改完姚继舜文,可叹。成田之友斋藤茂欲参加国际会议,托章灿来说。以高津孝论太学体文交章灿译之。

3月30日(5)阴

得"湖南手册"函询问题,即复。收到寅老纪念文集二册。天渝来,谈及日前和选民见面时,几被麦克风电死。又将人家送的慰劳品转送我们,芸心中很难受。

3月31日(6)晴

今天投票选人民代表。芸购场效应治疗仪,64元。

4月

4月1日(日)晴

译完古文二篇,如释重负,即写一信与许、傅,稍缓寄出。老白夫妇携大宝来。

4月2日(1)晴

上午去探望孙望，他腰痛不能起床，很苦，比起他来，我们好多了。得三夕函；鲁国尧函询一学术问题(春秋制名之义)，电话中告之。开始用场效应治疗。

4月3日(2)阴

伯伟来商《选集》装帧事。砺锋来告有人属作一联语书序，拒之。

4月4日(3)晴

视强姐。马昌松来函嘱写书签，即为写寄。王运熙博士生论文属写同行评语。望城县丁翕云函。函王镇远敦促《诗世界》。伯伟呈《诗品》文一篇。得蒋寅函，《大历诗风》四月发稿，可喜。

4月5日(4)晴

写好复旦博士生论文评语。复蒋寅。苏昌辽来赠饼干一盒。曾广开送来《华钟彦诗词集》。林雪梅送来征集档案材料通知。以古文译本二篇寄许逸民。巩本栋交来论文导言及第一章。

4月6日(5)阴

校档案馆吴政、王振银及林雪梅来，取去部分聘书、照片、传记资料等，并拍照。改曾广开文一篇。印唐女婿陈孝乡自成都来，携君惠函及所赠《清寂翁集》一册、三台板鸭一只。

4月7日(6)阴

今日丽则去无锡游春。芸函天眉、雄哥。改曾广开文又一篇。得宁夏韩兢寄书来，请签名寄回；吴新雷转来邓韶玉函；山东大学出版社函请给《中国文学名篇鉴赏辞典》撰稿。李立朴自贵阳来，约任贵州出版社古籍全译编委，允之。

4 月 8 日(日)晴

以王运熙研究生论文评语寄复旦中文系。韩兢寄来之书已签名寄回。函复刘君惠、杨翊强及山大出版社。黄永年来南师讲学，过访。李灵年陪来，赠其所注《水浒传》一册。赵康太、巩本栋来。康太出素纸，求为彼与阎广林各书一横幅。

4 月 9 日(1)阴，小雨

将曾广开作业转周勋初。丽则来午饭，带来在无锡所购泥猫及肉骨头。《骈字类编》索引第 11 册毕功。

4 月 10 日(2)阴

吉大硕士生裔红卉携来王同策赠《菜根谭注释》一册，裔生至今未能就业。得钱理群函，云收到悼王文。新雷出示邓韶玉函，云《宋史》已排初样，即寄校，嘱砺锋协助之。

4 月 11 日(3)阴，微雨

克平外甥女陈小红来问安，告以石禅将参与 11 月之国际会议。上海教育学院丁深源来阅《五山文学全集》。夜周勋初陪周来祥来访。

4 月 12 日(4)阴

得北大出版社寄来陈寅恪纪念集稿费 400 元，分 200 元给宏生。

4 月 13 日(5)晴

巴蜀书社寄来信函及书 5 本；霍松林函请给研究生答辩；王镇远函，允九月份出《诗世界》。邓绍基来访，赠以汪先生文集一本。尉淑玲来电，言尉素秋带来书一本，在汪越处。天纵夜来，赠麻油一瓶，交与 20 元赴上海买肉松。程章灿来送博士点请款簿。

4月14日(6)晴

晨赴接待餐厅吃包子并购烧饼，嘱天纵带上海送雄哥。又理发。天渝、小虹来午饭。下午去小婉家，共进晚餐，谈笑甚乐，九时始回家。累极，但身体尚好。

4月15日(日)晴

赴天渝家午饭。夜为巩生事打电话与徐福基书记。改毕伯伟《诗品》文。

4月16日(1)晴

伯伟文置其信箱中。得叶嘉莹、王洪、杨礼峰(附诗词)、郭澹波(索唱和诗)、彭靖家属(索纪念文)函；张舜徽寄书(《汉书艺文志通释》)；姚桐椿寄来对《白雨斋词话足本校注》的校订，原稿要求寄还；尉素秋托汪越带来其词集一本；王仲镛函并附文一篇；汪越赠银耳糖一盒。复松林，告以不能西安答辩。复杨礼峰、郭澹波，拒之。勋初晚宴黄永年，孝萱及余夫妇作陪。

4月17日(2)晴

唐文来，约参加铁道师院十周年纪念会，允之。得日本加藤国安寄论文集一册。下午访白匋先生。归食马祥兴牛肉饺，极劣。新雷收到《宋文学史》校样，晚送来。

4月18日(3)晴

得刘茂舒函；游寿寄来祖棻画像一桢；汕头大学历史系刘启林函邀参加历史文献研究会年会，拒之。砺锋送一文来，将校样交给他代为校对。张宏生送来介绍《全清词》之文，已改好，送还。

4月19日(4)小雨转昙

卞来谈诸事。周先民将赴日，来辞行，勉之有加。给亚运会写字一条。章灿来,送来译稿。得十竹斋请柬,邀参加名画展览。

4 月 20 日(5)阴

上午写字 5 张,皆丽则所托,已交早早带去。得游寿函,言祖棻画像系其侄孙女所绘,给丽则做纪念。天纵送代购肉松来。

4 月 21 日(6)雨

上午去省委听报告。康育义取去为亚运会所作字。函高达促仲华与会。天渝来,借去《政协文史资料》(15)一本。

4 月 22 日(日)阴转晴

上午携丽则一家及小宁、晶晶游古林公园,并来家共吃午饭,虽累而愉快。下午匡老介绍李晓光来,请为其所写长卷题词。又老尹、淑贤来闲谈,并由芸婉达下半年不拟续请,老尹欣然同意。

4 月 23 日(1)晴转阴

上午看病,医云为副鼻窦炎,非感冒,心脏无恙。得蒋寅函,邓韶玉函,周梦庄寄《海红词》一本暨函。改好莫砺锋文,交回修改。改好张宏生介绍《全清词》文,交回,嘱其寄出。得周勃寄来茶叶。

4 月 24 日(2)晴

为李晓光题所临陆柬之书《文赋》长卷。刘庆云所著《词话十论》,甚好。得天眉信,附艾妹邀请信及经济担保。购得夹克一件,芸拖鞋一双。

4 月 25 日(3)晴

下午去银行取款,拟明日将祖棻奖学金交中文系。

4 月 26 日(4)晴

写字四条(丽则、早早、小燕、刘庆云)。上海冯锦诸(丁胜源托)寄来七律回文诗一本。以祖棻奖金交袁玲。得霍松林函,求为诗集作序。下午出席70以上导师退休茶话会。函刘庆云,内字一条。阎广林、赵康太、刁大同各一条字均已送去。

4月27日(5)晴

复松林、周勃、舜徽、冯锦诸。曹济平送来王兆鹏论文,请主持答辩。宏生送章灿稿及词析二篇与陆国斌。赴新街口购食品并转存单。王永芬兄来,久谈。日本水原渭江赠森川竹磎词集三册,济平转交。

4月28日(6)晴昙

复蒋寅,附致诗。复叶嘉莹。得唐文函。得陕西师大研究生处请评博士论文各件。

4月29日(日)阴转昙

得高达函。李晓光取去其长卷。为饶小平托书横幅一纸交丽则。

4月30日(1)阴,预报大雨,甚误

评南师大、陕西师大论文,挂号寄出。小鲲来。

5月

5月1日(2)阴有小雨

完成《唐音阁吟稿》序初稿。得罗志霖函及所编《治学学概论》,地址:四川荣昌峰高中学(632461)。得顾易生博士生张思齐赠《接受美学》一本,武秀成转致。

5月2日(3)阴

黄永年寄《唐史史料学》及文献集刊各一册,巴蜀邓南求编一赏析集,即复黄、邓。

5 月 3 日(4)

赴苏州，沈勤来接。以霍松林诗序挂号寄于辅仁补入《选集》。与马先阵谈史梅定向事。下午抵苏州，铁师院钟元凯、唐文，苏教院雷应行来接，寓上方山铁师院招待所。晚铁师院各领导来访。

5 月 4 日(5)

上午备课。下午做报告，历时 2 小时，无恙。

5 月 5 日(6)晴

上午参加铁师院校庆会。中午参加铁院宴。下午教育学院雷应行、滕副书记接去该校作报告约一个半小时。芸与沈勤去观前购物。报告后教院在龙凤餐厅宴，在座除雷、滕外，尚有冯书记及副系主任等。

5 月 6 日(日)晴

上午教院雷、冯来接去角直游览，尚有吴县宣传部周部长、高科长等，游览了保圣寺及叶圣陶墓、陆龟蒙墓等，并摄影数张。中午在镇招待所午餐，有各种鲜鱼虾，味美。饭后在招待所休息，午睡后回上方山。一天汽车颠簸，颇累，早早洗澡睡觉。

5 月 7 日(1)晴

晨 8:18 离开苏州，沈勤送回南京。在火车上同房数教授皆老知识分子，很谈得来。胡钟京教授并介绍治疗心脏病药方，日后将寄来。11:38 准时抵宁，史梅来接。四人去接待餐厅午饭，被一青年撞倒屏风砸了头，明天必须去看。得霍松林、殷正林、侯井天函，江苏教育出版社审稿费 60 元。

5 月 8 日(2)晴热

上午和史梅同去鼓楼医院看脑撞伤，适 CT 仪器坏，又转去工人医院，丽则亦同往。CT 作完已十二时。下午史梅拿来检查结果，很好，无破裂处，有血栓点，脑萎缩，但系旧迹，拟隔日去校医院研究。沈勤已走，托史梅购菜包送她。徐有富来，谈史梅定向事。章灿夫妇晚间来。《诗世界》二校样来，和芸共校之。

5月9日(3)晴热

《诗世界》二校挂号寄出。得瑞洁信，嘱作联话。万业馨来，谈史梅定向事。山东《艺术名家丛书》胡孟祥来采访，拒之。

5月10日(4)

函复张瑞洁、侯井天，皆拒其要求。函复殷正林。

5月11日(5)昙

寅宪、垠宝、照照、莺莺自西安来，在接待餐厅午饭，费61元。蒋广学来谈调动工作事。电匡老推荐巩本栋。李立朴寄来译本三册，又信。于辅仁来函谈《选集》事。宏生呈所作小词三首。

5月12日(6)阴

复于辅仁。天渝来谈强姐事和大纲升学事。

5月13日(日)阴，间晴转雨

为霍松林写序文长卷，尚好，写错一字。函天眉。

5月14日(1)晴

上午去医院看病，血压升高，需休息。小鲲来，谈拟去美事。天渝来，并和芸同去南师大找陈书禄，为大纲事。巩本栋送论文第二章来。给宏生改词。

5月15日(2)昙

复李立朴。以霍诗序寄白匋、舒芜。晚天纵来谈强姐住院事。

5 月 16 日(3)阴

程章灿来,赠以《隶释》、《善本碑帖录》、缪钺《序跋》各一本。卞孝萱来谈诉讼事。

5 月 17 日(4)阴,小雨

得邓韶玉信,望城图书馆信。得刘庆云信。王元化博士生胡晓明要求同行评语。董健送来一文,请改,已改好。

5 月 18 日(5)晴

《宋史》交邮。伯伟转示于辅仁函,《选集》已付排,商议其中数事。董健取去文章。得于辅仁函;又同乡女生李兰芝函,由生物系 89 级研究生刘平怀转。

5 月 19 日(6)晴

复于辅仁。以王元化学生评语寄徐静华。本栋来问问题。小鲲来请代拟推荐信。天渝来问《金瓶梅》事。

5 月 20 日(日)晴

去天渝家午饭,庆祝天渝、美林二人生日。

5 月 21 日(1)阴

七姐率丙宪子沈禧来探视,并托写介绍信给程之,请其为老六搞票看京剧及录几盘京剧磁带,又赠以周信芳京剧唱段之录音带一盘。沈文冲来,赠紫菜及草莓。得赵吕甫函,求为其父遗著作序。本栋论文第二章看完,已交周勋初。

5 月 22 日(2)阴雨

复赵吕甫。

5月23日(3)阴

函许廷宝，荐巩本栋。得郑州王国钦寄论当代诗词文又作品，无足观。张宏生来，取去做家具费150元。上午写字两张，精神不佳。下午上街散步。

5月24日(4)晴

上午参加南大校友会代表大会，先退。得舒芜、何华辉信。李知其寄赠《红楼梦之谜》。江苏古籍寄稿费80元(与宏生各半)。芸视强姐疾。连日晚饭后心跳较速，不久即愈，但今晚发展为房颤，幸不重，服地高辛一粒，愈。

5月25日(5)晴

省作协老陈与小李来通知七月间将开文代会，送来工作报告，请审阅。宏生代打家具已送来。嘉真打长途来。

5月26日(6)晴

得英国国际传记中心函，请填表。与芸上街购儿童节礼物，购齐。天纵来谈其阿姨事。

5月27日(日)晴

去宏生、砺锋、周先生家，礼物送去。下午约丽则一家来吃晚饭，过端午，天渝送粽子来，同餐。丽则尚未回(去屯溪了)。851购来。完成殷石臞墓志初稿。

5月28日(1)晴

复何华辉函。复香港红学会李知其。为潍坊胡孟祥作字一纸，寄出。得邓韶玉、于景祥、江苏教院朱声琦及望城县志编委会信。

5月29日(2)阴

得丁翕云望城信，附《诗刊》油印。以墓铭寄正林，挂号。以霍序、殷铭寄彦威。以铭寄徐复。理发,看病,血压已正常。以于景祥信交砺锋作复(参加唐文学会事)。

5 月 30 日(3)阴

晨写字三张,疲倦。内有乡女子李兰芝一纸,交丽则转去。得 CLEAR 10 卷 12 期,交砺锋。得杜甫草堂函,唐文寄照片,小佳(致丽则)信,又廖仲安函(出席唐文学会论文事)。晚赵振铎夫妇来访,赠以汪先生文集一本及殷铭。

5 月 31 日(4)晴

作字数纸,将唐文托书五纸寄出。芸代填 Who' who 表,寄出。复廖仲安,附致霍集序一纸。芸视强疾。

6 月

6 月 1 日

芸致雄函,告强疾。赴工人医院看病,取尿通,顺道至清凉山购素鹅。天纵带人来装好吊扇。

6 月 2 日(6)晴

上午得止畺、瘦竹两人离世讯,极为悲痛,辄书两挽联,请万业馨代书。芸与丽则前往慰问霍焕明,带去奠仪千元。中午未去参加外办请赵振铎宴,晚上亦未往听音乐会,盖心情不佳。得程之函;State University of New York 邀请函;曾伯藩函请改楹联,不理;思想家函,同意接受巩本栋;成田静香函请延长进修一年。

6 月 3 日(日)晴

夜勋初、璇琮来谈,得观天仇小姐请室记。天渝、美林来,拟为小霞介绍一工作。

6月4日(1)晴

得敏泽、蒋寅函;《文学遗产》、南师大、元好问研究会邀请开会信。得《文汇月刊》停刊退款通知,《新观察》后又一家也。巩本栋夫妇来。赵振铎夫妇明日反蜀来辞行,以人参一支赠幼文。与芸去鼓楼购物赠周勃。夜马兴荣、刘乃昌、吴熊和、郑广宣(浙江教育出版社)来访。陈书录来谈大纲事。

6月5日(2)晴热

上午参加南师大唐老博士生王兆鹏答辩并午餐,沈玉成、傅璇琮、刘乃昌等共席。得朱祖延函,请为其书题笺;文汇出版社李益龙函,询关于唐宋诗歌等出版事;吉林大学为张松如庆八十诞辰,函告;小佳寄来150元;蒋寅父托人带来捺山茶二斤。姚奠中携山西政协视察团来苏,过访。夜沈玉成刘昆夫妇来访,赠沈及傅璇琮、尹默书小楷各一册。刘昆乃伟华好友。

6月6日(3)晴热,开始报高温35℃

晨写一寿联赠张松如,邮去。孙自健等兄妹三人及原安来探视,并赠花一盆。函复刘泽、周维扬(草堂)、朱祖延。永芬来,带来张必恪函及胡健中诗。诗颇佳,前此未见也。

6月7日(4)阴雨

函复小佳、舒芜、敏泽、蒋寅。得沈甲宪、杨冠珊、罗志霖函,复旦大学寄评阅费20元。

6月8日(5)阴

芸去石子岗参加孙老悼念。得叶嘉莹信(已转给砺锋)。叶子铭偕陈祥耀来访。

6月9日(6)晴

得赵吕甫函。复文汇出版社李益然、《文遗》(开文学史会事)。函杨坚托购笔记。函陈帆托摄千帆亭照片。

6 月 10 日(日)晴

复十二弟,寄丽则文。李晓来,带到吴白老挽陈诗、挽孙联。

6 月 11 日(1)晴

成都大学祝白敦仁执教五十周年,嘱致贺。章培恒托勋初赠所著《中国禁书大观》。拟赠白敦仁寿联:

高耀符采,殚精文术;

博隆教诲,蔚然儒宗。

晚法律系王起教授来访,拟成立一研究所,不理。

6 月 12 日(2)阴转晴

寄出寿白敦仁联。复蔡厚示,拒作文。写一诗卷,连沈尹默书词稿复印本,致村上哲见,别有书,成田静香带去。

6 月 13 日(3)晴

函复望城图书馆蔡正杰,内附题笺等。国家教委阎志坚和魏某来访,带来张辉函及西洋参一盒。

6 月 14 日(4)昙,闷热

以托成田致村上信物交程章灿转去。函谢培恒赠《禁书大观》,张辉赠西洋参。印刷厂函告信封 0.22,600 共 132 元。得天眉函。

6 月 15 日(5)昙

晨上街购物。砺锋来谈唐文学会事,带来各邮件:中玉函嘱题笺,雪曼函云 26 日来参加三老纪念会,《文艺理论研究》寄来稿费 20 元,毛谷风寄来其编之《当代八百家诗词选》(杭州天目山路 60 号浙江医学科学院)。章灿送来稿件,转敏泽。中玉嘱题写书笺,已题好径寄安徽大学程自信。

夜湖北大学行管系总支书记张文轩来，携来周勃赠茶叶、皮蛋、豆豉，又书稿二十五万字（《永恒的困扰》）。以准备好的礼物托张带回（又青年教师刘然）。

6月16日(6)晴

致函出版社时、张社长连同周勃稿送南大出版社。郭维森携来张汝舟先生遗著《二毋室论学杂著选》，系其子叶芦所赠。

6月17日(日)阴转晴

复周勃。将《唐音阁集》序寄《广州诗词》。访焕明，其子女皆在。午饭于丽则家。徐朔方来电话。

6月18日(1)昙

晨往访朔方，不遇，后来电话云相左矣。写成赵先生遗著序。得朱祖延、舒芜、陈帆、缪钺、许永璋函。

6月19日(2)阴

函倪明询许永璋事。以赵少咸先生遗著序寄山西于辅仁，补入《选集》。晨徐朔方来访。得暾弟信，附诗数篇。得殷正林电，[redacted]云三姊在成都逝世。得陈翔华函，转与张伯伟。

6月20日(3)昙，闷热

函施议对、赵吕甫（附赵序、殷铭）、朱祖延、舒芜。以《福建诗词》《五四以来诗选》寄会暾。小鲲来拿信，修门铃。

6月21日(4)阴雨

得四川刘传茀寄来《岷峨》稿费39元，周勋初带来霍松林赠郎酒一瓶、雨花茶一盒，王元化赠《诗辨短笺》一册。以三篇文寄季廉方。曹虹来谈，赠海蜇一包。曾、姚二生来，训斥并勉励之。史梅赠无锡水蜜桃一包。

6 月 22 日(5)

上午和 86 级大学生、研究生照相。下午天渝来谈。

6 月 23 日(6)晴

捐赠书画在图书馆举行交接仪式并展出，奖千元。品镇寄来范曾画宋江像照片。阎韬、蒋广学来，《学报》事。得张辉、程自信函，郭豫适赠《红楼梦研究文选》一册。函天眉。

6 月 24 日(日)阴

复郭豫适。马騄程及丁某(汪越之表弟)来访。

6 月 25 日(1)昙

函燕山出版社索菜《八声甘州》稿费。写字三张，分给张辉及马騄程。托王兆鹏带相机与小佳。以在苏州所照相片寄唐文、雷应行。

6 月 26 日(2)阴

七姐来，还来磁带两盘。晚许惟贤、万业馨和中华书局赵诚来谈甚久。

6 月 27 日(3)阴雨转晴

上午去学校医院，因脚肿，医生说无大关系。叶子铭的研究生王玲珍、马佳来访。王现在为美哈佛大学访问学者，带来钱南秀赠西洋参。小鲲来。

6 月 28 日(4)昙

上午参加校三老纪念会。以祖棻著作多种赠胡令闻。

6 月 29 日(5)昙

上午参加省里的会议，听陈焕友省长报告。张宏生来还书。晚参加三老纪念会宴会。下午早搏多。

6月30日(6)

晨八时心脏又发病,脉跳快,早搏亦多,服地高辛即愈。砺锋率莫杞来,还书。早早、小燕来探视老人。得南京业余文科大学校刊及函,敏泽函及《中国美学思想史》书一包,舒芜函,望城蔡正杰函,杨坚函及岳麓书社赠湘人笔记六种,广西阳朔文化局陆书德约稿函及书一册,西安音乐学院寄《文学名著选读》一本,周本淳托人带来《读常见书札记》一本。复敏泽、杨坚、周本淳、白石诗社刘勋政。早、燕来午饭。威克送西瓜。得周勃信。

7月

7月1日(日)阴,凉

上午二人去山西路购物。下午美国华人教授谢正光来访,赠其所著《钱遵王诗集笺校》一本,报以字一幅。

7月2日(1)雨

得陕西师大审阅博士生论文费100元;于辅仁函;村上哲见函,内有清词复印件;缪钺介绍黑龙江大学陶尔夫参加唐代诗歌国际会;杨冠珊函;江苏教育出版社赠《语言研究集刊》第三辑。

7月3日(2)昙

晨率小燕去鼓楼邮局和发信。复村上哲见、缪钺。砺锋来谈(《全唐诗》事,渠意不欲任此事)。

7月4日(3)昙

致邓韶玉,谈算稿费事。得李立朴函。勋初交来二博代培费450元。

7 月 5 日(4)晴

复李立朴(附介绍见缪钺函)。得中文系 77 级毕业生张觉来信,求为介于贵州出版社,出版所译《韩非子》(200433 上海黄兴路 2030 弄 81 号)。

7 月 6 日(5)晴热,33℃

倪明来谈文史馆事。河南寄文评传序文稿费 17 元,可笑! 马騄程来。

7 月 7 日(6)晴热

函任笃行询《版本编》进度。得张辉信,收到所写字二幅。得上海浦泾中学教师秦吟信,即复。函王镇远,《宋史》出版事。

7 月 8 日(日)晴热

夜曹虹伴赤松祐子来访,赠以《治学小言》,又托交清水近文三篇。

7 月 9 日(1)晴热

函周晶托购《治学小言》。台湾《国文天地》林庆彰、连文萍、叶晓珍来,赠以汪先生文集,受剑牌烟一条。得陕西师大博士生邓小军信,已答辩,未详工作所在,又附十余小诗,不佳。

7 月 10 日(2)晴热

7 月 11 日(3)晴热

得松林、本淳函,万侄日本函。

7 月 12 日(4)晴

迁居中美文化中心以避暑热,循旧例也,惟视他人早来三日耳(校定 7.15—7.28)。霍焕明、孙原靖到汉口路,不遇,送瓜二。金华师大中文系陈耀东惠《唐代文史考辨录》(321004)。得新雷电话,《宋史》二校收到(初校 5 月 18 日寄出)。

7 月 13 日(5)晴昙

复张觉。函孙原靖。天渝来。

7 月 14 日(6)昙晴

天纵来,谈强姐已不能起立,乃腰椎肥大所致,可能要转院治疗。

7 月 15 日(日)晴

小鲲带来嘉真函。天渝、天纵矛盾日深,可恼,只好不过问。整理好尚存书画卡片,写成清单。

7 月 16 日(1)晴

晚餐时,发房颤,吃地高辛一粒。晚威克、丽则来,威克为治腹肌痛。得齐鲁任笃行函,施议对函及《中华诗词》一本,邢亚辉寄《莫愁》一本。

7 月 17 日(2)晴

照任笃行意见,函赵丙南、孙言诚。天渝来,将嘉真函交付,并劝告之。

7 月 18 日(3)昙,晚雨

复陈耀东谢赠书。晨回家取物。

7 月 19 日(4)昙

江苏古籍出版社《古典文学知识》编辑部卞岐、朱野坪来约稿,拒之(638952—331 电话)。得上饶师专朱子研究室寄《朱子学刊》一册;郓县文化馆(611730)梁文骏函,即复,告以殷材料可求之山东大学人事处。晚去丽则家玩。

7 月 20 日(5)晴,高温

晚丽则做好衬裤 2 条送来。

7 月 21 日(6)晴,高

下午 2 时发房颤,吃地高辛一片未愈,5 时又复一片始愈。得周晶函及代购书十本,李立朴函及聘书,张觉函。

7 月 22 日(日)晴,高

上午至斗鸡闸开思想家中心会。复李立朴,转去张觉函,推荐之。

7 月 23 日(1)晴,高温

许惟贤转来横山弘赠点心、文具。今天诸孙出游。写完《闲堂自述》。天纵、天渝均来报告强姐病情加剧,不能动,拟转院。

7 月 24 日(2)晴,高温

得小佳信,收到相机。芸抄《自述》。回家取《涉江词本事》,拟定稿。

7 月 25 日(3)晴转阴,微雨

得翊强信,即复。

7 月 26 日(4)晴,高温

粗阅《宋史》,拟明日寄邓韶玉。芸抄完《自述》。解放前老万全水阁悬薛时雨慰农集宋词联:波暖尘香,看槛角萦红,檐牙飞翠;醉醒梦短,在灯前欹枕,雨外熏炉。横批:停艇听笛(四声)。

7 月 27 日(5)晴,高温

晨寄《文学史》校稿,而邮局未开,遇小鲲,嘱其代寄,回家食早饭。因开会,房间迁至 117。下午 2 时发房颤。姜书阁寄《汉赋通义》,张企罗寄《浦江清文录》。印唐女(效农)及外孙女来访,赠蜂皇浆二盒。

7月28日(6)昙

复姜书阁、张企罗。伯伟夫妇率张博来,并合影。

7月29日(日)晴

复邓韶玉。函王谈芳、刘彦邦。小虹、小晶来探视,带来西瓜等。

7月30日(1)晴

巴蜀书社寄来《刘禹锡诗文赏析》一本。徐有富送来文一篇,捐赠书画时照片十余张,晨去宏生处,借来《国文天地》一本。小鲲去沪。

7月31日(2)晴

伯伟送照片来。得《社会科学战线》90年3期;又秦吟信,不复。

8月

8月1日(3)晴

天渝三度来访,为大纲事不辞劳累。美林以小鸡一只慰劳。

8月2日(4)晴

晨二人出外散步,至鼓楼后回,未能在外早餐,购烧饼三枚回。天渝忙完大纲事,来闲坐一会后回家休息。

8月3日(5)昙转阴,小雨

勋初电话告《全唐诗》《全清词》安排事。

8月4日(6)昙

吴文治夫妇来,馈麦乳精二事、盘香一事。莫砺锋交还《闲堂自述》,有所删,从之。函吴志达。得蔡文锦(扬州职大)、蒋寅、江苏古籍《中华大典》简报、王绍曾函,黄寿祺讣告。陈致来,请写推荐信给倪豪士等。晚发房颤，食地高辛 2 粒。

8 月 5 日(日)晴

陈致及其女友(陈毓罴女)来，交来作荐书材料。小鲲来，签证事未偕，代购鼎日有肉松。上午赴鼓楼购食物，天已不甚热。

8 月 6 日(1)晴

晨由中心回家，小婉全家来送。回家后下午感到较热，但午睡时仍能酣然入梦。自己做饭吃，较在中心舒适。章品镇打电话来，通知所题范曾画已放大好，可往取。

8 月 7 日(2)小雨，阴转晴

阎韬来，任继愈约任丛书编委及撰稿，允代约，及任编委。为陈致作荐书与威大。复王绍曾、蔡文锦、蒋寅。上海古籍出版社寄来《古诗今选》合同，即签寄。王洪寄来稿费 55 元。瞿秋白纪念馆寄来《研究》(2)。函雄哥。听吴白匋先生言，西哲有云：Dictatorship means corruption; Absolute dictators hip means absolute corruption. 芸表姨妈有"名言"："用着用着，菩萨送着；省着省着，窟窿等着。"张宏生取回范曾画宋江照片。寄上古《古诗今选》合同忘贴邮票，不知能退回否?

8 月 8 日(3)阴，阵雨，立秋

巩本栋交论文第三章。天纵来，换旧油壶。函天眉。

8 月 9 日(4)晴

发病，次日始愈。

8 月 10 日(5)阴

收《广州·艺苑》稿费 15 元。得王拾遗、朱正、王淡芳信。诸儿来午饭。托伯伟问勋初病，馈蜂浆二盒。下午钱林森偕岳麓书社王某来，求编词选，拒之。

8月11日(6)

以自传寄陈翔华。为匡老改序文即交还。得《广州日报・艺苑》稿费15元。

8月12日(日)晴

得诗五首，其二月前作也。

8月13日(1)晴，高温

天渝家来，桓盘竟日。下午小鲲来。晚威克携二孙来，玩密码锁箱。

8月14日(2)晴，高温

函托张辉买吸氧器。夜八时许，高国藩陪台大教授黄沛荣博士来访，馈海苔一袋、计算器一具。因不适，未见。

8月15日(3)晴，高温

得吴志达函，钱仲联函约稿，蒋函寅，张觉函。黄沛荣下午来访，赠以汪集、沈集、《目录编》、《小言》、《文薮》、《近代蜀四家词》共6种。得朱正寄来《湘雅摭残》一本，文自成寄《诗圣的写作艺术》。

8月16日(4)晴，高温

函吴志达、朱正(附诗一首)、朱子南、王淡芳刘彦邦(合一信)。

8月17日(5)昙，高温

独携酸泪注星空，凤阙峨峨思不穷。曾是隔年同命地，六军齐发扫狂童。

风昏雪翳作天容，时见饥鹰掠远峰。长伴御沟呜咽水，九衢严逻夏徂冬。

骈肩无籍冢无名，侠骨留香也满坑。若过北邙寻宿草，有人漫野哭清明。

故人风义夙相知，有女能文擅秀奇。谁遣存亡替离会，沉泉去国不胜悲。

神血天街淡欲无，梦边灵爽亦模胡。歌燕舞赵升平极，坐井忧天愧老夫。

8月18日(6)阴

复文自成。得王绍曾函，厦门大学中文系寄来揭发黄拔荆剽窃文一本。天眉函及照片。新雷示邓韶玉函。

8月19日(日)多云，间断雨

吴翠芬携其女海若来，海若将出国，辞行也。

8月20日(1)

丽则夫妇来午饭。砺锋来。

8月21日(2)阴，转凉

晨看巩论文数页，文思尚不顺，未多看。

8月22日(3)晴

得潘石禅寄《敦煌词话》，自港；陈帆寄千帆亭照片；章灿来信，成林举一女。丽则来竟日。

8月23日(4)阴转晴

复章灿、陈帆。汇款50元与章灿，贺其得女。天渝和大纲来商议大纲入学事，体校已录取大纲为自费生，又盼能录取南师大正式生，举棋不定，我二人亦为之焦虑。天渝连来两次，午饭亦未食，难哉为父也。

8月24日(5)晴

武大学生马连琪来访,在哈尔滨工作。

8月25日(6)昙转阴

得石禅香港信,不参加唐会。得单汝鹏记徐复文。

8月26日(日)晴热

大纲来,带来小说二部。本栋交来论文第四章,仅万余字。

8月27日(1)晴转昙,大热,35℃

8月28日(2)晴,34℃

小婉来午饭,呈游皖浙新诗。收到《瞿秋白研究》第1辑;王文才函,求为杨升庵学谱作介;陈翔华要相片、书目;上古寄合同多份;英剑桥传记中心函;张辉寄氧瓶样。

8月29日(3)晴,35℃

复张辉。以合同寄上古(五份)。复王文才(评介学谱)。小宁不知挂号手续,未取收条。编次自著书目。

8月30日(4)晴,32℃

清理并销毁旧信。填剑桥传记中心表。吉林大学寄来《中国诗歌史》第二卷。淡芳寄来《蜀四家词》。

8月31日(5)转凉

台风,夜大风雨。

9月

9月1日(6)阴雨

得连文萍台北信,陈帆信。收到《牧女与蚕娘》样书。宏生来,赠以洪自明《训诂学》,勖其授作品时注意训诂。

【贴纸:等资 415.00 物补 23 洗理 16.0 肉贴 2.50】

9月2日(日)晴

得李汝伦函,索评涉江诗词之文章。得彦邦函附邓韶玉评《宋史》文,四川大学函询赴宋代文学会事。

9月3日(1)晴

任继愈托阎韬带来文化史丛书目录。博士研究生周某由厦门带来周祖譔函、书及礼物咖啡。晨写字两幅,一赠旅游研究会,一赠雄哥。

9月4日(2)晴

得彦威函及诗;臧维熙函;余行达汶川阿坝师专函(623000),索赵序。以丽诗七首寄杨金亭,乞载《诗刊》。

9月5日(3)阴

得章子仲自美来信,又王德亚(岳麓书社)寄《辽金元诗三百首》。

9月6日(4)阴

函潘石禅、连文萍、陈翔华(附著述书目)、周祖譔、缪彦威(附《独携》五首)、王德亚、川大古籍所、胡孟祥(附字一纸)、余行达(附赵序、殷铭)、李汝伦(附祖棻评传)、刘彦邦王淡芳,共11封。

9月7日(5)昙

赴中医院诊。

9月8日(6)昙

今日起服中药。函克木论气韵事。天渝父子来，大纲已发证，助以300元。

9月9日(日)晴

为任天石、朱家维作书二纸。函邓韶玉询《诗世界》出版日期。

9月10日(1)昙转阴

上午去人民商场购物，在新街口三星楼上一中西菜馆吃午饭，后乘三轮车归。下午小鲲来，走后发房颤，适许惟贤、郭维森先后来谈，因此病更甚。半夜始愈。

9月11日(2)雨

丽则来午饭，带来于景祥函索字；张辉函，谈购吸氧气事；吴志达函。天渝来，大纲已报到。

9月12日(3)

为于景祥作字即寄出。得华东师大审稿费20元。许惟贤托作推荐信。郭维森嘱改研究生专业介绍。汇张辉390元。赵国璋来求为《江苏艺文志》序，拒之。函黄淑贤，讨丝瓜瓤。收到黑龙江大学《求是学刊》，《湖南老年》杂志，辽宁大学出版社《爱情诗辞典》。得李立朴、马蠲叟侄马镜泉(杭大)函。壬宪夫妇、辛宪夫妇、达微子潘洪来，留饭未果。

9月13日(4)阴

复张觉，告以李立朴允其译《韩非》。复马镜泉。复思想家中心：关于几点说明的意见。王启美云，已与其弟媳结婚，亦是好事。函天眉、陶艾。唐文、许惟贤夜访。赠日本人注《说文》一册与许。

9月14日(5)阴

复章子仲。尹禄光来。看病。

9 月 15 日(6)晴

视强姐病。得张振佩子(名新民)自贵州师大历史系来函。函王镇远、邓韶玉(《诗世界》出版期事)。

9 月 16 日(日)阴,小雨

南京医学院周瑶玺教授来访,谈现代诗词,不敢妄事雌黄也。

9 月 17 日(1)阴转晴

王启美来告杨嘉勇逝世。得张三夕、朱正、村上信,陕西师大寄款十四元,浙江古籍寄《当代中国诗词精选》一册。

9 月 18 日(2)晴

复三夕。赵国璋来,取去《江苏艺文志》前言。收到李立朴寄来全译三册:《尚书》《四书》《诗品》。

9 月 19 日(3)晴

小红偕男友来午饭,取打印件,其男友严志明送水果、蜂蜜。复朱正。

9 月 20 日(4)晴

上午去中美中心买点心。陆国斌赠《汉诗选》四册,砺锋送来。草"本事",每日一阕,以为常,亦略间断。复蒋寅。陈一新函介其再传弟子陈伟强过访,乞作字,由一新转交。小红携严志明来午饭。

9 月 21 日(5)晴

今日余 78 岁初度。芸治具。丽儿、大纲来吃面。复李立朴、贵州师大历史系张新民(振佩子)。以张慧剑诗寄舒芜。得王镇远、王德亚、周本淳(诗)函。以文二篇寄本淳。

9 月 22 日(6)晴

周、郭来谈重点学科填表事。亚运开幕。

9 月 23 日(日)雨,阴

赴天渝家竟日。小发病,夜愈。看望永芬。

9 月 24 日(1)晴

天纵来,复印件印好。

9 月 25 日(2)晴

发吴白匋函,询落叶词。得汇款两笔:①《湖南老年》(怀乡诗话);② ……得王德亚赠《宋十大名家词》。忻州师专寄元好问书多种。南宁广西大学《阅读与写作》杂志社寄该刊 90 年 9 月号,有莫砺锋写余谈治学文,摘自旧作,颇得精要,可嘉。小红送打印件来。

9 月 26 日(3)昙

以《自述》寄商、林二师。史梅来,馈饼 10,赠以文献学书约二十册。下午姚松来谈译《史通》事(因发房颤,阻其来谈)。

9 月 27 日(4)昙

以缪彦威致刘弘度函诗词影印本寄还缪,并附《自述》。姚松代寄。寄出《自述》多份。以《史通》书数种借姚松,勉其励学。徐有富送其女昕论《汉志》注文一篇,即挂号寄李灵年,请刊之《简报》。徐又将裱儿歌送来。

9 月 28 日(5)雨

以徐昕文寄李灵年。得马镜泉复信,附湛翁手迹;国家社科基金会来函约开会,即复函请假;南宁《阅读与写作》寄稿费 20 元;元好问研究会寄书刊一包及顾问聘书。文史馆老史送水果、月饼。沈文冲来馈月饼、天厨味精,交传记问题,略谈。

9 月 29 日(6)昙

在文化交流中心午饭,与者丁光训夫妇、匡亚明夫妇、戈宝权、陈邃衡、方非、徐福基等。马少波、郭汉城托新雷致候。

9 月 30 日(日)昙

收到洛阳市文联开李贺会通知,复不去;又《湖南老年》编辑武大毕业生叶辉信,云易扬属为《晚晴诗选》作序,复拒写;得张辉函,云吸氧器将由阚延问、郎新洲带来。收上古《牧女》序稿费 36 元。孙小妹夫妇携岑岑来,以止置《韦集校注》嘱审定,并馈月饼、木耳、人参糖。

10 月

10 月 1 日(1)阴

作字三幅分赠朱家维女、陈伟强及岳麓王德亚。

10 月 2 日(2)昙

为丽儿友作字二幅。郭维森、吴枝培来,赠 851 二瓶(为文学史题字,又推荐)。中午,家族在接待餐厅会餐,年年皆在此前后聚会一次,为我二老祝寿。今年除天眉、小海等外全到齐,还增添一小虹之男友严志明。二老及第二代一桌,三、四代一桌。小一桌在菜已上齐后,忽猜拳赌吃包子、烧卖及肉圆等,极为热闹。饭后又回到家中闲谈,小人们玩牌,直至四时始离开,又留早早帮助收拾房间。今日虽累,却很愉快,亦未发病。

10 月 3 日(3)昙

嘱丽则送月饼一盒、茶叶两盒给七姐。中午在天纵家吃饭,回家途中(约 3:00pm)发房颤,乘三轮车回。下午 7:00 始愈。伯伟、曹虹来,送来《选集》的封面等样本。

10 月 4 日(4)晴

杨金亭复信,允刊丽则三诗,甚悦。赵吕甫来信,欲改易序中文字,亦只得任之。

10月5日(5)晴

以丽则诗四首寄李汝伦。得杨翊强信,托人带茶叶、酱油未到。

10月6日(6)晴

请姚松送信与尉素秋。曹虹嘱改文献所介绍。为伯伟书出版函朱正。勋初来致文献编辑费,严杰致稿费。得天眉函。

10月7日(日)晴

为张伯伟函朱正,推荐《诗品集释》。天渝来,送炒锅一只,取去天眉寄来汇款。郁贤皓送书一本来(《建安七子诗》)。得苏昌辽函。小发病,二时愈。

10月8日(1)晴

与芸、丽及超伯赴锁金村看素秋,赠以菉遗著及《量守庐学记》。得克木、志达及林宪章师函。

10月9日(2)晴

许结来致候。孙小妹来,送自亶韦诗稿,并谈出版事。宁乡县志办公室(410600)孙亮谋函告收到《自述》。陈翔华来信,求换照片。殷正林来信,嘱催徐老撰孟伦碑文。

10月10日(3)昙

晨写完两首涉江词本事后精神甚好,遂与芸同往新街口金贸商场购物。购被面一床,拟送雄哥;晴纶裤一条,蛋卷一盒。营业员态度皆好,甚悦。又乘一三轮回家午饭,不累,一切皆好。谁知乐极生悲,饭后发房颤,食地高辛一粒,至五时余仍未见好,又服一粒,未漱洗即上床睡觉。

10月11日(4)阴

晨芸试脉搏,仍未恢复正常,芸去请教医生并带去氧气袋。医云地高辛一次不得服二片，如一片不愈，只有打针，吸氧也有帮助恢复。带回氧气一袋。今日未发房颤，但极倦怠，卧床休息。午饭后吸氧一次，临睡前再吸一次，明日当可痊愈。张辉代购吸氧器今日已收到，明日拟往灌氧。得缪钺、周本淳、金志仁、朱野坪（为《古典文学》索稿，拒之）、诸伟奇（附书三本）、黄兰友函，胡守仁寄诗集，《当代诗词》索作品。小佳致丽则函中提及琼琼、凯凯均在谈朋友，晴佳一家也渐入佳境。伯伟来谈《选集》事。任天石及夫人谢氏来问疾，馈香蕉。

10 月 12 日(5)小雨

今日晨起心脏正常，早饭后又发极多之早搏，请徐医生来诊治，她主张转院，即由芸与丽则送往工人医院，照心电图后医生即嘱住院治疗，可见此次心疾较前为厉。住干部 5 楼 23 号，现在只有一人。下午丽则和武秀成送东西去医院。得冯嘉真函及武汉水运学院陈圭甫信和稿。曹虹带来其生转来杨翊强所赠茶叶，酱油则被其留在长沙。

10 月 13 日(6)晴

下午芸去医院探视。入院后有时仍发作，医生拟观察一阵。

10 月 14 日(日)晴

函天眉、朱野坪。下午美林等来修床棚，大纲、小宁为助手，修得极好。晚饭略备菜肴，晚十时始回。威克等四人去医院探视。

10 月 15 日(1)晴

得王淡芳函，朱正函，赵吕甫函及《史通新校注》一本。齐鲁派人送来《版本编》校样，由有富接待处理。郭维森来谈《全清词》事。许惟贤取去孟伦传略。送来《古典文献研究》四本，钱 247 元。

10 月 16 日(2)昙

《骈字类编》索引全毕，下面继续复查。天渝陪芸赴医院探视。沈家老五和七姐来院探视。徐有富将《版本编》校样送一份至医院。齐鲁赠《唐诗书录》一本,函由有富复。下午 1:30 发房颤,医生来打针后,即愈。函复诸伟奇、吴志达、杨翊强、陈翔华、金克木、殷正林、陈圭甫(还原稿)、赵吕甫(挂号)。康育义送来亚运会纪念品。

10 月 17 日(3)阴

天纵来,明日赴厦,借去照相机及小拖车。得舒芜函及《散宜生诗》,上饶师生专张玉奇寄《蒋士铨研究论文集》。陈书录来,嘱其通知吴锦暂不来。

10 月 18 日(4)阴

芸去强姐家探望。晚间伯伟、曹虹去医院视疾,并赠水果。

10 月 19 日(5)阴

匡老送总序来请阅。芸去医院,丽则来同芸共午餐。焕明赴医院探视,谈止畺遗稿事,并赠蜂乳。北京师院某君来(廖仲安介绍),未遇千帆。

10 月 20 日(6)阴

函沈勤(附 5 元,请购陈皮)。函复舒芜、张辉、群华、赵吕甫(附书一本)。下午潘重规、杨克平到医院探望。潘从敦煌开会回港,途过南京,特来会面,不巧千帆适发房颤,幸在医院,打一针后即愈。两人谈话几二小时,尚无恙。潘赠芸 100 美元,帆赠潘汪先生词。晚吴翠芬去探望。陈书录所介绍的心脏科吴主任昨去检查,据说此医生医道很好。晚早早陪芸晚饭。

10 月 21 日(日)昙

今日芸全日在医院,丽则中午亦来约一小时。从昨日起挂水,未发病,上午脉搏略快,下午正常。两人在医院中散步约半小时。给伯伟推荐“八五”项目表,上午拿去,并托其将带美之书画各件送往许惟贤家,并通过电话允先带两件。电告匡老，总序已看过，很好。匡老云过两天去医院看千帆。黄兰友托人带来的包裹，今晚有人送来，我得到四件工艺品和洋参，非常高兴。另有衣服等拟分与各女娃。周祖譔晚来谈。

10 月 22 日(1)晴转阴

函马大麟、周晶(请代购书)、舒芜(寄张慧剑诗)。大纲送虾来，把录相带带去试放。小宁来拿衣服。得雄哥函。万业馨、史梅去医院看望。

10 月 23 日(2)阴

函天眉、兰友、雄哥。写信请许惟贤带字画各一去美国。得朱正、朱野坪、陈翔华函。作诗六首，赠石禅、仲华。

10 月 24 日(3)雨

马少波之女中华书局马欣来去医院谈出版名家选书事。函复陈翔华。将潘石禅诗及自己所作诗由芸抄好，准备复印。

10 月 25 日(4)晴

得叶言材函(附照片)不能来开会，刘彦邦王淡芳合函。曹虹取去照片。得陈致函暨《平湖遗韵》一本。校党委贺老年节并人民币 20 元、电影票 2 张。

10 月 26 日(5)晴

今日无人来，亦无信。尹禄光夫妇、张宏生、莫砺锋、巩本栋去医院。

10 月 27 日(6)晴

函周勃(告知出版社初步考虑用)、刘彦邦(关于《唐诗鉴赏辞典》事)、陈致。马大麟来，带走美元与戒指(天眉赠)。小鲲来，拿走书、衣及紧棕棚之带子。宏生去医院送书及果酱(自制)。得杨翊强及北大陈伟强(勺园 48 楼 609 号)函。

10月28日(日)晴

芸在医院竟日，叙谈甚欢。马大麟去医院探视，赠香蕉一束。威克去医院传气功五节。

10月29日(1)晴

徐有富送来《散宜生诗》复印本和裱好之寿幅。将《海峡两岸唱和诗》寄杨金亭(挂号)。得沈勤函及包裹，望城政协张超函，陈翔华函及照片，昭通师专朱安义函，马兴荣寄《词学综论》，华中师大寄《中国文献历史研究》(三)，中华寄《古籍点校疑误汇录》(三)。上海古籍寄来一本《被开拓的诗世界》，即送往医院，两人为之大喜。

10月30日(2)晴

函复沈勤、朱安义。得雄哥函，赵吕甫、宋谋玚函。王利器外孙王斯锐持王老名片来访，并赠《王利器论学杂著》一本。陈书录来电话云，徐昕文章南师大已决定用。《海峡两岸唱和诗》复印好100份。齐鲁寄来《梦秋词》及《子云乡人类稿》。刘庆云令其三个研究生来谒，并带来皮蛋一小篓。

10月31日(3)晴

得村上哲见、舒芜函。宁健带晶晶来医院，带来肉松等。周勃学生陈伟携周勃函及茶酒来谒，并带来上次寄来之文最后一节，已转给出版社。马鞍山张九歌恳求书签。吴锦、顾复生来谈孙老遗作事。

11月

11月1日(4)晴

天渝申请高级教师，找母代写表格，忙了一天。

11月2日(5)昙

徐有富借去《风俗通注释》。上海古籍寄来台历。七姐去医院，赠九制陈皮一大包。

11 月 3 日(6)晴

函复马兴荣、刘庆云,汇书款 12.1 元给周晶。将《散宜生诗》寄还舒芜,并附与潘唱和诗。得周晶函,云书系赠送。书款适才汇出,不巧。吴志达寄来《武汉大学校史简编》。

11 月 4 日(日)晴

上午威克带小燕去医院,又传授坐功与卧功,皆针对心脏病。下午丽则和伯伟去医院,大家谈到 6 时才走。芸除中午在天纵家吃螃蟹外,竟日在医院。绸衣二件赠虹、晶。武秀成送来桂圆一包、蜂王浆一盒。

11 月 5 日(1)晴

函王永芬,请其为本栋妻王一涓说项。小海、天眉晨打电话来贺生日。邮电学院李某打电话来通知陈次园去世。得陈伟强寄诗,吴志达函,赵吕甫寄其父遗稿,周勃函。

11 月 6 日(2)晴

函复宋谋玚。芸去天渝家,天渝为母做生日,并看天眉带来的录像带,小鲲一家也在,看了三四遍,晖晖极为可爱,真真也比前可爱多了。小鲲、晓琴为婆婆购花毛衣一件。卞孝萱赠鼓浪屿点心两盒。

11 月 7 日(3)晴

芸与丽则均去医院,拿走鼓浪屿点心。得顾易生、蒋凡、王运熙赠《先秦两汉文学批评史》一本(周勋初带来)。

11 月 8 日(4)雨

小 Stephen 及其姥姥、爸妈寄来生日卡。砺锋打电话来,准备将可托人带走之《诗世界》(赠友人者)包好,免寄。

11 月 9 日(5)阴转昙

昨夜大风,又雨,今日转冷。得安徽省古籍整理委员会函及王步高函请任《爱国诗词鉴赏》一书撰稿人,以退休拒之。郭老赠藕。张宏生去医院为伯伟送发言稿。

11 月 10 日(6)晴冷

天渝和小宁来,和芸一起午饭后,芸、渝赴新街口购得日本刮胡刀一(15 美元),芸购一小收音机(50 元)颇佳。得名家选作品资料复印费 100 元,拟分与曹、程。吴文治打电话来问候。湖北大学涂怀珵寄来诗稿,请推荐。

11 月 11 日(日)晴

芸竟日在医院。民革小孙来,赠水果罐头。得王永芬复函。

11 月 12 日(1)晴

函舒芜,寄《万锦向荣》题笺给张九歌。复湖北大学涂怀珵,退还诗稿。小说《剑公子》还张宏生。四川大学寄来缪钺博士生景蜀慧论文,请同行评议。万业馨陪湖南师大周秉钧先生去医院探视。

11 月 13 日(2)晴

王一涓已赴金中联系试教,函复永芬。

11 月 14 日(3)晴

倪明来医院探视。曹虹、章灿来医院谈辞赋事。

11 月 15 日(4)晴

王一涓、巩本栋上午来家,下午去医院,今日已试教毕。周晨来修电铃,未修好,电铃中线圈坏。台湾"中央研究院"中国文学研究所林庆彰(原《国文天地》)打电话来,该所所长吴宏一要来开唐代文学国际研讨会,希望能会面。陈书录送《史记》作业来。天渝、大纲来共午餐。得陈伟强函，辽宁大学出版社李文禄函为《古代文学流派丛书》约稿。王兆鹏打电话来通知回湖北大学。

11 月 16 日(5)阴

和砺锋联系好，明日接千帆去留学生食堂会见村上哲见。

11 月 17 日(6)晴

周晨来修好电铃。得潘重规函及照片，马连琪、赵吕甫、胡济沧(六合)函，IBC 函。下午芸往探视霍焕明。蒋寅来医院，谈甚欢。晚在留学生食堂宴村上哲见，村上哲见赠茶叶一条、罕见词书影二本。

11 月 18 日(日)阴，小雨

今日回家过星期日。为缪钺研究生写评语并函寄。下午砺锋、宏生将《诗世界》送来签名。七时回医院。

11 月 19 日(1)雨

得马欣来函、照片及合同三份，陈辽函及给巩本栋论文所写评语，南开大学寄《南开文学研究》，古籍小组《古籍点校疑误汇录》四。芸购《短篇小说选》一本(在资料室购)，皆二三十年代作品，照原价仅二元。伯伟告知于辅仁明日带《选集》到宁，尽是喜讯。

11 月 20 日(2)雨转阴

天渝下午来。匡老来医院探视。

11 月 21 日(3)晴

唐代文学国际研讨会开幕，参加开幕式，照相后回家休息。得舒芜、陈致、《文献》(决定用《自述》)函，湖北京山县志办公室寄《散宜生诗·拾遗草》二本，贵州出版社寄编辑费 300 元。九三夏树芳送来台州赠书两本，为其所书条幅拓片（裱好）。程中原、许总来访，求为沈立东所编妇女诗词分类词典作顾问，允之。台湾“中央研究院”中国文哲研究所所长吴宏一来家见访，谈约一小时，赠酒一瓶，报以亚运会熊猫碟一个。

11 月 22 日(4)晴

香港大学邝健行教授去医院探望。晚芸和新雷先生及代表们同往观昆剧。天纵来。香港另一代表索《日本汉诗选》一本，由芸代赠。

11 月 23 日(5)晴

得天眉函，岳麓书社王德亚函并寄《毛诗说》一本。凌晨天眉、小海打电话来，告知书画已收到。王立兴夫妇去医院探视。晚四川音协宋涛、任晓唐到家里，1. 通知《三山雅集》原稿，曾老保存之一份尚在其女曾令韵手中，拟设法出版；2. 成立一古代诗词音乐协会，请任名誉主任委员，任半塘为主任委员，唐老已允为名誉主任，副主任中有陶道恕，允之。

11 月 24 日(6)阴，小雨

晨与武秀成通了电话，赠书事已解决。吴锦取去孙老遗稿十本，并借去台静农《百家诗话》三本。

11 月 25 日(日)晴

上午倪豪士和车淑珊去医院探望，托他们带去三套书给周策纵、Hans Frankel 及高友工。中午回家午餐，并将托人带走的书签好名，下午武秀成拿走，这样国外需赠送之书基本带走。晚参加会议筵会，同桌有日、韩、台等年长之学者。芸亦参加，和台湾王夫人谈甚欢。饭后回医院。陈伯海、朱易安又赠《唐诗书录》一本（齐鲁已送）。函天眉，并寄生日卡给小林晖。

11 月 26 日(1)昙

张伯伟取去赠于辅仁之咖啡。得辽宁少儿出版社寄来稿纸，存丽则处;马欣来函,只同意三月底交稿,转曹、程决定。晚马少波夫人打电话来,29日在南京京剧院公演马少波创作之京剧,打算送票来,并拟去医院探视。贾晋华晚间和曹虹来,贾赠水仙球二、樟柑及印色。曹虹拿去合同,拟与章灿商榷后签合同。

11月27日(2)晴

天渝上午来,为宁健买好毛衣一件。中午大纲亦来,共午餐,下午和天渝同去医院。严杰送来国际研究会所赠书一大包。晚由巩本栋带去一本汪先生文集赠晋华。得王永芬和黄淑贤函。

11月28日(3)晴

巩本栋来借去书三本。下午芸和丽则同去医院。得周祖谟函问一问题。

11月29日(4)

函潘石禅(内附魏同贤函),复魏同贤(内附致潘函之抄件),为出版敦煌资料事(挂号)。函复吴志达、王德亚、王利器、湖北京山县志办公室、张玉奇(上饶师大)、陈致、周国清(不识者)、王运熙、王永芬。林从龙打电话来问候。顾复生来报唐老丧,并请千帆任治丧委员。得陈迩冬、张安治讣告。得雄哥函。

11月30日(5)阴

函复六合胡济沧(退还原稿)、赵吕甫、周祖谟(芸出面,问题待复)。寄《诗世界》、《选集》、唱和诗及函给舒芜。电唁张安治、陈迩冬。

12月

12月1日(6)晴冷

天纵来装煤炉,即生火。今日是今秋以来最冷的一天,风又大,幸晴天，比去年还是冷得较迟。九三小王来电话，要去医院探望。遇见章灿，云《版本编》已校完。

12 月 2 日(日)晴

今日回家过星期日。丽则、小燕下午来玩，晚饭后去。伯伟夫妇来，与少儿出版社合同已订，由曹虹寄。伯伟被傅璇琮邀作《唐五代诗格校考》，其提纲已阅。马少波夫妇明日离宁，打电话来告别。

12 月 3 日(1)晴

得《国文天地》连文萍函。陈辽给巩本栋论文写的评语交给姚松。悼唐老挽联已请万业馨写好，由章灿送往南师大。伯伟《诗格》提纲已交给曹虹。取来国际研讨会所赠瓷瓶一只。

12 月 4 日(2)晴

九三尉淑玲、小王去医院看望，赠水果等。曹虹去医院谈工作。莫砺锋去医院谈职称事。小王要采访砺锋谈国际会议事。在文献所要了两本《诗世界》、一本《选集》，两本《诗世界》上写了证明，便于莫、张二人升等。砺锋送肉松。

12 月 5 日(3)晴

天渝来，买好去沪车票，后日行。吴志达来函，又电报，明日到，后日走。丽则为其购火车票，砺锋为其订房间，明天下午丽则与砺锋均在中文系等他。文联一同志来访，未遇，即去。

12 月 6 日(4)晴

得国际文化交流中心函，开理事会，已电复不去。吴志达和莫砺锋及吴之叔父来医院会面，赠人参精、酒等物。李一氓去世，写一挽联挽之，交莫转请万业馨写好寄去，并嘱其附信一封。

12月7日(5)晴

上午芸和中文系朱、郭、吴同去石子岗参加唐老遗体告别。得王运熙函，其岳父索《涉江诗》。下午追悼会，由莫砺锋代表参加。

12月8日(6)晴

王永棻来，借给他《辰子……》一本。

12月9日(日)晴

回家过星期日。徐有富来，赠以书五本，谈《版本编》校对事。王兆鹏夫妇(小孙)、王筱云来，赠水果。张宏生来。陈孝乡(印唐婿)来。明日丽则生日，下午全家来，我们备鸡汤一锅，他们带来各种冷盘，两孩做油饼，聚餐甚欢。程章灿来，赠以书一本。

12月10日(1)晴

得王利器、舒芜、周祖谟、IBC函。吴新雷去医院探视。周本淳来家视疾。天渝和大纲来午饭，带来雄哥送的参一小包。

12月11日(2)晴冷

万业馨来家谈，似是为严作说客。章品镇打电话来，为《人物》索稿。章灿送来《辞赋选》选定篇名及分工情况，并带武秀成交给的送书名单。

12月12日(3)阴，霰转小雨

得张觉函，《人民日报》张首映函约写纪念唐圭老文，陈迩冬子女谢函。周夫人(祁老师)来访，带来铁观音一盒，杭州大学古籍研究所赠《四库提要补正》一本。莫砺锋为报职称升等，借去《唐诗大辞典》一本。写就致两校长函，交芸便致周先生转。

12月13日(4)阴

函复《人民日报》张首映，因病不克写文。章品镇打电话要求写沈祖茱轶事，转介绍丽则。马先阵去医院看王绳祖先生，顺便来望。得天眉函，艾妹贺年片。

12月14日(5)

朱家维、张永丞、吴枝培往医院看陈瀛老病，顺便上楼探望，谈重点学科评选事。徐有富来医院，谈报请升教授事。晚省社联两同志来。小鲲来看他妈妈的信。

12月15日(6)晴

天渝和大纲来饭，带来蛋糕六块。寄圣诞卡给艾妹。社联二同志来，为评奖事。

12月16日(日)阴

朱祖延寄《琴园诗选》二册。天眉寄贺年卡。丽则来饭。张伯伟来还书、借书，谈甚久。丽则、早早购得煤油炉来，天纵亦来，试用煤油炉，甚暖。

12月17日(1)阴转晴到昙

本栋来家。王氏夫妇去医院，坐甚久，极感疲劳。

12月18日(2)晴

修好收音机。得波多野太郎函及文，李立朴函，赵吕甫函及其父之文，魏同贤函，李定一函及文。

12月19日(3)阴，小雨

得李立朴寄来挂历。得王绳祖老师死讯，去太平间告别。函告王永芬。下午巩本栋答辩，去学校参加，并参加晚宴。

12月20日(4)阴转晴

函汪先义，问可否代购煤油。函黄淑贤，问可否请其女带书画至美国。函复李立朴,收到编辑费及挂历以及翻译《史通》等事。省作协《作品登记表》填好寄去。得蔡厚示寄年贺片,赵念君函及稿,龚任之贺年片。

12月21日(5)晴

得萧维曼函,裴中心函附词稿,江苏古籍朱野坪寄贺年片。去历史系登记悼王绳祖先生花圈一个,并代王永芬登记一个(钱均付)。陈书录来,取走论文。晚巩本栋来,拟明日去找天渝为一涓调动事。

12月22日(6)晴

寄贺年片给雄哥嫂。订《政协报》收据寄政协秘书处(18.72)。晚美林和小宁来饭,送手套一副。章灿送来三个油壶及煤油一壶。上午芸和张祖还夫人去慰问王绳祖夫人。

12月23日(日)晴

今日在家过星期日。丽则全家来包馄饨吃。张宏生来谈甚久。和周勋初通电话,决定《全清词》署名事,由系通知中华。下午皮公亮来看望,赠洋参一盒。得雄函。

12月24日(1)晴

得周笃文、王海若贺年片,张蔚星(不识)函。下午两人从医院走到街上游耍,购袜一双。回屋后心跳甚平稳,可见身体已恢复。图书馆潘馆长介绍某老,持谭嗣同之一首诗来问讯,芸回家为之查明。函王永芬。

12月25日(2)阴转晴

主任医师来检查,云尚需调整药物,元旦前不能出院。七姐打了一张证明,可购煤油10公斤。两人在医院为谭嗣同绝笔诗写好注释。

12月26日(3)晴

得潘重规函,愿为上海古籍联系;上海文研所钱鸿瑛(王瑶之生)寄书

《周邦彦研究》及函；臧维熙函及贺年片；兴膳宏贺年片及照片，对国际会议表示满意；市文联贺年片。下午与芸在街上吃馄饨一碗，甚高兴，亦未感不适。《辽宁大学学报》寄来《爱情诗词赏析辞典》稿费29元（和张宏生合）。邮局送来《诗世界》三百本。

12月27日(4)阴

函复赵念君（退稿）、萧维曼（退稿）、裴中心（退稿）、李定一、赵吕甫。函天眉、钱理群。得于景祥贺年片。

12月28日(5)阴

程章灿购得煤油20斤，系平价，如一般打证明购煤，则为议价，高一倍。下午在医院来一青年，自称为武大哲学系研究生朱桦，曾听过（1985年）讲学，后又跟至家中，云钱包遗失，无法回武汉，芸付给他50元。此人可能系骗子，以后需警惕。单人耘送诗集一本。接连三天，轻微房颤，恐系药物所致，今晚起不服。

12月29日(6)阴

得车柱环、张三夕、陈致、厦门大学中文系、李鸿明贺年卡，张三夕函，司金銮函，张九歌函，黄淑贤函，冯嘉真函，周梦庄词，何小波寄诗。

12月30日(日)阴，小雨

函魏同贤（挂号），附潘重规复函复印件及《唱和诗》。复司金銮。得杜兰亭寄词贺年，施议对函，何北师院刘宪章、张祖彬贺年卡，蒋寅贺年片。又得《诗世界》10本，共收到700本。文史馆司机吴智华。

12月31日(1)阴，小雨

回家过元旦。莫砺锋、张宏生来谈，本系需送书者已由三人签名送走。下午天纵一家来，留饭，宁健不肯，遂嘱阿晶赠菜包带回家。在家留宿，很舒服，已近三个月未在家住。